潮流

CHEERS

与最聪明的人共同进化

HERE COMES EVERYBODY

反常识

EVERYTHING
IS OBVIOUS
ONCE YOU KNOW
THE ANSWER

Duncan J. Watts
[澳大利亚] 邓肯·J. 瓦茨 著

吕琳媛 徐舒琪 译

四川科学技术出版社

Duncan
J. Watts

小世界网络之父
邓肯·J.瓦茨

从物理学博士
到小世界网络之父

邓肯·J.瓦茨1971年出生于澳大利亚。1988年，也就是他17岁时，考上了悉尼的澳大利亚国防学院，并获得了物理学学士学位。那时候，他还在澳大利亚皇家海军委员会任职。到美国之后，他有机会去了世界著名的私立研究型大学康奈尔大学攻读理论与应用力学博士学位。也就是在那里，他遇见了成就他传奇人生的博士生导师——史蒂夫·斯托加茨（Steven Strogatz）。

斯托加茨是一位世界级的应用数学家，主要从事非线性动力学和网络科学研究。在当时的社会学研究领域，有一个备受关注的理论名叫"六度分隔"理论，由美国社会心理学家、哈佛大学心理学教授斯坦利·米尔格拉姆（Stanley Milgram）于1967年提出。该理论指出，在人际交往的脉络中，任意两个陌生人都可以通过"亲友的亲友"建立联系，这中间最多需要通过5位朋友就能达到目的。不过，这个看似简单，却又很玄妙的社会学理论不仅引起了数学家、物理学家的兴趣，更是得到了计算机科学家的极大关注，致力于复杂网络研究的瓦茨与斯托加茨也不例外。1997年，瓦茨博士毕业，博士论文的标题为《小世界系统的结构与动力》（The Structure and Dynamic of Small-World Systems）；1998年，瓦茨和斯托加茨在《自然》杂志上合作发表的一篇名为《小世界网络的集体动力学》（Collective Dynamics of 'Small-World' Networks）的文章中，他们提出了小世界网络模型，解释了小世界效应，也就是米尔格拉姆提出的"六度分隔"理论背后的必然性。

后来，瓦茨去往以研究复杂系统科学而知名的圣塔菲研究所（Santa Fe Institute）从事博士后研究，也正是因为这个阶段的研究，成就了他之后跨越学界和商界的传奇人生。

雅虎研究院
与微软研究院
首席科学家

2000 年，瓦茨开始在哥伦比亚大学社会学系任教，带领他组建的集体动力学小组（Collective Dynamics Group）进行网络科学研究。这份工作是瓦茨做得最长久的一份工作，一做就是 7 年。在这段历程中，他不仅很好地完成了自己的本职工作，还出版了两本影响世界的网络科学普及作品——《小小世界》（*Small Worlds*）和《六度分隔》（*Six Degrees*）。

离开哥伦比亚大学之后，年仅 36 岁的瓦茨被当时如日中天的雅虎研究院看中。雅虎研究院盛邀其担任首席科学家，并作为主任领导人类社会动力学研究室的工作。在那里工作的 5 年间，他主要致力于研究信息如何传播，以及人们在互联网上如何相互影响。

2012 年，瓦茨和雅虎研究院的其他 13 位科学家一起跳槽到了微软研究院的纽约实验室，并继续担任首席科学家。在这里，他更多的是在帮助创建纽约实验室，并借助微软的 Xbox、Hotmail、MSN、Skype 等自有产品，以及微软与 Twitter、Facebook 合作所产生的数据开展研究项目，主题包括集体表现和网络结构等。

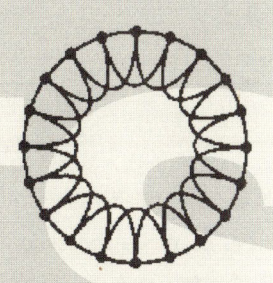

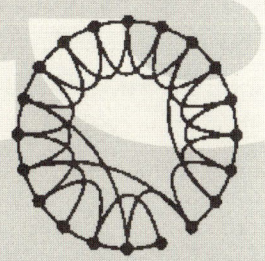

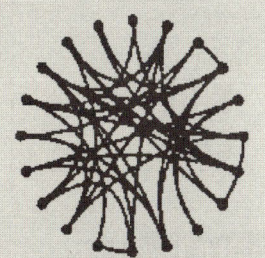

瓦茨-斯托加茨模型

横跨宾夕法尼亚大学
工程学、商学、社会科学三大领域

影响全世界的
康奈尔大学"A. D. 怀特
博文讲座教授"

　　在瓦茨加盟微软研究院仅仅一年之后，他就被康奈尔大学授予了一个十分重要的头衔——"A. D. 怀特博文讲座教授"（A. D. White Professor - at - Large）。这个概念由康奈尔大学第一届校长安德鲁·迪克森·怀特（Andrew Dickson White）创立，旨在吸引全球最优秀的学者、思想家和艺术家。从这一头衔设立至今，在任一特定时间，最多只有 20 个人获得，而被授予这一头衔，堪称学术界最杰出成就和荣誉的象征。考古学家理查德·利基（Richard Leakey）、灵长类动物学家珍妮·古道尔（Jane Goodall），以及神经病学专家奥利弗·萨克斯（Oliver Sacks）都获得过这一殊荣。

　　正因为瓦茨在社会学、数学、物理学、统计学、计算机和信息科学领域的跨界成就，他被宾夕法尼亚大学"挖走"，并从 2019 年 6 月起，在该校的工程学院、传播学院和沃顿商学院任教，横跨工程学、商学、社会科学三大领域。

作者演讲洽谈，请联系
speech@cheerspublishing.com

更多相关资讯，请关注

湛庐文化微信订阅号

人生并非显而易见

汪小帆
上海大学副校长

2017 年，邓肯·J. 瓦茨在《自然·人类行为》（*Nature Human Behaviour*）期刊上发表了一篇题为《社会科学是否应该更为注重结果导向》（*Should Social Science be More Solution-Oriented?*）的评述，指出社会科学研究应该更加注重从实际问题着手，寻求能够解决问题的理论和方法。作者瓦茨在文章开头就说，作为一位社会学家，他经常被问到的一个问题是："对某个话题，从社会科学的角度怎么解释？"对社会学家而言，这样的问题是非常幼稚的，因为对于任何一个话题，社会科学至少可以提供几十个不同的观点，但没有一个观点是大家普遍认同的。瓦茨在《反常识》这本书中通过各种例子阐明，很多矛盾都源于常识思维。作为一位社会科学家，他希望传递给读者的正是要学会恰当地质疑常识和直觉。

瓦茨的学术轨迹本身看上去既显而易见却又并非显而易见。网络科学领域的研究人员应该都知道瓦茨，这可算是一个常识，因为他和史蒂夫·斯托加茨于 1998 年发表在《自然》上的《小世界网络的集体动力学》一文中提出的小世界网络模型，是至今仍在广泛使用的一个经典网络模型，而这篇文章也与 1999 年艾伯特 - 拉斯洛·巴拉巴西（Albert-László Barabási）和雷卡·阿尔伯特（Réka Albert）发表在《科学》上的关于无标度网络模型的文章《随机网络中标度的涌现》（*Emergence of Scaling in Random Networks*），成为过去 20 年网络科学兴起的两篇标志性文章。有趣的是，在这 4 个人当中，瓦茨过去 20 年的人生轨迹是跨度最大、最难预测的。

斯托加茨一直在康奈尔大学的应用数学系从事非线性动力学和网络科学研究。巴拉巴西从圣母大学到了东北大学，并组建了网络科学中心。阿尔伯特师从巴拉巴西，在获得物理学博士学位之后，就一直在宾夕法尼亚州立大学物理系从事网络科学研究。瓦茨师从斯托加茨，在获得理论与应用力学专业博士学位之后，按照常识思维前往研究复杂系统的著名机构圣塔菲研究所从事博士后研究。2000 年，瓦茨跨界到了哥伦比亚大学的社会学系工作，组建了集体动力学小组。这看上去是一种"反常识"行为，因为瓦茨毕竟是物理学学士和应用力学博士。但从另一方面看，瓦茨之前研究的小世界网络模型本身就源自社会学研究，因此他的这一选择也算符合常识。20 世纪 60 年代，哈佛大学的社会心理学家斯坦利·米尔格拉姆通过几百人传递信息的实验得出"六度分隔"的理论。瓦茨在哥伦比亚大学所做的一项工作就是希望基于互联网对"六度分隔的小世界"这一常识进行大规模的验证。为此，他的小组建立了一个名为"小世界项目"(Small

World Project) 的网站，并选定了一些目标对象。志愿者在网站注册后会被告知关于目标对象的一些信息，志愿者的任务就是将一条消息用电子邮件的方式传到目标对象那里。类似米尔格拉姆的小世界实验，如果志愿者不认识指定的目标对象，就给网站提供他觉得比较合适的一位朋友的电子邮件地址。网站会通知他这位朋友关于这个实验的事情，如果这位朋友同意，就可以继续这个实验。该研究小组于 2003 年 8 月在《科学》上报道了他们的实验结果。在一年多的时间里，总共有 13 个国家的 18 名目标对象以及 166 个国家和地区的 6 万多名志愿者参与实验。瓦茨在哥伦比亚大学工作期间还出版了两本网络科学普及作品《小小世界》《六度分隔》，这体现了瓦茨在科普写作上的功底。从那时起，瓦茨也越来越被认为并且也自认为是一名社会学家了。

2007 年，瓦茨跳槽到了当时的互联网巨头雅虎公司的研究院，担任人类社会动力学研究室主任。这本《反常识》就是瓦茨在雅虎研究院工作期间完成的，当时瓦茨肯定没有预测到雅虎公司此后会如此快地滑向没落，这也印证了书中所阐述的预测之难。2012 年，瓦茨又跳槽到了微软公司为吸引科学家而特意在纽约设立的研究院，网站介绍其研究领域为经济学和社会科学。2019 年，瓦茨加盟宾夕法尼亚大学，同时受聘于该校的工程学院、传播学院和沃顿商学院，也算是有点超乎常识思维了。

我至今依然清晰地记得 2000 年年底第一次看到瓦茨和斯托加茨那篇提出小世界网络模型的文章时的情景。当时，我和陈关荣教授正在合作开展"混沌系统的控制、反控制与同步的研究"工作，我们就从网络的小世界结构对网络系统的同步化行为会产生什么样的影响这一问题切入，开始进入网络科学领域。我们构建了一类网络动力学模型，并且在小世界网络模型结构上做了仿真，发现随着网络上两点间的平均距离的减小，网络的同步化能力越来越强，由此我们得到了一个看似常识的结论：更短的平均距离有利于节点之间更好地交流，从而促进实现同步。斯托加茨还曾通过邮件联系我索要文章。然而，之后就有研究人员发现，对于另一类网络模型，随着网络同步化能力的增强，平均距离反而是增大的。今天我们意识到，网络的平均距离和同步化能力之间并不存在一般的相关性。所以，正如瓦茨在这本书中所强调的，进步需要不断突破已有的常识。

上海 2017 年的高考作文的主题是"预测"，我在语文考试刚结束、接受《文汇报》采访时强调，要充分相信这批与互联网共同成长的一代，人生的每一次选择都是基于对未来的预测，而学生对未来的预测可以改变未来。"学生可选的角度很多，甚至可以谈谈对预测本身的看法。我预测一定会有不少让我们眼睛一亮的好作文，甚至是我们意想不到的角度。"

人生本是如此：一切看似显而易见却又并非显而易见。

别用"常识"理解复杂世界

万维钢
科学作家
"得到"App"精英日课"专栏作者

如果一位物理学家谈论物理，哪怕他只是用大家都能听懂的语言做科普，外行一般也不太敢提出质疑。众所周知，物理学是一门非常专业的尖端科学，没经过多年训练的人对其胡乱发表见解只能闹笑话；但当一位社会学家谈论社会问题时，哪怕他旁征博引了好多东西方先贤的经典理论，别人还是可以毫无压力地批评他。无论专家怎么说，每一位出租车司机都认为自己知道汽油涨价是怎么一回事；每一位网友都认为反腐败的出路是明摆着的；每一位球迷都认为，如果从未从事过足球行业的韦迪都能当中国足球协会的主席，那么他们也能当。

这也许怪不得大众。实践表明，在像政治学这样的"软"科学领域，其"专家"的实用程度很可能并不显著高于普通人。1984 年，伯克利大学心理学家菲利普·泰特洛克（Philip Tetlock）做了一个影响深远的研究。他调查了 284 个专门以预测政治、经济趋势为职业的政治学家、智囊团和外交官，向他们提出各种预测问题，比如戈尔巴乔夫有没有可能因政变而下台。泰特洛克要求专家对其中的大多数问题，比如某个国家的未来政治自由状况，提供出现三种可能性（保持现状、加强或者减弱）的概率。这个研究做了 20 年，一直等到当年预测的事情全部水落石出。到 2003 年，泰特洛克总结了这些专家给出的答案，但结果发现他们的总成绩还不如索性把每个问题的三种可能性都均等地设为 33%。也就是说，专家的预测水平还比不上直接掷骰子的方法。更具讽刺意味的是，这些专家对自己专业领域的预测得分居然比专业外的领域更差。

《纽约客》在评论泰特洛克根据这项研究写的《专家的政治判断》（*Expert Political Judgement*）一书时，对专家的看法相当悲观，最后得出的结论居然是：我们还是自己思考算了。尽管泰特洛克的研究显示，专家的得分其实还是比普通人略高一点儿。

社会科学并非无路可走，它可能正处于大发展的前夜。邓肯·J. 瓦茨的这本新书《反常识》提出，社会科学的发展方向应该是像"硬"科学一样，依靠实验和数据。传统专家的预测之所以不行，是因为他们依赖的很多直观"常识"其实是一厢情愿的想当然。事实上，哪怕一个最简陋的统计模型，也能比专家预测得好。瓦茨这个说法并不新颖，因为已经有越来越多的人呼吁把数理方法作为社会科学研究的主要方法来运用，而且这个方法正在成为主流。现在大概很少有人在论文里拿 100 年前的所谓经典说事了。此书的最大新意在于，因为瓦茨同时在雅虎研究院研究社交网络，所以他在书中描述了几个亲自参与的有趣研究。

谈起社交网络，很多人会立即想到马尔科姆·格拉德威尔（Malcolm Gladwell）的《引爆点》（*The Tipping Point*）。这本书提出，要想一件东西在人群中流行开来，需要某些特别有影响力的关键人物在其中"推波助澜"。这些关键人物是社交网络中的节点，是普罗大众中的意见领袖。正是因为他们的存在，我们才可能实现把地球上任意两个人用不多于6个人相互联系起来，也就是所谓的"六度分隔"理论。根据这个理论，扩大产品知名度的最好办法是找名人做广告。名人在社交网站上说一句话，应该比普通人的"口碑"重要得多。有传闻说，在中国，有百万粉丝的名人发一条营销广告，可以获得1 000元，其实这个数字还算是少的。美国女星金·卡戴珊（Kim Kardashian）一条广告的价格是10 000美元。

"关键人物"理论完美符合人们的思维常识。我们总是强调伟人对历史的推动，强调"一小撮"坏分子对社会秩序的破坏，强调明星对时尚潮流的引领，然而问题是，这个理论并没有获得大规模统计实验的支持。

在现实生活中，统计影响力非常困难，因为我们很难测量一个人是被谁影响的。现在各种社交网站的出现给这种测量提供了可能。比如Twitter的一个特别有利于研究的特点是，如果用户分享一个网址，这个网址的URL（统一资源定位符）会被缩短，自动形成一个唯一的代码。通过跟踪这些短代码，瓦茨与合作者就可以分析信息如何在Twitter上扩散和传播。具体说来就是，如果有人发布了一条代码，而他的一个"粉丝"如果转发这条代码，那么这次转发就可以被视为一次可观测的影响。广告商的愿望是，希望信息能够这样一层接一层地转发和传播开来，形成所谓的"Twitter瀑布"。然而，通过分析2009年两个月之内160万用户的7 400万条信息链，研究人员发现，98%的信息根本就没有被推广传播。在这几千万条信息中，只有几十条被转发超过千次，而转发次数达到万次以上的只有一两条！我们平时看到的那些被反复转发的消息其实是特例中的特例。由此可见，想要通过社交网站成名，就好像买彩票中头奖一样困难。

那么，名人的影响力到底怎么样呢？瓦茨等人使用了一个巧妙的方法。他们使用统计模型，根据第一个月的数据把那些粉丝众多，并且成功引发了"Twitter瀑布"的关键人物挑出来，然后观察他们在第二个月中的表现。结果相当出人意料：这些人在第二个月再次引发"瀑布"的可能性相当随机。平均而言，名人的确比一般人更容易让一条消息被广泛传播，但这个能力的实际效果起伏极大，一点都不可靠。也许最好的营销方式不是拿大价钱请少数名人，而是批量雇用有一般影响力的人。

如果一个东西突然流行开来，我们的常识思维总是以为这个东西一定有特别出类拔萃之处，或者就是其幕后一定有推手；但Twitter上的一项研究表明，所谓幕后推手其实并没有那么厉害。那么，为什么某些书能够畅销，某些电影能够卖座，某些音乐能够上榜呢？完全是因为它们出类拔萃吗？瓦茨参与的另一项研究表明，成功很可能主要是因为运气。

这是一个相当有名的实验。实验者创办了一个叫作"音乐实验室"的网站，在几周之内招募到14 000名受试者来给48首歌曲评分，如果他们愿意，也可以下载其中的歌曲。有些受试者的评分是完全独立的，他们只能看到歌曲的名字；其余受试者则被分为8个组，他们可以看到每首歌曲被自己所在组的其他受试者下载的次数——他们可能会设想被下载次数越多的歌曲越好听，这样一来他们的打分就会受到社会影响的左右。

实验结果表明，那些"优秀"歌曲，也就是在独立组获得高分的歌曲，在社会影响组也是"流行"歌曲，且其流行程度比在独立组更高，而"低劣"歌曲在社会影响组的表现也更差;所以当听众能够被彼此的选择影响时,流行的东西就会变得更加流行,出现胜者通吃的局面。这个实验最重要的结果是,具体哪首歌曲能够登顶榜首,则是非常偶然的事件。有些歌曲可能会在实验初期纯粹偶然地获得更多下载次数,后来的受试者受这个影响,就会以为这首歌曲好听,以至于给予它更多的关注,形成正反馈。最初的运气很大程度上决定了最后哪首歌曲能脱颖而出。在独立组排名第26位的一首歌曲,在一个社会影响组居然排名第1位,而在另一个社会影响组则排名第40位。尽管特别低劣的歌曲肯定流行不起来,但好歌想要流行还是需要很大的运气。总体来说,独立组排在前5位的歌曲只有50%的可能性在社会影响组也进前5名。

对能够互相影响的一群人,不能以常理度之。撒切尔夫人曾经说:"根本就没有社会这种东西。只有作为个人的男人和女人,以及他们的家庭。"可是你不能用研究一个人的方法来研究一群人。就算你能理解这群人中的每个人,你也未必能知道把这群人放在一起会发生什么。他们之间的社交网络结构会导致一些非常偶然的事情发生,这些事情无法用任何常识去预测。一般人的历史观总是有意无意地把一个集团想象成一个有思想、有行动的个人。这样的理论无法解释,为什么很多历史事件经历数次失败后,居然在一个完全意想不到的时机下成功了。

我们生活在一个彼此互相影响的社会。我们想起来去听一首歌,也许只不过是因为朋友的推荐。我们想起来去看某部电影,也许只不过是因为我们恰好在社交网站上看到某人提到了它。歌手旭日阳刚的歌可能真的很好听,但换作某个平行宇宙,他们将登不上春晚舞台。如果历史重演一遍,芙蓉姐姐、周迅甚至李谷一都未必能成名,而《哈利·波特》第一集也未必能获得出版。我们总是习惯于把事情的成败归结为人的素质,归结为领袖人物，甚至归结为阴谋论，好像什么事情都是注定的一样，而事实却是，很多事情只不过是偶然而已。

　　常识只是特别善于在事后"解释"事件，这种解释根本谈不上真正的理解。"十月革命"爆发了，我们就解释说俄国当时的局势必然会爆发革命。在革命之前有谁能这么肯定呢？中国女篮以三分优势击败韩国取得奥运参赛权，赛后总结全都是成功的经验，但如果中国女篮最后几个球偶然没投进，媒体上出现的必然又全是失败的反思。我们在看这些事后的经验总结或者反思时，总觉得它们说的都挺有道理，简直是常识。专家也正是根据这些道理去预测未来。可是事先你怎么会知道这些完全相反的道理哪个会起作用呢？

　　如果有人说，来自农村的士兵会比城市的士兵更适合军队生活，读者很可能会认为这是显而易见的事情，因为农村本来条件就比较艰苦，需要更多的体力劳动，农村士兵肯定更能适应军队生活；然而据社会学家保罗·拉扎斯菲尔德（Paul Lazarsfeld）对第二次世界大战期间和战后美军的调查，发现事实恰恰相反。结果是城市士兵更适应军队生活，因为他们更习惯于拥挤、合作、命令，以及严格的衣着规定和社会礼仪。这两方面的常识看上去都有道理，在没有统计的情况下，我们根本不知道哪个更重要。这就是为什么不做调查研究就没有发言权的原因。

　　要想从复杂的随机事件中看到真正的规律，最好的办法是，像研究自然科学一样进行大规模的重复实验。如果中国女篮跟韩国女篮在同样的条件下，打 100 次能赢 95 次，我们就可以确信中国女篮强于韩国女篮。如果一首歌能在每一个社会影响组都进前五名，我们自然就可以确信这首歌的品质的确出众。然而历史不能重复，我们不知道最后发生的结局是不是一个小概率事件，却总能用"常识"给这样的结局一个解释！用这样的解释预测未来，甚至制订计划，怎么可能不失败呢？一个更实用的历史观是，放弃"一切都是注定的"这个思想，把历史事件当成众多可能性中的一种，把未来当成一个概率分布，然后尽可能地使用统计方法，通过历史数据去计算未来事件的概率。与其追求用各种想当然的常识指导未来，不如把历史当作一个数据库，从中发掘统计规律。

从事自然科学研究的科学家通常认为社会科学更简单。如果你看那些关于社会科学的论文就会发现，其中的逻辑通俗易懂，结论往往也是显而易见的。物理学经常能得出一些违反直觉而又绝对正确的结论，然而社会科学中的常识却总能大行其道。现在这种局面正在改观，自然科学的研究方法正在被引进到社会科学中去，但这个过程并不容易。亨廷顿·凯恩斯（Huntington Cairns）曾经在某项研究中颇有科学精神地写道："62 个国家的社会挫折和不稳定之间的相关系数是 0.5。"然后有一位数学教授跳出来说："这纯属胡扯，亨廷顿是怎么测量社会挫折的？难道他有一个社会挫折表吗？"其实像这样的批评也许只不过说明，社会科学研究比自然科学研究更难做。

在没有互联网的年代，我们想要找几万人做歌曲评分实验，或者分析成百上千万的社交网络和信息传播，是根本不可能的事情。现在有了互联网，社会科学终于可以带给我们一些"不显然"的研究结果了，所以，社会学家已经在使用新方法做社会科学研究。令人遗憾的是，实用专家仍然停留在过去的理论上。其中一个原因也许是，统计方法还没有来得及做出更多有实用价值的判断。无论如何，正如瓦茨所说，如今，社会科学已经有了自己的"天文望远镜"，就等"开普勒"出来总结"行星运动的三大定律"了。

以思维之"反"应对商业进化

吴声
场景实验室创始人

在讨论商业进化时，我们经常关心的是演变逻辑是否自洽，缝隙机会是否存在。技术加速迭代的时代，人类的数字进化和商业思维系统升级交织，新事物带来的兴奋感时常超出我们的预设，甚至超出我们的经验范畴。

"当我们尝试用概率来思考未来可能发生的事件时，会遇到这样的困难，我们会偏好于那些对已知结果的解释，而忽略其他可能性。"邓肯·J. 瓦茨在《反常识》这本书中指出，"常识的矛盾在于，它既能帮助我们理解世界，也会削弱我们的理解能力。"这就需要认识定势思维的"反面"。我们应该在意的不是认知的升级，而是认知思维的"反"。

思维之"反"究竟是什么？我们从 3 个层次来理解。

"反"是对数字化个体的新理解

数字经济催生了新个体的诞生。更小的圈层被完整地定义，每个人都可能成为圈层的意见领袖。理性的决策越来越数据化，社会的情绪越来越人格化，自我的表演越来越社交化。

我们谈论过一个命题叫作"小网红"，甚至叫"纳米网红"。如今，"大网红"不再奏效，只有"小网红"才符合社交网络的游戏规则。如涵控股股份有限公司上市之后，当人们发现在与它签约的 200 多个"网红"里，一个张大奕支撑了一半以上的营收时，就会认为它的商业模式过度依赖单一 IP。另一些相反的情景是，当下抖音和小红书的产品营销方式与"大网红"不再一样。一个越来越确定的发现是，粉丝数量不再那么重要，重要的是你能否真正深度影响 5 000 人或者 10 000 人。这种更小、更个人化的场景所定义的信任状传递，成了这个时代的产品营销方式。粉丝可以采买，但人格信任状如何被运营？它很"真实"，这就如同邻家朋友推荐的东西，我心甘情愿去买一样，所以小红书作为内容分享社区的价值日益凸显，抖音、快手成为新直播电商的超级形态，背后都是类似的逻辑。

"反经验"是今天商业的破局点

反经验指向的是脱离旧惯性的商业创新思维，通过反向归纳、反向实证的方法整合创意。比如全美最大的品牌折扣运营商 TJX 公司曾跨越两次全球经济低谷，逆势上升，不同于其他运营商，它是以买手作为公司的全部核心。日本的茑屋书店超越书店本身，打造社区，以图书内容和文创美学共同构成完整的场景提案。东京的精品酒店 Hotel Koe 出人意料地进行了服装品牌的概念尝试，演绎了酷与侘寂美学的融合。这些都是反经验取得成功的实例。

关于预测，瓦茨认为："选择数据本身和数据的准确性同样重要。"《大西洋月刊》有篇文章提出了一个重要概念——另类数据。有很多金融机构正在使用类似卫星数据这样看起来毫不相干的数据，来进行股票的分析和预测。这种数据就被称作"另类"，因为它和传统的财务数据、经济数据很不一样，可以说，另类数据正在成为金融机构之间竞争的新壁垒。与我们在常规预测路径下关注的数据不同，那些看似弱相关甚至不相关的数据和信息，往往表现出更大的优势。传统的数据虽然信息量大，但是速度不够快，往往只能用来看长期的走势，但另类数据更新的速度很快，能用来判断短期的走势。所以，谁能掌握这样的数据，谁就能在股票交易和预测中抢占先机。

差异常常以不符合经验逻辑的方式呈现，新"物种"必须超越经验的视角才能长成。

以思维之"反"找到新场景机会

我们讲定势思维之"反"，并非说定势思维是错的，而是说新的技术变化、新的用户需求、新的生活方式、新的话语体系让商业逻辑发生了本质的变化。"场景颗粒度"是数字文明的关键词之一，颗粒度意味着更细分、更个性化、更碎片化的需求。数据是场景颗粒度的基础，通过不间断地扫描用户行为，实现用户需求的精准响应，进而形成数字化场景解决方案。场景不断切换以期于细微之处触动消费者，那些过去越是让人觉得没有机会的场景里，就越可能隐藏着新的商业机会。

所有的商业都要解决具体的问题，在当下更多地表现为一个具体的认知问题。《反常识》这本书从人们习以为常的现象切入，从反向进行思考和预测。"反常识"的三大红利就是数字时代的红利。多线思考，加速认知，常常颠覆，以"反"脱离惯性和套路，解决具体问题，我们就会找到各个商业领域所隐含的可能性。

走出常识陷阱

吕琳媛

电子科技大学教授

2018 年 4 月，湛庐文化在北京为我们的新书《重塑》组织了一场分享会，会后湛庐文化总编辑董寰和我聊起了《反常识》这本书，并问我是否有兴趣翻译。我很爽快地接下了这个任务，一是因为这本书的作者是网络科学领域无人不知的邓肯·J.瓦茨，我拜读并引用过他的很多篇论文，他的研究横跨多个领域，深刻又有趣；另一个原因是，这本书的内容深深地吸引了我，瓦茨关于常识和反常识的思考为我们提供了一个新的认知框架来观察与反思生活，帮助我们走出经验和历史构筑的"常识陷阱"。此外，翻译外文畅销书对我来说是全新的尝试和挑战，而作为一名科研工作者也有责任和义务，让更多的人了解和关注前沿的研究进展与新的思想理念，于是在一年后的今天便有了这本《反常识》。

翻译的过程并不轻松，这种困难不在于语言上的理解，而是源于思维模式的重塑。这本书分为两部分，分别探讨常识思维带来的误区以及反常识思维的优势。书中引用了大量的研究数据和事件，向人们展示使常识"失灵"的几个主要维度，即在我们看来成立，在别人看来不成立；在个人层面成立，在集体层面不成立；在此处成立，在别处不成立；在今天成立，明天不成立的常识。我们对于常识的误解往往源于上述的一个或多个方面。

地球是围绕着太阳转的吗？在理想条件下，质量不同的铁球从同一高度做自由落体运动时会同时落地吗？答案显然是肯定的，因为这不都是常识嘛。同样地，你大概也会认可提高薪酬能让员工表现得更好，多修公路可以缓解交通拥堵，工资透明化能限制美国 CEO（首席执行官）过高的收入。甚至像如何促进落后地区的经济发展，政府如何有效扶贫这样的问题，无论是专家学者还是普通大众也都能给出不少解决方案——完善基础设施，增加资金投入，调整产业结构等，因为这都是显而易见的。但很多时候，这些显而易见的论断和方案会被现实证明是错误的。

问题到底出在哪里呢？瓦茨在《反常识》这本书中给出了答案。对于充满复杂性和不确定性的社会经济系统而言，往往并不"易见"其真实面貌。当我们根据个人经验慎重地给出一个"合理"的解释时，也往往与真实情况相去甚远，甚至完全相反。

如果我告诉你，人们对于上述发展经济和有效扶贫问题给出的方案往往并不奏效时，你或许能接受这个现实，毕竟个人经验有时确实不适用于政府和地区。但如果当我告诉你，研究发现，提高薪酬与员工表现之间并没有明显的正相关性，多修公路很可能会加重交通拥堵，工资透明化反而导致富人之间的攀比，并最终使他们的工资变得更高时，你或许就会惊叹这些都太反常了吧！可见很多时候，我们自以为是常识的东西，实际上却似是而非。即便是"地球围绕着太阳转"这样的真理，在几百年前不也曾是让哥白尼饱受迫害的"谬论"吗？

何谓常识？常识即平常之识，是我们从日常社会生活、劳作、学习中总结和积累下来的基本知识。的确，常识在处理日常生活中遇到的问题时往往便捷有效，比如感冒了应该多喝水、补充维生素 C；坐久了应该站一站、适当活动活动等。但当涉及公司、集体、市场，以及社会治理等更为复杂的问题时，常识却往往"失灵"。实际上，常识并没有失灵，只是我们经常忽略了常识成立的条件。所以不是常识错了，而是我们用错了常识！

常识的成立很多时候需要特定的社会文化背景。在《反常识》这本书中，瓦茨举了一个名叫"最后通牒博弈"的例子。实验人员挑出两个人，给其中一个人 100 美元，并让他分给另外一个人，给的金额自定，如果另一个人接受了这个分配方案，两人将得到相应的金额，反之双方都得不到钱。显然平分最公平，最容易被接受。但实验结果表明并不总是如此。例如，在秘鲁的马奇圭噶部落，即使人们只分给对方总金额的 25% 也不会被拒绝。相反，在巴布亚新几内亚的阿乌部落，居民拿出一半以上的钱给对方，却总是会被拒绝。这些差异正是不同的社会文化背景所致。在马奇圭噶部落，人们只对直系亲属尽忠，因此在面对陌生人时没有义务去公平提议，即使是分很少的钱他们也认为这是白赚的。在阿乌部落，人们有交换礼物的习俗，如果接受了馈赠将来总是要还的。这两个部落截然不同的结果虽然与我们的常识相悖，但与当地人们的常识完全相符。可见，对于拥有足够相似社会文化经历的两个人，常识才能称得上"平常"。

　　常识在其他维度也存在着明显差异，包括在规模（数量或范围）、时间和空间三个维度上。就规模而言，将常识用于个体与集体、地方与国家之间是存在巨大不同的。涌现理论同样如此，系统中简单个体之间的互动可以产生无法预知的复杂样态或行为。比如一只蚂蚁的行为模式简单有限，但整个蚁群却显示出极高的智慧；又比如组成人体的单个细胞相对简单，但它们组合在一起却可以产生生命现象和超级复杂的人类智能。从"地心说"到"日心说"的转变，不同时代的民众甚至专家依据当时的常识，对历史真相的解读与反思等都体现着常识的时间维度。牛顿力学只适用于宏观低速物体，而不适用于微观或高速物体，这正是专业性的常识在空间维度上存在差异的力证。

　　人类认知能力的局限性往往也是导致常识失效的重要原因。常识既能帮助我们理解世界，又会削弱我们对世界的理解能力。个人或整个人类的认知能力是不断发展的，这导致常识的内涵也在不断变迁，所以常识之"常"是随着认知活动和认知能力而动态变化的，因此从这一点来说，真理具有"不唯一性"。瓦茨的一段令他懊悔不已的亲身经历正是对此最好的例证。他于1998年在《自然》上发表了关于小世界网络模型的标志性文章，那时他认为，度分布是不是正态分布并不是一个关键性的问题。而几乎同一时期，另一个科研小组发现很多网络的度分布是幂律的，文章很快在《自然》上发表，并成为复杂网络领域另一篇标志性的文章，而他们用的正是瓦茨的数据。

　　混沌理论的诞生对此也是一个力证。"机械决定论"曾一度是每个科学家的常识，其对海王星的成功预测，甚至让拉普拉斯宣称，只要给定起始条件，就可以预言太阳系的未来。而随后混沌理论的提出，让决定论的常识崩塌了，因为混沌理论指出，即使是一个有着确定的方程、系数和初始值的系统，在长期看来也可能是不可预测的。

在有人参与的社会现象中，事情往往变得更加难以捉摸。常识往往会掩盖事物形成的条件和背后的诸多复杂关联，以便让我们自信满满地用这些早已准备好的"套路"来解释事实成败的原因，导致我们在理解中出错。比如，如果让影迷说出电影《流浪地球》大火的原因，他们会举出科幻元素、制作良心、特效给力等诸多似乎无可辩驳的特点，但具有这些特征仍然寂寂无闻的电影也有不少，为什么只有《流浪地球》火了呢？我们的解释是，在知道结果之后再去反推原因，其实我们得出的原因很可能不是原因，而只是对既成事实给出的一个符合自己价值期许的解释罢了。

那么，我们如何才能利用好对于已发生之事的认识和经验，为现在的认知和决策提供依据呢？本书给出了答案，就是"反常识"。如果说常识顺应了人类生存的需要，那么，反常识则更能满足发展和创新的需要。有时，常识会阻碍人的思考，限制人的行动。如果你相信"家庭事业难两全"是一个常识，那就无法做出积极的转变。所以，要想拥有丰富多彩的人生，必须先反思常识，重塑我们对事物的理解和想象。

培养反常识思维，最重要的是少依赖常识，多依赖客观的、多维的、可量化的东西；要少关注对未来的预测，多重视对当前情况的反应。常识在很多方面塑造和影响了我们的思想与行动，反常识思维能够帮助人们重新定义和理解问题，并找到解决方案，同时它也要求我们更多地关注当下正在发生的事情，而不是脑海中既有的经验。我们应该努力培养一种自我审查机制，时刻审视我们的每一个观点、意念、欲望、逻辑和行为，审查它们的依据、条件、偏好以及合理性。反常识思维并不是说常识都是错误的，而是以审慎的态度，时刻对"自然而然的"和"习惯性的"行为做出合理的质疑。

就目前来看，社会科学在发展定量化方法的过程中存在着某种"事后诸葛亮"般的明智，一些经过修修补补的模型虽然可以对已发生的事件做出精确的解释，但在预测未来面前显得苍白无力。人工智能、大数据等技术的快速发展和广泛应用，给社会科学研究带来了新的机遇。"网络科学"等前沿交叉研究领域不断涌现，物理学家、计算机科学家等从事自然科学研究的学者大举进军社会科学领域，取得了许多阶段性的成果，为未来社会科学的研究提供了新的理念和方法论支撑，深刻地影响和改变着整个社会科学研究学界。

同样，反常识思维也适用于政治、商业甚至慈善事业等其他领域，只要这些领域包含理解、预测、改变或回应人们的行为这些因素，都将适用。在智能化时代，信息极度丰富，培养反常识思维，能帮助我们在数据的浪潮中激流勇进，看清复杂世界问题的真相。毫无疑问，反常识思维是社会科学研究的关键，也是解决复杂世界问题的利器。

如何用好这一利器，就要看你如何修炼《反常识》这部秘籍啦！

常识思维 vs 反常识思维，
一切并非显而易见

1998 年 1 月，我刚研究生毕业半年，室友给了我一本《新科学家》(*New Scientist*) 杂志，里面有一篇物理学家兼科普作家约翰·格里宾 (John Gribbin) 所写的书评。格里宾评述的是著名社会学家霍华德·贝克尔 (Howard Becker) 所著的《社会学家的窍门》(*Tricks of the Trade*) 一书。该书详细地讲述了贝克尔对如何进行社会科学研究持有的一些想法。格里宾在评论中直言不讳地表达了自己的反对意见。他认为贝克尔讲的全是废话——那都是真正的科学家早就明白的事。不仅如此，格里宾还评论说，这本书只是印证了社会科学是一个"矛盾综合体"。他还调侃说，那些被削减了科研经费的物理学家如果混不下去了，不妨考虑去社会科学界找份工作，那里的问题对他们来说简直就是小菜一碟。[1]

　　格里宾的话一直萦绕在我脑海中。其实，那个时候室友让我看这篇书评是有原因的。我大学主修的是物理学，看到这篇书评时我刚拿到工程专业博士学位。我的毕业论文是一篇关于"小世界网络"[2]的数学论文。尽管是物理学和数学背景出身，但我渐渐对社会科学研究产生了兴趣，毕业后也开始从事这方面的工作。那么，格里宾调侃的不就是我吗？我感觉自己就像格里宾的一个小实验对象。坦白地讲，他的观点不无道理。

　　然而，从事社会科学研究 12 年后，我想说，困扰社会学家、经济学家和其他社会科学家的问题，是不可能被我或者一伙物理学家轻松解决的。自 20 世纪 90 年代末以来，已经有成百上千位物理学家、计算机科学家、数学家或其他"硬"科学家对传统的社会经济学领域的问题产生兴趣。他们关注的问题主要包括社交网络的结构分析、社团形成的动力学机制、信息和影响力的传播、城市和市场的演化等。过去 10 年，诸如"网络科学"（network science）、"经济物理学"（econophysics）这样全新的多学科交叉研究领域出现了。研究者分析了大量数据，提出了无数新理论模型，发表了数千篇论文，其中不少论文刊登在《科学》《自然》《物理评论快报》（Physical Review Letters）等世界顶级学术期刊上。为了支持这些新研究方向的发展，全新的资助项目已经启动。关于"计算社会科学"等主题的会议也日益增多，为科学家提供了新旧跨学科互动的平台。毋庸置疑，许多年轻的物理学家也有了新的工作，就是研究那些他们曾经不屑一顾的东西。

　　这些活动已经远远多于格里宾在书评中随口提出的要求。那么，我们从这些早在 1998 年社会科学家就开始考虑的问题中学到了什么呢？贝克尔在书中谈到的问题，诸如职场偏差行为（workplace deviance）的本质、社会实践的起源、改变文化规范的力量，这些当时我们不理解的问题，现在真的理解了吗？对于如何帮助救援机构有效地应对海地或新奥尔良等地的人道主义灾难，帮助执法机构制止恐怖袭击，或是帮助金融监管机构对华尔街进行监管，从而减少系统性风险这些现实世界中的问题，新科学又提出了什么解决方法呢？在过去 10 年里，物理学家发表的数千篇论文，对于我们解决社会科学面临的真正重大问题，比如国家经济发展，经济全球化，以及移民、不平等和不容异己之间的关系，又有多少贡献呢？看看报纸，你们自己判断吧。[3]

如果非要说我们学到了什么，那就是，有些社会科学问题，不仅社会科学家很难去解决，物理学家也是。但是，人们似乎并没有吸取这个教训，事实是这种情况反而越演越烈。2006 年，得克萨斯州的共和党参议员凯·贝利·哈奇森（Kay Bailey Hutchison）向国会提议，削减美国国家科学基金会（National Science Foundation）在社会和行为科学上的全部预算。其实，哈奇森并不是反对科学研究，她曾在 2005 年提议将医疗科学资金翻倍。显然，她针对的只是社会科学研究。她认为："这并不是美国国家科学基金现在应该重视的方向。"最终，这项提案被否决了。不过，人们很好奇，哈奇森到底是怎么想的。想必她并不认为社会问题微不足道，因为肯定没人会说移民、经济发展和不平等这些问题不重要。其实和格里宾一样，哈奇森也觉得社会问题不是科学问题，不值得科学家长期关注。正如哈奇森的同事，来自俄克拉何马州的参议员汤姆·科伯恩（Tom Coburn）三年后提出的一项类似提案里写道的："关于政治行为的理论研究，最好留给美国有线电视新闻网（CNN）、民调专家、权威人士、历史学家、总统候选人、政党和选民去做。"[4]

对社会科学提出质疑的人不止参议员哈奇森和科伯恩。自从从事社会科学研究以来，经常有外界人士好奇地问我，对于这个仅凭个人很难理解的世界，社会科学是怎么认为的呢？这个问题听起来合情合理，但正如社会学家保罗·拉扎斯菲尔德 60 年前指出的那样，它也揭示出大众对于社会科学本质的一个普遍误解。拉扎斯菲尔德当时正在写《美国士兵》(*The American Soldier*)，这本书的研究对象是，第二次世界大战期间和战后美国陆军部研究机构管理的 60 多万名军人。为了阐明自己的观点，拉扎斯菲尔德列出了 6 个具有代表性的研究命题。例如，第二个是"比起来自城市的士兵，来自农村的士兵往往在军队中有更好的精神面貌"。读者读到这里可能会说："啊哈，很有道理嘛！ 20 世纪 40 年代的农村人已经习惯了艰苦的生活和高强度的体力劳动，他们自然比城市人更容易适应军队的生活。那么，为什么还要动用如此庞大且昂贵的研究来告诉我这些靠自己就能想出答案的问题呢？"

的确，为什么呢？拉扎斯菲尔德接着惊人地指出，这 6 个命题都与实际研究结果完全相悖，恰恰是城里人在军队中表现得更快乐。当然，如果读者一开始就被告知正确结论，那么他们也能自圆其说："我就知道会是这样，城市人更习惯在拥挤的环境中工作，他们在公司里经常受上司的指挥，穿着和礼仪都得服从严格的标准等，这都是显而易见的事情啊！"而这正是拉扎斯菲尔德的观点——当每个答案和它的对立面都看似很有道理时，"这种显而易见的论证就是错误的"[5]。

拉扎斯菲尔德讨论的是社会科学，但我在本书中要说的是，这个观点适用于各行各业，无论是政治领域、商业领域、市场营销领域，还是慈善事业，只要涉及理解、预测、改变或回应人们行为的领域就都适用。那些试图解决城市贫困问题的政治家自认为已经弄清楚人们贫困的原因了；策划广告宣传活动的营销人员认为自己知道消费者需要什么，以及如何让他们购买更多；想要制定方案降低医疗成本、提高公立学校教学质量、督促戒烟，或者促进能源节约的政策制定者也认为自己可以手到擒来。虽然在通常情况下，这些人并不指望能将所有事情都处理妥当，但总会觉得这些问题大都在自己的能力范围之内，这又没有像过去"让火箭上天"这样的问题那么难。[6]虽然我不是研究火箭的，但我非常钦佩那些能将一个小型汽车大小的机器着陆在另一个星球上的人。实际上，人们更擅长规划火箭的飞行轨道，而非管理经济、并购公司或者预测一本书的销量。那么，为什么火箭科学看似很难，而实际上更难的与人相关的问题却看似只是常识性问题呢？在本书中我将说明，矛盾的关键恰恰是常识本身。

不得不说，批评常识是一件棘手的事情，因为人人都觉得它是好的。回想一下，你上次被告诫不要使用常识是什么时候呢？显然，常识确实非常适合处理日常生活中的复杂问题，并且非常有效；但涉及公司、文化、市场、国家和全球机构的问题呈现出与日常生活不同的复杂性，这时常识就会误导我们。无论是只发生一次还是多次出现的经历，由于我们习惯于从中学习，所以常识推理存在的缺陷并不明显。相反，那些我们当时不知道的事情，但事后看来却似乎是显而易见的；因此，**常识的矛盾在于，它既能帮助我们理解世界，也会削弱我们的理解能力。**如果你不太明白这句话的含义，没关系，本书会做详细的解释，包括它对政策、规划、预测、商业战略、市场营销和社会科学的影响。

在和朋友、同事讨论《反常识》这本书时，我发现了一个有趣的问题。当我在摘要中指出本书的论点——我们对世界的理解实际上会阻碍我们的理解时，他们总会猛地点头说："是啊，我总觉得人们会相信各种各样的蠢事，以便让自己看起来理解一些其实根本不懂的东西。"然而，当同样的情况发生在他们自己身上时，他们又会坚持自己的观点说："对啊，常识和直觉确实有缺陷，但我的想法没有错啊。"就好像常识推理的失败只会发生在别人身上一样。

人人都会犯这样的错误。大约 90% 的美国人认为，自己驾车的技术水平高于平均值；也同样有大部分人认为，他们比普通人更幸福、更受欢迎或者更有可能成功。还有研究发现，比例高达 25% 的受访者认为自己的领导能力在前 1% 之列。[7] 这种"错觉优势"（illusory superiority）在人们身上很常见，被称作"乌比冈湖效应"（Lake Wobegone effect）。乌比冈湖是《牧场之家好做伴》（*A Prairie Home Companion*）的节目主持人加里森·基勒（Garrison Keillor）为节目中虚构的小镇起的名字，镇上所有孩子的智力水平都在平均值之上。

因此不难理解，人们更愿意相信别人对世界的看法是错误的，而不是自己被误导了。然而，令人不爽的是，适用于所有人的东西也必然适用于我们自己。也就是说，我们平常在思考和解释某件事的过程中产生的错误，也存在于大多数根深蒂固的常识观念中，这一点我会在后文中做详细的讨论。

当然，我们不是提倡放弃所有的常识观念，只是希望能引起大家的注意，多用怀疑的眼光审视它们。比如，我确实认为自己驾车的技术水平高于平均值，尽管我知道，从统计学上来看，近半数这么想的人都是错的，而我就是忍不住这么认为。但知道这一点，我至少会考虑自欺欺人的可能性。因此当我或者别人犯错时，我会尽量注意这个问题。或许我慢慢就会承认，并非每次口角都是别人的过错，即使有时我仍然会这么认为。或许我可以从经验中吸取教训，总结出正确的做法。虽然这样做，我还是不能确定自己是不是一位高水平的司机，但我起码可以做得更好。

　　同样地，当我们质疑自己对世界的假设，或是意识到自己在做一些根本不了解的假设时，我们不一定会改变想法，但质疑至少会迫使我们发现自己是多么顽固，从而悬崖勒马。这种方法可能并不容易，但这是形成新的正确观念的第一步。没有人能一开始就对所有的事情形成完全正确的看法。事实上，贝克尔在《社会学家的窍门》一书中提出，像社会学家一样思考就意味着要学会正确地质疑自己的直觉，了解事物是如何运作的，必要时应抛掉之前的想法。对于这点，评论者显然没有理解，当时我也没有领会到精髓。如果你读完《反常识》这本书后，仅仅是证实了自己已有的想法，那么我很抱歉，作为社会学家，我还未完成自己的任务。

关于常识带来的误区，你想了解更多吗？
扫码下载"湛庐阅读"App，
搜索"反常识"，
让作者亲自讲给你听！

常识思维常常让我们犯错

常识是从古至今都纠缠不清的一些难题，比如公认的惯例、既定的信仰、习惯性的判断和天生的情感。

在纽约，每天有 500 万人乘地铁出行。他们从家里出发，蜂拥至邻近的地铁站里，挤入穿梭在迷宫般隧道的车中，经过曼哈顿、布鲁克林、皇后和布朗克斯各区，然后再从站台和电梯里涌出，寻找最近的出口。然而，常坐地铁的人都知道，纽约的地铁系统既是个奇迹，也是个噩梦。这个由机器、混凝土和人组成的系统就像鲁布·戈德堡① 机械一样繁复。尽管地铁会有数不清的故障、莫名其妙的延

---

① 鲁布·戈德堡（Rube Goldberg）是美国的漫画家，他创作的一系列漫画作品中都包含奇妙的机械设计，这些机械设计由繁杂的零件组成，玩家需要通过复杂的操作方式将每个零件一环一环地连接起来，使它们都能够准确地发挥功能。——编者注

误，以及令人费解的公告，但它起码可以顺利地将乘客送达目的地。不过，这些事情也确实让人感到身心俱疲。高峰时刻，地铁里挤满了劳累的员工，疲惫的母亲，以及大喊大叫、你推我搡的年轻人，人们争夺着有限的空间、时间和氧气。你不可能在这种地方找到人情味儿，也不可能碰到一个年轻力壮的小伙子走上前，让你给他让座。

20 世纪 70 年代初的某一天，当一群心理学系的学生在其导师——著名社会心理学家斯坦利·米尔格拉姆[①]的指导下走进地铁站时，这一情景的确发生了。那时米尔格拉姆已经因几年前饱受争议的服从权威实验而声名远扬。该实验在耶鲁大学进行，在实验中，穿着白大褂的"权威人员"会告诉参与者这是一项关于学习的研究，并要求他们通过电击的方式教导被试。结果显示，参加实验的普通人会对被试施以致命的电击（这些被试实际上是实验人员假扮的，他们假装被电击）。实验发现，在正常情况下，谦谦君子也会做出违背良心之事。这个发现让人们深感不安。自那时起，服从权威一词就带有了贬义的意味。[1]

人们不知道的是，社会的正常运作其实离不开"服从权威人士的指示"这一基本规则。想象一下，如果学生可以随意反驳老师，工人可以随意反抗上级，司机无视交警的指挥，那么在 5 分钟内，世界就会陷入混乱。当然，有时候反抗权威也合情合理，不少人认为米尔格拉姆的实验情景就印证了这种情况。这个实验也说明了，在日常生活中，我们习以为常的社会秩序在一定程度上是由一些隐形的规则维系的。如果不是试图打破这些规则，我们根本察觉不到它们的存在。

---

① 由湛庐文化策划的《好人为什么会作恶》一书，全面记述了一代心理学大师斯坦利·米尔格拉姆的一生；详解了经典社会心理学实验——服从权威实验，揭开了令人震惊的真相。——编者注

后来，米尔格拉姆移居纽约。基于服从权威实验，他猜想，"在地铁上要求让座"这一情况是否也存在类似的"规则"呢？和服从权威的规则一样，这个规则也未被明文规定过，而经常坐地铁的人也常常难以察觉。很快，米尔格拉姆的学生进行了现场实验，并发现在"在地铁上要求让座"这种情景中也存在类似的规则。尽管过半的乘客最终让出了自己的座位，但很多人反应激烈，有的人还要求给出合理的解释。每个被要求让座的人都感觉很诧异，旁观的乘客也常会指责实验者。相比乘客的反应，更有趣的是实验者自己的反应。他们一开始很难开口让陌生人让座，事实上，他们极不情愿做这个实验，有时不得不结伴同行，寻求精神上的支持。当学生告诉老师自己的不适时，米尔格拉姆还嘲笑他们，但当米尔格拉姆自己试着做这个实验时才发现，走到一个陌生人面前，并要求他让出座位这个简单的行为有多么令人难堪。也就是说，这条规则看似简单，却不像米尔格拉姆之前发现的服从权威规则一样容易被打破。[2]

事实上，在纽约这样的大城市里充满了类似的规则。例如在拥挤的火车上，挤在别人身边很正常，但当乘客很少时，如果还紧贴在别人身上，那就有些招人烦了。无论人们承认与否，的确存在某种规则，让我们在有限的空间内尽量分散开来，而违反规则将给人带来强烈的不适感。想象一下，在电梯里，如果有人和你面对面站着，而不是面对着电梯门，你会不会感到非常不舒服？在像地铁这样的空间中，人们总是面对面站着，不用顾虑什么，但在电梯里，这么做就很奇怪了，就像有人违反了某种规则一样，即使你可能从未注意到这种规则的存在。那么，我们遵循的其他规则呢？比如在人行道上穿行，帮他人开门，在熟食店排队，让他人先搭乘出租车，以及穿过繁忙的路口时和旁边车辆的司机有适当的眼神交流等，我们会在尽量替他人着想的同时，保证自己拥有一定的时间和空间。

无论我们身处何处，生活中都充斥着诸多不成文的规则，正是它们指导并塑造着我们的生活。事实上，这些规则数量极多，虽然我们不可能一一将其记录下来，但希望明理之人可以了解它们。我们还希望他们能知道哪些现有规则可以忽略不管。以我自己为例，高中毕业后，我加入了海军，在澳大利亚国防学院接受了为期 4 年的军官培训。当时学院的气氛非常紧张，到处都是吼叫的教官，黎明前要做俯卧撑，就算下着倾盆大雨，也要进行配枪跑步训练，还有数不清的军规。刚开始时，我觉得这种新生活复杂且混乱。后来，我们发现，尽管有些军规很重要，但在危急时刻可以忽略，很多指令通过像眨眼、点头这样简单的动作就可以执行。这并不意味着惩罚不严厉，你可能会因为一些很小的违规行为，比如因为开会迟到或者床单不整齐，被罚在练兵场上行军 7 天。你应该知道（当然你可能不会承认自己知道），国防学院的生活更像一场游戏，而非真实的生活。输赢很正常，但无论发生什么，你都不应该太当回事儿。果然，经过 6 个月的适应，那些刚开始折磨我们的规则，完全变成理所当然的了，反倒是国防学院外的生活显得有些奇怪了。

我们其实都有过这样的经历，只是它们可能不像我在澳大利亚国防学院经历的这么极端，20 年后回想起来仍然历历在目。无论是融入新学校，了解新工作，还是试着在国外生活，我们都必须学会适应新环境。可能刚开始时，我们举步维艰，会觉得到处都是陌生的规则，但最终会慢慢熟悉起来。

在通常情况下，正式规则（明文规定）并没有非正式规则（像"在地铁上让座"这种直到被打破才发现的规则）那么重要。相反，那些我们熟知的规则很少被执行，即使偶尔被执行了，也可能是由于其他我们不知道的规则。神奇的是，我们经常感叹人生的游戏是多么复杂，但仍然有能力玩好它。我们的适应能力就像孩子在潜移默化中学习新语言一样，不知不觉就学会了在一个全新的社会环境中摸爬滚打。

常识的两个核心特质

帮助我们解决这些问题的神奇的人类智慧，就是所谓的常识。常识实在是太普通了，以至于只有当它缺失时，我们才会注意到它的存在，但对于日常生活的正常运转来说，常识必不可少。常识，就是知道早上穿什么衣服上班，在街上或地铁里应该有什么样的言行举止，以及如何与朋友、同事融洽相处。它告诉我们，什么时候应该遵守规则，什么时候可以忽略不管，而什么时候则需要站出来挑战规则。常识，是社会智慧的本质，它深深植根于法律体系、政治哲学和专业训练之中。

常识虽经常被提及，却很难讲清楚。[3] 简单来说，它大致由事实、观察、经历、见解，以及每天解决问题和学习的过程中积累的些许智慧组成。此外，常识没有简洁的分类。一些常识性的知识往往非常笼统，正如美国人类学家克利福德·格尔茨（Clifford Geertz）所说："常识是从古至今都纠缠不清的一些难题，比如公认的惯例、既定的信仰、习惯性的判断和天生的情感。"[4] 但常识也可以指一些更专业的知识，比如，专业人士会在日常工作中用到的知识等。再比如，对于医生、律师或工程师而言，他们多年的训练和经验积累起来的工作知识，也可以被称为常识。1946 年，在芝加哥召开的美国社会科学协会年会上，时任协会主席的卡尔·泰勒（Carl

常识

Common Sense

帮助我们解决问题的人类智慧，就是常识。简单来说，它大致由事实、观察、经历、见解，以及每天解决问题和学习的过程中积累的智慧组成。常识深深植根于法律体系、政治哲学和专业训练之中。

Taylor）在报告中给出相似的结论：

> 我所说的常识，是社会中的人已经掌握的知识，这些人也是社会学家试图理解的社会情形和过程的一部分。因此，常识既可以指民间知识，也可以指工程师、务实的政治家、收集和发布新闻的人掌握的知识，或是其他那些解释预测行为、个人和团体会用到的知识[5]。

泰勒的定义强调了常识的两个本质特征，正是它们将常识与科学或数学等其他人类知识区分开来。

第一，正规的知识体系以理论为基础，而常识不同，它以实践为基础，这就意味着常识更关心问题的答案而不是求解的过程。就常识而言，知道什么是对的，或者知道方法就足够了。人们不需要考虑为什么可以从中受益，不必过于担心反而更好。换言之，与理论知识相比，常识并不会影响世界，它只是简单地按照世界"本来的样子"去处理问题。[6]

第二，正规知识的力量在于，将特定的发现组织成由一般原则描述的逻辑分类的能力，而常识则在于以自己的方式处理具体情况的能力，这也是常识与正规知识的不同之处。比如，我们在老板面前的穿着和言行，与在朋友、父母、父母的朋友或朋友的父母面前截然不同，这是常识处理的问题。正规知识试图根据一个一般规律推导出适用于所有情况的行为模式，常识只知道在某种特定情况下应该怎么做，而从不探寻为何这样做。[7]正是这个原因使得常识很难在计算机中被复制，因为比起理论知识，常识需要用到大量规则来处理问题，少数特殊情况也不例外。比如，你想开发一个机器人来操控地铁，这个任务看似简单，但很快你就会发现，即便是一个小小的组成部分，比如"拒绝让座"这个规则，就依赖于其他各种复杂的规则，比如地铁里的座位安排、公共场合的文明举止、拥挤城市的生活规则，以及关于礼让、分享、公平和所有权的一般规范等。但乍看之下，它们好像和我们考虑的规则并没有太大关系。

任何想要形式化常识的尝试都会遇到同样的问题——为了教会机器人有限的人类行为，你必须把世界上所有的东西都教给它。不仅如此，重要的事情、应该重要但实际上不重要的事情、重要性取决于其他事的事情，它们之间有着无数微妙的差别，即使最先进的机器人也会被难住。一旦遇到与程序稍有不同的情形，它就不知道该怎么做了，会表现得格格不入，搞砸一切。[8]

缺乏常识的人有点儿像这个倒霉的机器人，他们似乎从不明白自己应该注意什么，也不清楚自己不知道什么。开发机器人非常困难，同样，向缺乏常识的人解释他们做错了什么也很困难。或许你可以带他们回顾说错话或做错事的场景，也许能避免再次犯错。但只要情况稍有不同，他们又会回到原点。在澳大利亚国防学院就读期间，我身边就有几个这样的学员，他们聪明能干，但就是表现不好。人人都知道他们是这样的人，也知道他们不谙常识，但由于这些常识很难准确地表明，我们也爱莫能助。他们无所适从，不堪重负，最终大多选择了离开。

常识并不"平常"

常识非常重要，也有不少不平常之处，其中最突出的一点就是，它在不同时间、不同文化之间存在差异。

反常识案例

最后通牒博弈

几年前，一群有胆识的经济学家和人类学家做了一个实验，以求证常识在不同文化背景下的最后通牒博弈中的表现。实验是这样进行的：首先，挑选出两个人，给其中一个人 100 美元，然后这个人需要把得到的 100 美元分一部分给另外一个人，金额从零到 100 美元不等。另一个玩家可以接受这种分配，当然也可以拒绝。如果第二个玩家接受了，双方都可以愉快地获得应有的金额；如果第二个玩家拒绝了，那双方都将得不到任何钱。这就是最后通牒博弈。

在工业化社会进行的数百次实验中，研究人员发现，大多数实验者会选择平分这 100 美元，也就是每人 50 美元，而如果给对方分配的金额低于 30 美元，则往往会被拒绝。经济学家感到非常意外，他们认为这个结果与经济理性的标准概念相矛盾：就算只有 1 美元也比什么都没有好吧！从严格的理性角度来看，接受者应该同意任何高于 0 美元的分配。基于此，理性的分配者应该尽可能给接受者分得最少，也就是 1 美元。当然，只要略加思考就能理解接受者为什么会选择拒绝了——这种分配方式太不公平了，不能因为你有这种权力就提出这么霸道的要求。如果分配者提出的金额低于总数的 1/3，接受者就会觉得被占了很大的便宜，他们宁愿放弃本该得到的一大笔钱，也要教训一下吝啬的分配者。预料到这个反应后，分配者就会倾向于提出一个接受者普遍会认为比较公平的分配方式。

对于这个突破性的发现，你可能认为经济学家需要进一步展开研究，其实这样想的不止你一个。如果说这其中有什么像常识，那就是人们认为公平和金钱同样重要，有时他们甚至更加关心公平。当实验人员在 5 个洲的 15 个小型前工业化社会中重复做这个实验时却发现，不同社会的人对于公平的理解各不相同。一个极端的例子发生在秘鲁的马奇圭噶部落，分配者倾向于分给对方的钱只有 1/4，而且提议也不会被拒绝。相反，另一个极端情况发生在巴布亚新几内亚的阿乌部落，那里的居民愿意拿出一半以上的钱给对方，但令人惊讶的是，这种"高度公平"的提议往往和不公平的提议一样被拒绝。[9]

这些差异又该如何解释呢？原来，阿乌部落有交换礼物的习俗，接受了别人的馈赠之后，就得在未来适时给予回馈。阿乌部落没有类似的最后通牒博弈，所以他们只是简单地把这种陌生的互动与他们最熟悉的社会交易，也就是礼物交换习俗对应起来，并据此做出反应。西方实验对象眼中的"天降之财"，对于阿乌部落的人来说，就是一笔"非分之财"。相比之下，马奇圭噶部落的人们只对直系亲属尽忠，因此在与陌生人进行最后通牒博弈时，他们往往把这件事想作自己熟悉的领域，觉得自己没有义务去公平提议，并且在面对明显不公平的分配时，他们也不会像西方地区参与实验的人那样表现出愤怒，对他们来说，即使是少量的钱财也是赚了。

一旦你了解了阿乌、马奇圭噶部落文化的特征，这些令人困惑的行为就合情合理了，甚至你会认为这也是常识。当然也确实如此。我们认为，在现行的世界里，公平互惠是常识性原则，人人都要遵守，受到无故侵犯时就要反抗。同样，在 15 个前工业化社会中，人们对于世界的运转有他们自己的理解。这些理解可能和我们的不同，但只要接受了他们的看法，他们的常识和逻辑就和我们的一样合情合理了。如果在他们这种文化中长大，任何通情达理的人都会这么做。

集体隐性知识

Collective Tacit Knowledge

群体长期以来所共同经历的生产过程、事件、心理和认知体验构成的难以通过语言、文字、图表或符号明确表述的知识，这种知识以一种不言自明的形式存在。

这些实验结果表明，只有两个人拥有足够相似的社会文化经历时，常识才能称得上"平常"。换句话说，常识依赖于社会学家哈里·柯林斯（Harry Collins）提出的集体隐性知识，该知识贯穿于社会规范、习惯和实践中。[10] 柯林斯指出，集体隐性知识只能通过参与社会活动习得，这就是为什么机器难以学会的原因。但这也说明，对某人来说合情合理的事，对另一个人来说可能就显得非常奇怪，甚至难以接受。比如，人类学家克利福德·格尔茨曾指出，在不同时期和文化之间，人们对两性畸形儿童的态度有着巨大的差异。罗马人憎恶并杀害这些儿童，希腊人容纳他们，纳瓦霍人尊敬他们，东非的波克特部落则简单地把他们看作一种"错误"，要么留着他们，要么就丢了，就像是对待一个破罐子一样[11]。同样，像奴隶、献祭、食人、裹脚、女性割礼这些在当代文化中广受诟病的行为，却曾在（甚至仍在）不同的时间和地方被认为是完全合理的。

此外，常识深深扎根于社会体系之内，这就导致了常识上的分歧往往难以消除。比如，有些在纽约长大的人会认为，纽约是个犯罪猖獗的污水坑，人情淡漠，缺乏信任。有一条新闻报道称，曼哈顿有一小部分居民从来不锁门，这让那些人大感意外。报道中指出，纽约的大部分人都觉得不锁门的人实在太疯狂了。正如一位女士所说："我在高层公寓中住了15

年，这里有门卫看护，也从未听说公寓里有盗窃案件发生，但这些与锁门无关，锁门是常识。"有人对不锁门的行为感到震惊，然而，这种反应也让不锁门的人感到惊讶。[12]

这个故事的有趣之处在于，相关人士的说法近乎精确地反映了格尔茨在爪哇岛的巫术研究中的经历。这个研究提到一个小故事："爪哇岛的一个男孩从树上掉下来摔断了腿，他的家人都认为这是男孩已故爷爷的灵魂推了他一把，因为他们忽视了某些祭奠仪式。对他们来说，整件事情从始至终就是他们认为应该发生的事情，而且的确全部发生了。反过来，他们对我的不解感到困惑。"

换句话说，常识问题上的分歧很难解决，因为双方甚至不知道在什么立场上才能开展合理的论证。无论是西方人类学家对于印度尼西亚前工业化部落的巫术研究，还是纽约人对有些人不锁门行为的异议，或是美国步枪协会反对"布雷迪运动"对美国人可购枪支种类的管理，无论是什么行为，只要人们相信它是一个常识，就会百分之百确信，而对其他人表现出的不解感到困惑。[13]

为什么常识经常相互矛盾

有些时候，你觉得不言而喻的事情，别人可能认为非常荒唐。这让我们不得不考虑，把常识作为理解世界的基础真的可靠吗？当与别人意见相左，而我们又不能自圆其说时，如何才能确信自己是对的呢？当然，我们可以把这些疑惑当作荒诞的怪想，因此不值得费什么心思。一旦你开始产生怀疑，就会越来越难以解释，为什么我们会相信自己做的事情就是对的呢？比如，自 1996 年以来，美国民众对同性伴侣结婚的态度的转变。[14] 或许在这期间改变想法的人们，并不认为之前的自己有多不可理喻，但确实会承认那时的自己错了。如果一些看似很明显的事情，最后被证明是错误的，那我们现在认为不言而喻的事情，将来会不会也是错误的呢？

实际上，一旦我们开始审视自己的观点，就会越来越搞不明白，在不同时间我们认同的各种看法是如何融会贯通的呢？比如，大多数人认为，自己的政治观源自一个独立、连贯的世界观——"我是一个温和的自由主义者"或者"我是一个顽固的保守主义者"等。如果确实如此，我们就可以认为，自诩是自由派的人往往会在大多数问题上拥护"自由主义"的观点，而保守派则会一贯持相反意见。有研究表明，无论人们认为自己是自由派还是保守派，他们对待堕胎等某个问题的看法，与对待死刑或移民等其他问题的看法都没什么联系。也就是说，我们总觉得自己的观点来自一些整体观念，但现实是，它们是独立得出的，而且这个过程往往很随意。[15]

有些观点为人们熟知，作为名言警句更是能启发世事，但要把它们协调在一起，困难就会凸显出来。正如社会学家总爱指出的那样，许多名言警句彼此之间矛盾重重，就像"物以类聚"与"异性相吸"，"小别胜新婚"与"眼不见，心不烦"，"三思而后行"与"当断不断，必受其患"等观点之间的矛盾。当然，这些观点并不总是相互矛盾，有时只是因为我们在不同情况下会使用不同的名言。但是，由于我们从未明确规定过，某些名言适用于哪种情形，而不适用于哪种情形，所以才无法讲清楚自己到底想用哪一个名言，或者为什么用它。换言之，与其说常识是一种世界观，不如说它是一种逻辑不一、相互矛盾的观点集合，某个观点在某些时候看起来是正确的，但在其他时候就不能保证了。

常识的滥用与依赖

虽然常识在本质上是碎片化的、不一致的，有时甚至自相矛盾，但这并不会给我们的日常生活带来困扰。因为日常生活被分割成了诸多小问题，它们情况各异，所以我们可以各个击破。在解决这些日常琐事时，按照逻辑方式来思考并不是解决问题的关键，所以根本没必要纠结为什么"小别胜新婚"适用于这种情况，而"眼不见，心不烦"适用于另一种情况。在既定情况下，我们知道自己想要表达的观点，或者想要支持的决定，并能选择恰当的常识来解决问题，就足够了。如果非要解释这些理由、态度和常识是如何融合在一起的，反而会让人陷入分裂和矛盾之中。实际生活很少要求我们思考这个问题，所以这些常识的融合有多难就不重要了。

当我们想用常识解决的问题并不仅仅是此时此刻的日常生活琐事，还涉及预测或管理在未来某时某地众多人类的行为时，上述问题就非常重要了。你也许不相信，但实际上我们一直在这么做。当我们读报纸，试着理解国际争端这样的大事时，就会在不知不觉中利用常识推理来推断事情的来龙去脉；当我们对金融改革或医疗政策产生意见时，就会在无意中使用常识推理来推测不同规则和激励措施会如何影响不同政党的行为；当我们讨论政治、经济或法律时，会不自觉地运用常识推理来总结这些政策将如何影响社会。

在以上情况中，我们都没有使用常识来考虑自己在当下应该如何做出改变，反而是在了解不充分的情况下，用常识推断其他人的行为表现。在某种程度上，我们知道世界错综复杂，事事相互关联，但当我们读到医疗体系改革、银行家的奖金或是国际争端等报道时，不会试着理解这些不同的问题有何关联。我们关注的只是当时世界呈现给我们的巨大潜在图景的冰山一角，并据此形成自己的观点。这样，我们就能一边喝咖啡，一边浏览晨报，还能毫不费力地对 20 个话题提出 20 种不同的意见。这便是常识。

当然，普通人在自己家里，通过阅读报纸或与朋友讨论，得出的有关世界格局的诸多结论，对世界运转不会有太大影响。他们理解问题的方式与问题的本质不符也无关紧要。将常识推理用于解决社会问题的可不只是普通人。当政策制定者讨论扶贫方案的制定时，他们也总是根据自己的常识来解释穷人之所以贫穷的原因，从而更好地帮助他们脱贫。和所有对常识的解释一样，关于贫穷这个问题，每个人都有自己的观点，但这些观点在逻辑上并不一致，有时甚至相互矛盾。有的人可能认为，有些人之所以贫穷，是因为他们工作不够勤奋，花钱还大手大脚；有的人则认为，穷人生来就贫穷；还有人把他们的贫穷归因于机会缺乏、社会保障体系不完善或者其他环境因素。不同的观点将会衍生出不同的扶贫方案，但并非每个方案都是对的。即使政策制定者有权制订影响千万人的全面计划，在制定扶贫方案时，他们也只是听信了自己的直觉。不过，普通大众得出的有关社会问题的结论，是通过阅读报纸得出的。

纵观历史就会发现，当常识被用于日常生活之外时，总会以失败告终。正如政治学家詹姆斯·斯科特（James Scott）在《国家的视角》（*Seeing Like a State*）一书中所写，19 世纪晚期和 20 世纪早期的特点是，在工程师、建筑师、科学家和政府官僚之中弥漫着一种乐观的情绪，他们认为一切社会问题的解决，都可以照搬启蒙运动时期和工业革命时期解决科学工程问题的方法。这些"高度现代主义者"认为，城市的规划，自然资源的管理，甚至整个经济的运营都在"科学"规划的范畴之内。现代建筑的权威代表之一勒·柯布西耶（Le Corbusier）在 1923 年写道："计划是一切的源泉，没有计划，贫穷、混乱、随心所欲就会占据上风。"[16]

当然，"高度现代主义者"并不认为他们的所作所为运用了常识，他们更喜欢用科学的语言来粉饰自己的雄心壮志。但正如斯科特所言，所谓的科学也只是海市蜃楼。在现实中，根本就没有计划的科学，有的只是那些计划者的观点，他们依靠直觉来推测其计划将会在现实世界中发挥什么样的作用。毋庸置疑，像柯布西耶这样的人确实是才华横溢的思想家，但他们的计划，往往会带来灾难性的后果。比如纳粹的社会工程和南非的种族隔离，现在都被认为是发生于20世纪的重大灾难。此外，即使这些计划真的成功了，也并不是计划在起效，而是现实中的人们想出了办法，他们忽视、规避，甚至彻底改变了计划本身从而得到了合理的结果[17]。

回顾过去，这些"高度现代主义者"的失败似乎已成为过去，而他们的失败是对科学盲目崇拜的结果，如今这种观念早已被我们摒弃了。但是，政客、官僚、建筑师和监管者还在继续犯同样的错误。经济学家威廉·伊斯特利（William Easterly）指出，在过去50年里，外国援助机构一直被大型官僚组织控制，而这些组织实际上由有权有势之人操纵，这些人对该做什么以及不该做什么的意见，难免会对资源分配产生重要影响。伊斯特利口中的这些"计划者"，就像之前的"高度现代主义者"一样，他们也是充满善意的智者，是热衷于帮助发展中国家的人。尽管这些"计划者"为经济发展投入了数万亿美元的援助，但令人惊讶的是，几乎没有什么证据表明受助者的状况得到了改善。[18]

在50年前的美国，城市规划师已经多次着手"解决"城市贫困问题，却屡屡失败。正如记者兼城市活动家简·雅各布斯（Jane Jacobs）50年前指出的："我们总是想着，只要有足够的钱——这个数字通常是几千亿美元，贫困问题就能在 10 年内被彻底解决……但是，看看我们用几十亿美元做了什么。低收入项目成了违法犯罪、破坏公物和对社会产生绝望情绪的根源，而本该解决的贫困问题却没有得到改善。"[19] 让人感到讽刺的是，就在雅各布斯得出这个结论的同时，一项美国有史以来最大的公共住房项目——芝加哥罗伯特·泰勒家园项目（Robert Taylor Homes）也开启了。如同社会学家苏西耶·凡卡德希（Sudhir Venkatesh）在《美国计划》（American Project）一书中的描述，这一精心制订的计划，旨在帮助市中心的贫民区居民（主要是非裔家庭）进入中产阶级，但到头来却一败涂地，这些住房变成了荒废的建筑、拥挤的公寓和破旧的操场，最终沦为贫困者和帮派的聚集地[20]。

经济和城市发展计划本就具有规模性和破坏性，尤其容易失败。许多像公共教育改进、医疗服务改革、公共资源管理、地方法规或外交政策制定这样的政府计划也有同样的缺点。[21] 承受计划失败带来的惨痛后果的不只有政府，公司也包括在内，只不过它们的规模不如政府大，所以，尽管 2008—2009 年的金融体系接近崩溃，但公司的失败很少引起与政府同等分量的关注。当然，比起政府，公司有更多成功的例子，这会让人们认为，私营部门比政府部门更擅长制订计划。近年来很多管理学家指出，无论是战略投资、并购，还是营销活动，企业计划也经常失败，而且原因和政府计划失败的原因十分相近。[22] 这些失败案例无一不是一小拨人坐在会议室里，凭他们自己的常识来预测、规划或操纵数千甚至数百万人的行为导致的，这些人与想要施加影响的人相距甚远，动机和环境也截然不同。[23]

具有讽刺意味的是，即使发现了政客、计划者和其他人的错误，我们

的反应也不是批评常识，而是更加依赖它。比如，2009 年年初，正值全球金融危机的黑暗低谷期，一位愤怒的观众在达沃斯世界经济论坛上表示："现在我们需要的就是回归常识！"这个吸引人的观点在当时赢得了热烈的掌声，但我不得不怀疑他到底是何用意。毕竟，就在两年前，也就是 2007 年的达沃斯世界经济论坛上，同样是这群商界、政界人士和经济学家在互相庆贺创造的惊人财富和前所未有的稳定的金融系统。有没有人怀疑过，在某种程度上他们已经脱离了自己所谓的常识了呢？如果没有，那么回归常识又有什么用呢？事实上，如果说金融危机的历史（高科技贸易出现前后）教会了我们什么的话，那它应该是，常识而非计算机模型是金融狂潮的罪魁祸首，就如同战争中的真理一样。[24] 在政治、商业和市场营销方面的失败也是如此。这些不幸的发生并不是因为我们忘记了使用常识，而是因为从常识在解决日常生活问题时表现出的"惊人效果"来看，我们对它的信任远远超过了其实际能力。

直觉越多，错误越多

如果常识在处理政治冲突、医疗经济学或市场营销等复杂的社会现象时，表现得非常糟糕，那为什么它的缺点却没有引起足够的重视呢？毕竟，在物质世界中，直觉被广泛地用来解决日常生活中的问题。比如，接住一个飞来的棒球就需要大量物理性的直觉，并且，与社会世界不同的是，在物质世界里，我们早已认识到了"物理常识"非常容易出错。比如，常识告诉我们，重物会在重力作用下下落。但想象一下，如果一个人站在一个完全平坦的平面上，左手拿着一颗子弹，右手拿着一把装有同一种子弹的手枪，两手保持在同一高度，然后在开枪的同时放开子弹，哪颗子弹会先落地呢？初中物理就能回答我们，两颗子弹同时落地。即使知道这点，我们也很难不去想，枪里平射出的子弹速度很快，所以它可能会在空中停留更长时间。

在物质世界中，类似上述违背常识推理的事情比比皆是。为什么在南半球和北半球，马桶里的水螺旋下降的方向是相反的呢？为什么午夜之后可以看到更多流星呢？当水杯中的浮冰融化时，水位会上升还是下降呢？即使了解一些问题背后的物理学原理，你还是很容易出错，而且这些问题与量子力学和相对论中真正奇怪的现象相比根本不值一提。这些让物理系学生绞尽脑汁，并让我们屡屡受挫的物理常识对人类文明却大有好处：它能迫使我们进行科学研究。在科学研究中，我们发现，如果想要弄明白世界的运作方式，就必须用细致的观察和实验来检验我们的理论，并且无论直觉是什么，只能相信得到的数据。尽管这很难，但在过去的几个世纪，人类在认识自然世界中得到的所有成果和发现，本质上都离不开这种科学方法。

在人类世界中，我们的直觉比在物理学中好用得多，而科学方法则很少用到。例如，为什么大多数社会群体在种族、教育水平，甚至性别分布上都如此相似呢？为什么有些东西会流行起来，而其他的不会呢？媒体对社会的影响究竟有多大呢？选择多了是好是坏？税收会刺激经济增长吗？社会学家总是被这些问题困扰着，但很多人认为自己就可以给出满意的解释。我们都有朋友、工作，也都会购物、投票、看电视，我们处在市场、政治和文化的环境中，所以对其中的运作方式非常熟悉，至少在我们看来是这样的。与物理学、生物学等领域的问题不同的是，关于人类或社会行为的问题，如果运用昂贵、费时的科学方法来研究我们深信已经知道的知识，似乎毫无必要。

四大误区，常识这样让我们犯错

毫无疑问，参与社会生活的经历极大地提高了我们理解社会的能力。如果没有对自己的思维过程的深入认识，没有对他人言行举止的大量观察和解释，包括亲身经历和远程学习，我们不可能理解复杂的人类行为。然而，我们依靠直觉、经历和学习得出的关于社会的常识解释，也掩盖了一些常识推理的错误，这些错误和物理常识的错误一样，都非常系统和普遍。《反常识》一书第一部分将集中探讨这些误区，并把它们分成四大类。

第一类常识误区是，当我们想解释他人的行为时，总是不自觉地把注意力放在像激励、动机、信念这些我们意识到的因素上。尽管这种观点听起来好像很合理，但几十年来的心理学和认知科学研究已经发现，这种观点只是人类行为的冰山一角。例如，我们不会想到，酒水商店里的背景音乐可以影响人们的购买选择；不同字体写的声明，可信度也不同。当预测人们的反应时，我们不会考虑上述细节，但是，它们确实举足轻重，其他许多看似琐碎或无关紧要的因素也同样重要。事实上，我们不可能预见与既定情况相关的所有因素，无论我们多么设身处地去考虑，当预测人们在其他情况下的行为时总会犯下大错。

如果说第一类常识误区是，人们在描述个体行为的心理模型时存在系统性的缺陷，那么第二、三类常识误区就是，人们在描述集体行为的心理模型时表现则更加糟糕。无论是在社交活动、工作场所、志愿组织里，还是在市场、政党里，甚至是整个社会中，只要人们聚在一起，就会相互作用，比如共享信息、散布谣言、交流意见、和朋友比较、对别人的行为做出奖惩、学习他人的经验，并且影响他人对好坏、贵贱、对错的判断。正如社会学家长期以来的观点，这些影响以意想不到的方式不断累积，就形成了集体行为。集体行为是自然产生的，所以不能单独去理解它的组成部分。面对集体行为如此复杂的情况，常识的解释会本能地退回到个人行为的逻辑上。有时我们会借助假想的"代表性个体"，比如"大众""市场""工人""选民"等，他们的行为可以代表多数人的行为和影响。有时我们又会挑出"特别之人"，比如"领导者""富有远见的人""有影响力的人"等，我们将他们视为"代理"。无论使用哪种方法，我们对集体行为的解释总会掩盖事实。

常识推理的第四类误区是，我们从历史中学到的内容远比我们想象的少，而正是这种错觉扭曲了我们对未来的理解。每当一些有趣、离奇或可怕的事情发生时，比如，服装品牌"暇步士"（Hush Puppies）再度流行起来，一位不知名的作家写的书成了全球级畅销书，房地产泡沫破裂，或是"9·11"事件等，我们总是本能地寻找解释。由于我们总是在事情发生之后才去解释，所以我们的解释往往过于强调实际发生的事情，而很少关注那些可能发生却没有发生的事情。此外，我们试图解释的仅仅是那些我们感兴趣的事，而这些事只占真实发生的事情的很小一部分。我们眼中的因果解释实际上只是描述所发生的事情，而关于事情作用的机制，我们了解得很有限。由于这些故事在形式上还是存在因果关系，所以我们总是觉得它们具有预测能力。就这样，即使理论上不可能发生，我们还是骗自己相信，我们可以做出预测。

常识推理并不是只受到一种因素的限制，而是会受限于一系列因素，这些因素彼此加强影响，甚至相互掩饰。最终结果便是，对于世界，常识可以言之有理，但不一定能揭示真正的原因。就像是在古代，当我们的祖先被从天而降的电闪雷鸣惊吓到时，他们也会煞费苦心地编造出神话故事来缓解自己的恐惧感。他们认为，神和人一样，也会斗争，所以才会出现这些现象。现在我们知道了，这些现象完全是自然的过程。通过一些易于理解的故事，他们解释并理解了奇怪而可怕的现象。这些故事也制造出一种错觉，让他们认为自己已经搞懂了世界，从而有勇气迎接新的一天。这样很好，但在拥有相对发达的科学理论的今天，我们不会说我们的祖先真的"理解"了所发生之事。在我们眼中，古代神话甚至有些可笑。

我们没有意识到的是，其实常识的作用和神话一样。无论世界抛给我们何种特定情况，常识都会给我们提供现成的解释，这些解释能让我们自信地生活。有时我们难免会纠结，我们自认为了解的事情究竟是真的，还是碰巧是相信的东西？而常识减轻了这种顾虑。依赖常识的代价便是，**我们认为自己已经理解的事情，实际上被我们用一个看似合理的故事掩盖了**。这种错觉反过来又会削弱我们像对待医学、工程和自然科学问题一样对待社会问题的积极性。常识实际上阻碍了我们对世界的理解。要解决这个问题并不容易，《反常识》这本书的第二部分将给出一些建议，并会提供一些在商业、政治和自然科学领域已经试行过的方法。毫无疑问，自然事件和鬼神事件之间有共性，即它们都必须为"真实"解释的发展让步，这是解决问题的重点。然后，真实解释会反过来刺激我们思考：常识是如何让我们误以为自己知道的比实际上知道的还要多。[25]

常识推理的四大误区

1. 用常识解释个体行为产生的误区：总是不自觉地把注意力放在像激励、动机、信念这些我们意识到的因素上，而忽略了其他许多看似琐碎或无关紧要的因素。

2. 用常识解释集体行为产生的误区：相比于描写个体行为的心理模型，描述集体行为的心理模型更加糟糕。常识的解释会本能地让我们将思考回退到个人行为的逻辑上，所以我们对集体行为的解释总会掩盖事实。

3. 用常识解释意见领袖影响力产生的误区：意见领袖的影响力法则不是一个假设，而是两个假设的融合。第一，有些人比其他人更具影响力；第二，这些人的影响可以被一些引发社会潮流的"传染"过程极大地增强。在大多数情况下，极具影响力的人确实比一般人更能引发社会潮流，但是他们的相对重要性远没有我们想象的那么大。

4. 用常识解释历史事件产生的误区：我们从历史中学到的内容远比我们想象的少，而正是这种错觉扭曲了我们对未来的理解。

EVERYTHING
IS
OBVIOUS

第一部分
常识思维带来的四大误区

PART 1
COMMON SENSE

ONCE YOU KNOW THE ANSWER

1

用常识解释个体行为产生的误区

CHAPTER 1

Thinking About Thinking

在实践中知道什么是相关因素与能够去解释为什么
我们知道它们是相关因素，差别巨大。

在很多国家，政府通常都会询问公民是否愿意死后把器官捐献出来。如今，器官捐献这件事是人们关注的热点之一。一方面，它可以将一个生命的损失转化为另一个生命的延续；另一方面，对将不再属于自己的器官做出安排，会让人觉得有些不安。不难想象，不同的人会做出不同的决定，不同国家的器官捐献率也不相同，但是国家之间的差异可能会大到惊人。

是什么因素导致器官捐献率如此不同

几年前，心理学家埃里克·约翰逊（Eric Johnson）和丹·戈尔茨坦（Dan Goldstein）在一项研究中发现，欧洲不同国家间的公民同意捐献器官的概率最低可至 4.25%，最高则达 99.98%。更令人感到奇怪的是，这些概率并不是分散在整个范围内的，而是集中在了两个极端上，要么就是百分之几或者百分之十几，要么就是 90% 以上，几乎没有中间值。[1]

如何解释这一巨大的差异呢？这是我在该研究发表后不久，在哥伦比亚大学本科生的课堂上提出的问题。实际上，当时我给学生举了两个国家的例子，它们被匿名为 A 和 B。A 国大约有 12% 的公民同意捐献器官，而在 B 国则有 99.9% 的人愿意。然后请学生们思考是什么样的差异导致两个国家的公民做出如此不同的选择呢？学生们非常聪明，他们想出了很多可能性：有的学生认为，可能一个国家信教而另一个国家不信；有的认为一个国家的医疗水平更先进，器官移植的成功率比另一个国家高；有的则认为一个国家的意外死亡率更高，因此可用器官更多；还有学生认为，一个国家强调集体意识，而另一个国家则重视个人权利。

这些解释都有道理，但让学生意想不到的是，A 国是德国，而 B 国则是奥地利。

我的学生被难住了，德国和奥地利究竟有什么不同呢？他们没有放弃寻找答案，也许在法律或教育体系上存在他们不知道的差异？或者奥地利发生过一些重大事件或媒体宣传激发了人们对捐献器官的支持？这和第二次世界大战有关系吗？又或许奥地利人和德国人其实差异很大？虽然学生不知道真正的原因是什么，但他们相信肯定存在什么重要因素，这种巨大差异绝不是偶然产生的。其实并非如此，只是导致这种差异产生的真正原因你一定想不到。尽管我的学生很有创意，但他们也没有得出那个无比简单的答案：在奥地利，默认选项是成为器官捐献者，而在德国，默认选项是不成为器官捐献者。两国在政策上的差距微乎其微，只是发一封简单格式的邮件和不发邮件的区别，但这个简单的操作足以将捐献率从 12% 提高到 99.9%。奥地利和德国的情况也适用于整个欧洲，所有原本器官捐献率高的国家都用了"默认参加"政策，而原本器官捐献率低的国家则用了"默认退出"政策。

被忽略的"默认选项"

理解默认设置对选择起到的作用非常重要，因为我们对人们的选择及其原因的看法几乎影响了所有对社会、经济和政治结果的解释。随便读读某份报纸上的专栏文章，看看电视上某个专家的节目，或是听听深夜电台的访谈节目，你都能看到或听到很多有关"为什么我们选择这个而不选那个"的理论，这些信息不断轰炸着我们。尽管我们经常谴责这些专家的理论相互矛盾，但事实是，无论是政客、官僚、报纸专栏作家，还是企业高管或普通百姓，所有人都有自己信奉的人生选择理论。其实，无论是对政治、经济政策、税收政策、教育制度、医疗制度、自由市场政策、全球变暖事件、能源政策、外交政策、移民政策，还是对性行为、死刑、堕胎权或者消费者需求等所有关于社会影响的讨论，都明确或隐含地说明了人们为什么做出选择，以及如何被鼓励、教育、法律约束，或者被迫做出不同选择。

从日常决策到重大的历史事件，世界上的选择无处不在，它与生活的每个方面都息息相关，所以毫无意外，关于人们如何做出选择的理论也是大多数社会科学关注的核心。经济学家詹姆斯·杜森贝里（James Duesenberry）在评论诺贝尔经济学奖得主加里·贝克尔（Gary Becker）早期的一篇论文时曾打趣说："经济学都是关于选择的，而社会学是关于人们为什么没有选择的。"[2] 实际上，社会学家和经济学家一样也非常关心人们如何做出选择，更不用提政治学家、人类学家、心理学家，以及法律、商业和管理学者了。尽管如此，杜森贝里还是认为，20 世纪，不同的社会和行为科学家更倾向于用完全不同的方法研究人们如何做出选择。最重要的是，他们在人类理性的本质和重要性上有不少分歧，有时甚至水火不容。

理性选择其实是偏好选择

对许多社会学家来说，"理性选择"这个词总是让人想到一个冷酷无情、精于算计的人，他只关心自己，并不断寻求自身经济利益的最大化。这种想法不无道理。多年来，在经济学家探索市场行为的过程中常常会运用"理性"这个概念，有时也称为"经济人"①，是因为它能自动应用到简单可解决的数学模型里。就像引言中提到的最后通牒博弈一样，人们在现实生活中不仅关心自己的经济利益或其他利益，还会关心他人的利益，这些人往往是我们愿意为之牺牲的人，这样的例子还有很多。我们也会关心并维护社会准则和惯例，惩罚破坏规则的人，即使这样做的代价很大。[3]此外，我们还经常关心无形的利益，比如声誉、集体归属感或者"做正确的事"，有时甚至比对待舒适的生活和物质财产更加上心。

近几年，研究"经济人"概念的评论家针对理性选择理论提出了很多反对意见。作为回应，理性选择理论的支持者极大地扩展了理性行为的范围，不仅囊括了自私自利的经济行为，还包括更现实的社会和政治行为。[4]事实上，如今的理性选择理论不再是一个单一的理论，而是发展成了一系列理论，它可以根据应用情况的不同而做出不同假设。这些

理性选择理论
Rational Choice Theory

指政治科学及社会科学领域的一系列理论，主张行动本质上都是理性的，人们在行动前会考量利害得失来做出决定。理性选择中的"理性"是指，能够分析、比较各种选择的利益与效用，之后对于较高的效用与利益显示出偏好，并作为行为的根据，这种"理性"属于一种工具理性。

---

① 经济人（homo economicus）是经济学家关于人类经济行为的一个基本假定，它最早由英国经济学家亚当·斯密提出。该假定认为，人的一切行为都是为了最大限度地满足自己的利益需求。——译者注

理论包含两种基本观点：

- 第一，人们对某些结果存在偏好。
- 第二，考虑到这些偏好，人们会尽可能从中选择最好的方法来实现自己想要的结果。

举个简单的例子，比起口袋里的钱，我更喜欢冰激凌，而且如果有一种方法能让我用钱买到冰激凌，那么我会选择这样做。如果天气很冷，或者冰激凌很贵，我可能会等到一个更暖和的日子再去买。同样，如果买冰激凌需要绕很远的路，那我可能会先去我本来要去的地方，冰激凌则等其他时间再去买。无论我最后的选择是钱、冰激凌、本来要去的地方，还是其他选项，考虑到当时的偏好，我都做了对我来说"最好"的选择。

这种思维方式的诱人之处在于，它暗示了所有人类行为都可以被理解为试图满足自己偏好的行为。比如，我看电视是因为我很喜欢，而且愿意把大把时间花在看电视上；我投票是因为我十分关心政治，想要选出最能代表自己利益的候选人；我会申请可以考上的大学，并在录取我的学校中选出排名、助学金、生活条件等综合情况最好的一个；入学后，我会学习最感兴趣的课程；毕业时，我会选择我能找到的最好的工作；我会和喜欢的人交朋友，并与那些我喜欢的朋友保持来往；当我不再追求约会的刺激，而是偏向于稳定与安全感时，我会选择结婚；当家庭的好处（比如，有了孩子的快乐，我们无条件地爱他们，等我们老了时他们也会照顾我们）超过了责任增加、自由减少和养育带来的负担时，我会选择要孩子。[5]

在《魔鬼经济学》（*Freakonomics*）中，史蒂芬·列维特（Steven Levitt）

和史蒂芬·都伯纳（Stephen Dubner）通过一系列故事阐述了理性选择理论的解释能力。这些故事里的行为开始时会让人感到十分困惑，但仔细研究你就会发现，它们是完全合理的。例如，你可能会想，你的房地产代理是按业绩获得佣金，所以他会尽量把你的房子卖到最高的价格。但事实是，房产代理会把自己的房子留在市场上更久，而且卖出的价格比客户的房子都贵。为什么呢？因为给你卖房子，代理只能赚取差价的一小部分，而卖自己的房子时，他们可以得到全部的差价。后者可以留到价格足够高时才卖，而前者不能。一旦你了解了房地产代理面对的这些激励，或者他们真正的偏好，其行为就不难理解了。

同样，当你得知在一所走读学校中，父母因为接孩子过晚而被罚款后反而接得更晚时，可能会大吃一惊。其实，是因为罚款减轻了他们对给学校老师带来不便的愧疚感，他们觉得自己实质上已经为迟到的权利买单了。一旦你明白了这点，一切就会迎刃而解。同理，你也可以解释一些发生在高中教师身上的令人困惑的行为，这些老师为了应对当时美国政府出台的《不让一个孩子掉队法案》，竟然篡改了他们学生的试卷。尽管这可能让他们丢掉工作，但被发现的风险很小，而因学生成绩不佳被罚的代价要大得多。[6]

除了人的因素和具体情况，也就是性别、政治、宗教、家庭、犯罪、欺骗、交易，甚至维基百科的条目可能产生的影响，列维特和都伯纳还不断强调的一点是，如果我们想要理解人们做事的原因，就必须理解他们面对的激励，以及因此产生的对不同结果的偏好。当有人做了让我们感到奇怪或困惑的事情时，我们应该试着去分析他们的处境，找到一个合理的动机，而不是认为他们荒谬之极或是疯了。事实上，这种练习在引言中提到的"最后通牒博弈"案例中也做过。一旦我们搞清楚，阿乌部落交换礼物的习俗让他们把我们眼中的天降之财看成未来不得不承担的责任，之前令人费解的行为就变得和我们的行为一样合理起来。一旦我们了解了之前不熟悉的背景，这些行为才变得合理起来。魔鬼经济学的核心观点是，无论我们讨论的行为有多古怪或绝妙，都可以用这种方法分析。

虽然列维特和都伯纳的解释非常耐人寻味，偶尔还会引起争议，但他们的解释在原理上与大多数社会科学的解释大同小异。很多社会学家和经济学家可能会对细节产生异议，他们总觉得除非自己能用动机、激励、认知和机会等因素成功地解释一个行为，否则就是没有真正理解该行为。简而言之，只有将行为合理化才算真正地理解它。[7]不仅社会学家这么想，我们也是。当我们试着去理解，为什么一个普通人会选择成为战争的牺牲品，就会在不知不觉中合理化他的行为；当我们试图解释金融危机的根源时，就会寻找促使银行家创造和推销高风险资产的合理动机；当我们把飞涨的医疗费用归咎于医疗事故立法或程序导向的付款过程时，我们本能地使用了理性行为模型来解释医生这样做的原因。也就是说，**当我们进行自己的理解过程时，会不自觉地采用一种理性行为框架。**[8]

到处都是"看不见的大猩猩"

人是充满理性的，若无相反的证据，我们都可以这样认为。这是个充满希望和启迪的隐含假设，它值得被提倡。"理解"人类行为的方式与"理解"电子、蛋白质或行星行为的方式非常不同，而合理化行为的做法更是掩盖了这一差异。比如，当物理学家理解电子的运动时，他并不会把自己代入电子的环境中考虑。或许有关电子理论的直觉可以帮助他理解电子的行为，但是，他永远不可能知道作为一个电子的真实感受，当然，这种直觉非常滑稽。合理化人类行为就需要我们在脑海中模拟被理解人的行为。只有当我们能模拟出与研究对象一样的行为时，才算真正理解了这个行为。

　　这种"模拟理解"毫不费力，因此我们很少会去想它到底靠不靠谱。正如前面提到的器官捐献率的例子，我们的心理模拟总是会忽略某些类型的因素，而这些因素恰恰非常重要。这是因为当我们去想人们如何思考时，会本能地先想到容易想到的投入和收益因素，比如与动机、偏好、观点相关的因素。这些因素在社会科学家的理性模型中占据着主导地位。相比之下，默认选项是决策者工作环境的一部分，它会在潜意识里影响行为，所以几乎不出现在我们对行为的常识解释中。[9]默认选项只是冰山一角。几十年来，心理学家和行为经济学家一直在可控的实验室环境中研究人类的决策行为。他们的研究发现不仅与最基本的理性假设相悖，还要求用一种全新的方式来思考人类行为。[10]

　　心理学家通过无数实验证明，一个人的选择和行为受"刺激"他们的特定词语、声音或其他因素的影响。比如，那些在实验中读过"老""虚弱"这类词语的实验对象在离开实验室时会走得更慢；当酒水商店的背景音乐是德国音乐时，消费者则更有可能购买德国酒，如果放法国音乐，消费者则更可能买法国酒；在调研人们最喜欢的饮料产品时，如果给调查对象一只绿色的笔填写问卷，他更可能回答"佳得乐"①；当人们在网上购买沙发时，如果购物网站的背景是蓬松的白云，他们更可能选择昂贵舒适的沙

----

① 在该饮料调研实验中，研究者给一半人提供的是装有绿色墨水的绿色笔，给另一半人的是装有橙色墨水的橙色笔。参与者会被要求先写几个句子以知晓笔迹的颜色，之后研究人员会向他们展示产品图片。实验发现，使用橙色笔的人更可能选择橙色产品（如"新奇士"橙汁苏打），使用绿色笔的人更可能选择绿色产品（如"佳得乐"柠檬饮料）。——译者注

发，而当背景满是硬币时，他们可能会选择相对较硬的便宜沙发。[11]

锚定效应

Anchoring Effect

指当人们需要对某个事件做定量估测时，会将某些特定数值作为起始值，起始值像锚一样制约着估测值。在做决策的时候，会不自觉地给予最初获得的信息过多的重视。

我们的行为也可能受一些不相关的数字信息的误导。比如，在一次葡萄酒拍卖实验中，在出价前，参与者被要求写下他们的社保号码的后两位。尽管这些数字是随机的，而且与他们将要竞拍的葡萄酒价格毫无关系，但研究者发现，社保号码后两位数字越大的人，愿意出的价格就越高，这种效应被心理学家称为"锚定效应"。我们做出的各种估计，无论是估算非洲联盟国家的数量，还是估计合适的捐赠额或者小费，都会受到该效应的影响。事实上，每当你收到慈善机构的捐赠邀请函上附带了"建议捐款额"或者收到的账单上有预先计算过的小费比例时，他们可能就是利用了你的锚定偏见。通过给出一个高数额的建议，请求者就锚定了你对公平的初始估计。即使你之后调低了数额，比如觉得25%的小费太多了，你最后给的钱也可能比没有建议时给得多。[12]

呈现方式的简单改变，也会极大地影响个人的偏好。比如，强调赌博中输钱的可能性会让人规避风险，而强调获胜的潜力则会产生相反效果，即使赌博本身并没有发生什么变化。更令人困惑的是，引入第三种选择，可以有效逆转一个人对两个选项的偏好。

　　当你买相机时，如果选项A是高质量、价格昂贵的相机，选项B是质量较低、价格也便宜很多的相机，单独看这两个选项时，你可能很难做出选择。但如果如图1-1所示，引入第三个选项C1，它与A质量相同，但价格更贵，那么A和C1之间的选择就很明确了。在这种情况下，人们会倾向于选择A，这看起来合情合理。但是考虑一下，如果引入的第三个选项不是C1而是C2，它与B价格相同，但质量差很多，那这时，B和C2之间的选择也就很明确了，人们更可能选择B。也就是说，当其他因素保持不变时，引入不同的选项就可以使决策者的偏好在A和B之间发生逆转。更奇怪的是，引起偏好逆转的第三选项却永远不会被选择。[13]

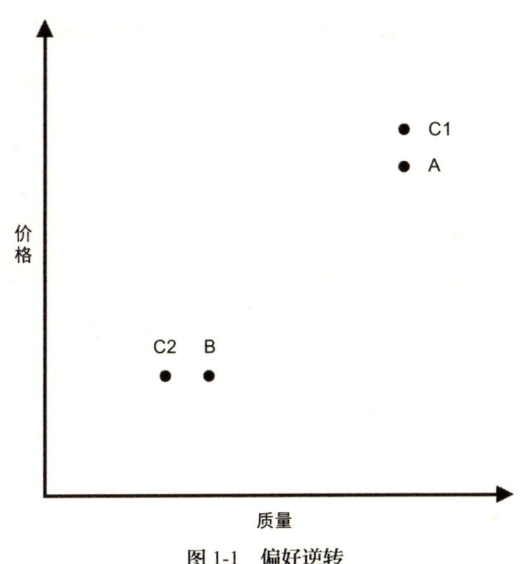

图 1-1　偏好逆转

　　通过继续研究这一连串不合理的现象，心理学家发现，不同种类的信息获得或回忆起来的难易程度也会影响人们的判断。人们总是认为，在飞机上，相比于其他事故，死于恐怖袭击的可能性最大。因为人们可以生动地想象出恐怖袭击的场景，尽管实际上它发生的概率比其他飞机事故小得多。颇为矛盾的是，当被要求回忆一下自己做过的果断之事时，人们总认为自己很少表现得行为果断。这不是因为该问题与他们的观点相悖，而是因为他们不愿意费劲去回忆。人们会笼统地记得自己过去的行为和信念与现在一样，但实际并非如此。比如，人们会更容易相信一份之前读过的书面报告，尽管上次读的时候，他们认为是错误的。[14]

此外，人们倾向于通过强化已有思考内容的方式来接受新信息，该方式的实现，一方面是通过重视那些更容易证实自己已有观念的信息，另一方面是通过对不确定信息施以更加严格的检查和怀疑。这两个密切相关的倾向分别被称为证实性偏见（confirmation bias）和动机性推理（motivated reasoning），它们极大地阻碍了我们解决分歧的能力，小到家务活的分歧，大到像北爱尔兰或巴以长期的政治冲突。在这些冲突中，当不同政党面对同样的"事实"时，却对现实产生完全不同的理解。即使在自然科学领域，证实性偏见和动机性推理也有害无益。也就是说，科学家应该遵循某些证据，即使这可能与他们之前的观念相矛盾。事实是，他们经常质疑这些证据，正如物理学家马克斯·普朗克（Max Planck）指出的那样："一个新的科学真理的胜利，并不是靠着说服其反对者，让他们接受，而是因为反对它的人都死绝了。"[15]

注重相关性，而非因果性

综上所述，心理学实验表明，很多潜在的相关因素以真实可见的方式影响着我们的行为，而我们丝毫没有察觉到它们起到的作用。心理学家

发现了很多这样的效应，比如启动效应、框架效应、锚定效应、可用性
法则、动机性推理，以及损失规避等，但很难看出它们是如何结合在一起
的。在实验中，人们往往一次只强调一种潜在的相关因素，以重点突出它
的影响力。但在现实生活中，同一种情况可能存在很多这样的相关因素，
它们的影响各不相同。因此，理解这些因素之间的相互作用至关重要。也
就是说，拿一支绿色的笔会让你想到"佳得乐"，听德国音乐会让你倾向
于买德国酒，或是心里想着社保号码会影响到你接下来的竞拍出价，这些
事情可能的确会发生。当你同时受到许多可能互相冲突的潜意识影响时，
究竟会买什么，又会花多少钱呢？

　　这并不确定。无意识的心理偏见的泛滥也不是我们面临的唯一问题。
再回到之前冰激凌的例子，尽管我喜欢吃冰激凌是一个基本规则，但在某
一特定时间点，我的喜欢程度可能大有不同，这取决于当天的时间、天
气、我有多饿，以及我想买的冰激凌有多好吃等。另外，我的决定不仅取
决于我有多喜欢冰激凌，或者我的喜爱程度与冰激凌的价格之间的关系，
还取决于我是否知道最近店铺的位置、之前是否去过、我有多忙、我和谁
一起、他们想买什么、我是否得去银行取钱、最近的银行在哪里，以及我
是否看到别人吃冰激凌或者听到某首歌时想起了吃冰激凌的快乐时光等。
即使是在最简单的情况下，相关因素可能也有很多。有这么多因素需要考
虑，即使是非常相似的情况也会有重要的微妙差别。当我们想要理解或者
预测一个人的决定时，如何才能知道这些因素中哪些需要关注，哪些可以
"放心"忽略呢？

　　这种知道哪些因素与特定情况相关的能力，就是我们在引言中讨论的
常识性知识的特点。在实践中，我们很少想到相关因素，因为做决定的

轻松掩盖了复杂的影响因素。哲学家丹尼尔·丹尼特①曾说，当他半夜起来想做点东西吃时，只需要知道冰箱里是否有面包、火腿、蛋黄酱和啤酒，剩下的事情就水到渠成了。当然，他也知道，"蛋黄酱在和餐刀接触时不会溶解餐刀，一片面包比珠穆朗玛峰要小，打开冰箱不会导致厨房发生核灾难"，以及其他无数不相关的事情或逻辑关系。但不知怎的，他可以忽略这些，只专注于那些重要的事上，甚至他自己都不知道到底忽略了什么[16]。

　　丹尼特指出，在实践中知道什么是相关因素与能够去解释为什么我们知道它们是相关因素，这两者之间有巨大的差别。很明显，和某种情况相关的因素就是该情况与其他相似情况共有的一些特征而已。例如，价格和购买决策相关，因为在买东西时，价格往往起着至关重要的作用。但我们如何知道，哪些情况和当下的情况类似呢？这也很简单：类似情况往往具有相同的特征。当一个人要买东西时，他会考虑到很多因素，包括价格、质量、可用性等。从这个意义上来讲，所有的购买决定都是相似的，但问题来了，要确定哪些特征与某种情况相关，就需要我们将该情况与一些相似的情况联系起来，而要知道与哪些情况相似，又需要知道与它们相关的特征。

　　这种内在的循环就是哲学家和认知科学家所说的框架问题，他们已为此争论了几十年。框架问题首先发现自人工智能领域。当时，研究者正尝试开发计算机程序和机器人来处理相对简单的日常工作，比如打扫房间等。一开始，研究者认为，要在程序中实现与一项任务相关的所有内容

---

① 丹尼尔·丹尼特（Daniel Dennett）是世界著名的哲学家、认知科学家，其经典著作《直觉泵》融通计算机科学、心理学、神经科学、语言学、人工智能，分享了他所搜集的各种好用的思考工具。此书已由湛庐文化引进并策划，现已出版。——编者注

并不难。毕竟，人们每天都要打扫自己的房间，做的时候甚至都不用动脑子，教给机器人又有多难呢？然而他们发现，事实上却非常困难。在引言中我们提到，即使是像坐地铁这样相对简单的事情，也需要掌握大量的知识，这些知识不仅包括地铁的站台和出口的信息，还包括保持人与人之间的距离，避免眼神接触，以及别挡到匆忙的纽约人的路等规则。很快，研究者意识到，对于人工智能来说，学会任何一项日常工作都非常困难，原因都相同——涉及的相关事实和规则多到超出我们的想象。虽然在大多数情况下，很多内容都可以忽略，但这根本解决不了问题，因为我们无法事先知道哪些事情可以忽略，而哪些不能。研究者发现，即使是实现最微不足道的任务，他们也得重复编写冗长的程序。[17]

对于人工智能最初的设想是，在类似我们自己的实践过程中，或多或少地复制人类的智慧，然而棘手的框架问题使其陷入了困境。但是，这场失败还有一线希望。由于一次次的失败，人工智能研究者不得不从头开始把每个事实、规则和学习过程编入程序中，但他们的程序往往无法如预想的那样成功运行，造成的后果也非常严重，比如机器人摔下悬崖或试图穿墙而过等，这说明框架问题不可忽视。人工智能研究者没有直接破解这些难题，而是采取了一种完全不同的方法，即一种强调数据而非思考过程的统计模型。该方法也就是现在的"机器学习"，它远没有最初的认知方法那么直观，却卓有成效，而且带来了无数重大突破，包括当你输入指令时瞬间完成查询的神奇搜索引擎，无人驾驶汽车，甚至是能玩《危险边缘》(*Jeopardy!*)[①]游戏的计算机等。[18]

[①] 《危险边缘》是美国的一档益智问答游戏节目，它采用根据答案反推问题的规则，参赛者须根据以答案的形式提供的各种线索，以问题的形式做出正确回答。参赛者需要具备历史、文学、政治、自然科学、艺术等方面的知识，还需能解释隐晦含义、反讽与谜语等。
　　——译者注

填充想象，人类思考的本质

　　框架问题不仅仅是人工智能领域的问题，它也是人类智能面临的问题。正如心理学家丹尼尔·吉尔伯特（Daniel Gilbert）[①] 在《撞上幸福》（*Stumbling on Happiness*）一书中所写，当我们想象自己或者他人面对一种特定情况时，不可能把所有可能相关的细节问题全部都考虑清楚。就像一个勤劳的助理可能会用资料卡片来充实单调的 PPT 一样，我们就某事或某人的"心理模拟"也会搜索大脑中包括记忆、图像、经历、文化规范和预期结果的庞大数据库，然后恰如其分地插入各种必要的细节使画面变得完整。比如，调查发现，当受访者离开餐馆时，他们能轻松地描述出男服务员的着装，即使该餐馆的服务员全是女性；当被问起教室里黑板的颜色时，学生们往往回忆说是绿色，即正常黑板的颜色，即使他们教室的黑板实际上是蓝色的。一般来说，人们会系统性地放大预期损失带来的痛苦和预期收益带来的快乐。比如，在网上进行在线配对时，参与者获得的信息越少，他们对配对的对象就会越感兴趣。在所有这些例子中，一个谨慎的人不会在得到足够多的信息前给出明确的答案。由于"填充想象"的过程会在瞬间轻松发生，所以我们通常不会察觉到它的存在，也不会意识到自己错过了什么。[19]

　　框架问题警示我们，这样做一定会犯错，而我们却一直在这么做。与人工智能研究者编写的程序不同，人类活动并不会迫使我们重写思考的整个心理模型。正如保罗·拉扎斯菲尔德在《美国士兵》一书中提到的那样，每个结果和它的对立面都同样明显，一旦知道了结果，我们总能想到之前

[①] 由湛庐文化策划的"对话最伟大的头脑·大思考系列"《思维》一书中就收录了心理学家丹尼尔·吉尔伯特对于情感预测的"大思考"。——编者注

遗漏的信息，发现它们其实是与该情况相关的。也许我们会坚信，自己中了彩票后肯定会很开心，但事实并非如此，这显然是一个失败的预测。当我们意识到自己并未那么开心时，往往是因为遇到了新的情况，比如亲戚们突然请求经济援助等。之后我们就会想，如果能早点儿知道这些情况，就一定能准确地预测出自己中彩票后的幸福程度，这样也许就不会买那张彩票了。我们并不会质疑自己预测未来幸福程度的能力，反而会简单地认为，我们只是漏掉了一些重要的东西，这种错误以后肯定不会再犯了。实际上我们还会再犯。事实上，无论我们在预测某人的行为上失败了多少次，都会把当时不了解的事情作为理由来辩解。这样，我们就成功地掩盖了框架问题——总让自己相信下次肯定能做对，却从不考虑自己到底做错了什么。

　　在经济奖励和激励的关系中，框架问题尤为明显，而且很难消除。比如常见的，实行经济激励措施可以提高员工的绩效。最近几十年里，基于绩效的薪酬制度使用得越来越多，最具代表性的就是与股票价格挂钩的高管薪酬。[20]虽然员工们关心的不仅仅是钱，诸如内在感受、认可度、职业晋升等因素都会影响到他们的工作表现，但在其他条件相同的情况下，适当地运用经济奖励显然可以提高员工的业绩。多年来的大量研究表明，薪酬与绩效之间的关系实际上复杂得超乎我们的想象。

反 常 识 案 例

通过工资激励员工的方式真的有效吗

　　最近，我和雅虎公司的同事温特·梅森（Winter Mason）进行了一系列基于网络的实验。在这些实验中，我们给予被试不同的报酬，让他们执行各种简单的重复性任务，比如，将正在行驶的车辆的照片按时间顺序排列，或者在矩形字母网格中找出隐藏的单词等。所有的实验参与者都是从"亚马逊土耳其机器人"（Amazon's Mechanical Turk）网站上招募而来的，这个网站是 2005 年亚马逊为识别存货中的重复物品而建立的。如今，数百家公司用它来"众包"各种任务，包括在图片中做标记、描述报刊文章的观点，或者决定两个解释中哪个更好等。当然，它也为心理学实验招募被试提供了有效途径，有些心理学家也会通过在大学校园里张贴传单来招募。我们需要支付给被试（或"土耳其机器人"）每个任务几美分的报酬，这笔花费只占正常成本的一小部分。[21]

　　总的来说，有数百人参与了我们的实验，他们完成了成千上万个任务。有时每个任务的报酬只有 1 美分，比如对一组图片进行排序或找出单词；而有时候，同样的任务会支付给他们 5 美分，甚至 10 美分。10 倍之差在工资上是一个巨大的差异，要知道，美国计算机工程师当时平均每小时的工资只是全美最低工资的 6 倍。所以你可能认为这个差异会对人们的行为产生显著的影响。事实确实是这样，我们付给被试的钱越多，他们在实验中完成的任务就会越多。我们还发现，那些分配了简单的任务（如图像排序，每组 2 张）的被试完成的工作量比分配了中等困难或非常困难的任务（每组 3 张或 4 张）但每个任务的报酬不变的被试更多。换句话说，所有这些都符合常识。但关键是，尽管存在这些差异，我们发现他们的工作质量，也就是图像排序的准确率并没有随着工资的增长而提高，即使他们的工资只按照正确完成的任务支付。[22]

这个结果该如何解释呢？当时我们并不清楚。在被试完成工作后，我们问了他们一些问题，其中就包括他们认为自己做的工作应该得到多少报酬。有趣的是，他们的理想工资和任务的难易程度之间并没有什么关系，理想工资更多地取决于已经被支付的报酬。平均而言，每项任务工资为 1 美分的被试认为，他们应该得到 5 美分；工资为 5 美分的被试认为，他们应该得到 8 美分；而工资为 10 美分的被试则认为，他们应该得到 13 美分。也就是说，无论他们的实际工资是多少，要知道其中有些人的工资已经是其他人的 10 倍了，每个人还是认为自己的工资过低。这一发现告诉我们，虽然我们期望通过增加工资激励员工努力工作，但实际上，即使是非常简单的任务，工资增加的动力也会极大地被员工增加的权利意识削弱。

　　这种效应在实验室之外很难测试，因为在大多数真实环境中，我们很难控制员工对工资的期望。想想看，美国女性的平均工资仅是做同样工作的男性的 90%，或者欧洲公司 CEO 的工资比美国同行的低很多。[23] 在这两个例子中，你能说低薪群体就一定比高薪群体工作不努力或表现差吗？或者想象一下，如果明年你的老板突然给你涨了一倍工资，你会比以前努力多少呢？如果在一个平行世界里，银行家的工资是我们这里的一半，那毫无疑问，肯定会有一些银行家选择跳槽。对于那些继续留在银行业的人，他们工作时会没有之前那么努力或者变得更差吗？我们的实验结果表明，并不会。如果结果是"会"，你一定会想，仅仅通过工资激励会对员工表现产生多大影响呢？

　　事实上，很多研究发现，工资激励的方式实际上会削弱员工的业绩。首先，当工作涉及多方面或者很难衡量时，员工往往只会关注工作中易于衡量的方面，因而忽略了其他重要部分。比如，老师会重视那些可能在考试中考到的内容，而忽略了整体学习。其次，当受奖励的心理压力抵消了努力工作的意愿时，工资激励也会产生"抑制"作用。最后，在个人贡献很难与团队的整体贡献区分开来的情况下，工资激励会导致员工依仗别人的努力，或者避免承担风险，从而阻碍创新。通过这些相互矛盾、令人费解的发现，我们得知，尽管大家都认为人们会以某种方式对经济激励做出反应，但对于如何在实践中应用激励措施来获得预期效果，目前还不清楚。一些管理学者经过几十年的研究后甚至发现，经济激励和员工表现在很大程度上是无关的。[24]

尽管这一点被多次指出，管理者、经济学家和政治家仍然试图使用激励措施来引导人们的行为。列维特和都伯纳曾写道："典型的经济学家认为，如果可以放手去制定合适的激励机制，世界上就没有解决不了的问题。激励是子弹，是杠杆，是钥匙，它虽然很小，却具有改变环境的惊人力量。"[25] 好吧，也许是这样，但这并不意味着我们制定的激励措施就会带来预期的效果。事实上，列维特和都伯纳发表的一篇短文，也就是关于高中老师在考试中作弊的那篇，讨论的正是政策制定者通过激励措施改善教学质量的一个尝试。结果事与愿违，这种激励反而引发了彻底的作弊行为和各种各样的小把戏，比如"应试教育"或者只关注边缘学生（他们的成绩只要提高一点就能多一个及格人数）。这应该让我们停下来思考，通过激励机制来实现预期的行为到底可行吗？[26]

常识并没有停止起作用。一旦我们发现一些激励措施不起作用，就会简单地认为它们是错误的。也就是说，一旦政策制定者知道了这一结果，他们总能说服自己相信，他们需要做的就是制定"正确"的激励机制。当然他们忽视了，目前的激励措施恰恰也是他们之前认为自己正在做的正确的事。政策制定者并不会受到这种忽视的影响，我们也不会。比如，有新闻报道了政客无法负担长期的财政问题，有人还调侃地总结说："像银行家一样，政客们也需要激励。"至于解决方案，就是"让国家利益与领导国家的政治家的利益保持一致"。这听起来倒是很简单，但文章也承认，之前试图"修复"政治的努力总是让人失望。[27]

就像理性选择理论一样，常识总是会告诉我们，人们做某件事情都有自己的理由，这确实有可能，但我们并不能因此提前预测到，人们会做什么以及为什么这么做。[28]一旦他们做了，原因就会凸显出来，我们也会得出结论：如果早点知道一些特定的重要因素，肯定能预测到结果。虽然事后看起来，正确的激励机制本应该能得到预期的结果，但这种"事后诸葛亮"的预测表现纯粹是假象。原因有二：

- 第一，框架问题说明，我们永远无法知道可能与该情况相关的所有因素。
- 第二，一篇著名的心理学文献指出，许多相关因素超出了我们的认知范畴。

这并不是说人类行为完全不可预测。我将在第 7 章中说明，人类行为表现出了各种各样可预测的规律，而且通过预测，我们可以得到有用的结论。这不是说，我们不该试着找出促使人们做出决定的动机。如果没有其他情况，合理化他人的行为也许有利于人们之间的相处，这本身就是一个有价值的目标，也可能会帮助我们从错误中吸取教训。即使我们有能力理解观察到的行为，也并不意味着我们能进行预测，即使我们可以做出可靠的预测，但最好是在直觉和经验的基础上做的。正是理解和预测行为的差异导致了常识推理的众多失败。如果这种差异给处理个人行为带来了困难，那么在处理群体行为时，这种困难会变得更加严重。

理性选择真的"理性"吗

1. 理性选择中往往存在着很多"默认设置",它们会对选择起到非常重要的作用,因为我们对人们的选择及其原因的看法几乎影响了所有对社会、经济和政治结果的解释。

2. 如今理性选择不再是一个单一的理论,而是发展成了一系列理论,它可以根据应用的不同而做出不同假设。这些理论都包含两种基本观点:第一,人们对某些结果存在偏好;第二,考虑到这些偏好,人们会尽可能从中选择最好的方法来实现自己想要的结果。

3. 理性选择的思维方式,其诱人之处在于它暗示了所有人类行为都可以被理解为试图满足自己偏好的行为。

2 用常识解释集体行为产生的误区

X 的发生是因为这就是人们想要的，而我们知道 X
是人们想要的是因为 X 发生了。

　　1519 年，意大利艺术家、科学家和发明家达·芬奇在去世之前完成了一幅肖像画，画中人是佛罗伦萨的一位年轻女子，名叫丽莎·乔宫多，她的丈夫是一位富有的丝绸商人。16 年前，他委托达·芬奇画这幅画以庆祝夫妇两人儿子的诞生。当达·芬奇完成这幅画时，已经受法国国王弗朗索瓦一世的邀请来到了法国，这幅画最终也被国王买下，因此，乔宫多女士和她的丈夫没有机会看到此画。这着实令人遗憾，因为 500 年后，这幅画使得乔宫多女士的脸成为历史上最著名的面孔之一。

　　没错，这幅画就是《蒙娜丽莎》。和那些长期尘封在洞穴里不见天日的画作不同，这幅画现在挂在巴黎卢浮宫墙上的一个恒温控制的防弹箱里。据卢浮宫官方估计，每年来参观的 600 万游客中，有近 80% 的人是为了一睹《蒙娜丽莎》的真容。这幅画目前的保险价值接近 7 亿美元，远远超过了其他大多数画作，但其具体价值还尚未确定。可以说，《蒙娜丽莎》不仅仅是一幅画，还是西方文化的试金石。它曾无数次地被复制、恶搞、模仿、赞美、嘲笑、借鉴、分析、猜测，比其他任何艺术作品经历得都多。几个世纪以来，它的来历一直笼罩在神秘之中，使不少学者为之神往。它的名字也曾与歌剧、电影、歌曲、人物、船只，甚至与金星上的一个陨石坑扯上联系。[1]

　　知道了这些情况，就无怪乎当普通游客第一次去卢浮宫，看到这幅世界著名的画作时，会感到失望了。首先，它非常小，还被放在防弹箱里，总被一群又一群拍照的游客包围着，这就更难看清它的真容了。当你终于凑近些时，多么希望能看到一些特别的东西：那些能让艺术评论家肯尼思·克拉克（Kenneth Clark）称为"完美的最高典范"，能让观众"在对完美技艺的赞叹中忘记一切疑惑"的东西[2]。好吧，我都没有看到，如他们所说，我不是艺术评论家。几年前，当我第一次去卢浮宫参观，终于有机会沉浸在完美技艺的光辉中时，却不禁想起了上一个展厅里达·芬奇的另外三幅画作，但它们似乎没有受到任何关注。就我所见，虽然《蒙娜丽莎》看起来具有惊人的艺术成就，但它并不比其他三幅画作好多少。事实上，如果事先不知道哪幅画是最著名的，我都怀疑自己能否从一堆画中把它挑出来。如果你把《蒙娜丽莎》和卢浮宫其他伟大的艺术作品放在一起，我敢说在我眼中，它肯定不会是最著名的。

　　克拉克可能会说，这就是为什么他是艺术评论家，而我不是的原因。因为有些关于技艺的特质，只有经过训练才能习得。至于像我这样的"门外汉"，别人说什么我们听什么就是了。好吧，有道理。如果确实是这样，克拉克看到的完美，历史上的其他艺术专家也应该能看到吧。但是，历史学家唐纳德·萨松（Donald Sassoon）在关于《蒙娜丽莎》的传记中写道："《蒙娜丽莎》就是一幅画而已。"[3]的确，几个世纪以来，它只是一幅不太出名的画作，在国王的宫殿里无人问津。当然，它仍然是一幅杰作，但只是众多杰作之一。即使在法国大革命后被搬到了卢浮宫，它也没有像其他艺术家的作品那样引人注目，这些艺术家包括巴托洛梅·埃斯特班·穆里罗（Bartolome Esteban Murillo）、安东尼奥·科雷乔（Antonio da Correggio）、保罗·委罗内塞（Paolo Veronese）、让 - 巴蒂斯特·格勒兹（Jean-Baptiste Greuze）和皮埃尔·保罗·普吕东（Pierre Paul Prud'hon），而这些名字如今在艺术历史课堂之外几乎无人知晓。虽然达·芬奇也享有盛誉，但直到 19 世纪 50 年代，他才被认为是同提香·韦切利奥（Tiziano Vecelbio）和拉斐尔·桑西（Raffaello Santi）一样伟大的绘画巨匠，而当时这几位绘画巨匠的一些作品的价格是《蒙娜丽莎》的 10 倍。事实上，直到 20 世纪，《蒙娜丽莎》才开始迅速在世界成名。这不是因为艺术评论家突然开始欣赏这幅隐藏在他们身边的天才之作，也不是因为博物馆馆长、社会名流、赞助人、政客或是国王的影响，这一切都是从一场入室盗窃开始的。

1911 年 8 月 21 日，一名叫作文森佐·佩鲁吉亚（Vincenzo Peruggia）的卢浮宫员工心怀不轨，他在杂物间里躲到闭馆，然后把《蒙娜丽莎》藏在外套里带出了卢浮宫。作为一名意大利人，佩鲁吉亚认为《蒙娜丽莎》应该在意大利展出，而不是法国，于是他决定亲手把这件遗失已久的珍宝归还祖国。像其他艺术品窃贼一样，佩鲁吉亚发现赃物的善后处理事务比偷出来要困难得多。在把该画藏于自己的公寓两年之后，佩鲁吉亚试图把它卖给佛罗伦萨的乌菲兹美术馆（Uffizi Gallery），结果败露被捕。尽管任务以失败告终，但佩鲁吉亚成功地让《蒙娜丽莎》出了名。法国民众被这一大胆的盗窃行为震惊，也为该画作的失而复得而欣喜，而意大利人对自己同胞的"爱国"之心感激万分，他们认为佩鲁吉亚是"英雄"而非窃贼。《蒙娜丽莎》在被归还法国之前，还在意大利各地展览过。

从此，《蒙娜丽莎》声名鹊起。后来它又成为两次犯罪活动的目标，第一次是被人泼洒了酸液；随后，一名叫作乌格·乌恩加沙·比列加斯（Ugo Ungaza Villegas）的年轻玻利维亚人向它扔了一块石头。在这之后，这幅画逐渐成了其他艺术家竞相模仿的对象。其中最著名的是 1919 年，达达主义的马塞尔·杜尚（Marcel Duchamp）在《蒙娜丽莎》的一幅商业复制品上添了两撇翘胡子、一撮山羊胡和一些猥琐的题词，以此来恶搞这幅画，嘲笑达·芬奇。之后，萨尔瓦多·达利（Salvador Dalí）、安迪·沃霍尔（Andy Warhol）等很多人也对《蒙娜丽莎》进行了演绎。该画总共被复制了数百次，也被用到数千个广告中。萨松指出，无论是窃贼、破坏者、艺术家、广告商，还是音乐家或电影制作者，甚至是美国国家航空航天局（还记得金星上的陨石坑吗），所有这些人都拿《蒙娜丽莎》为己所用：表达自己的观点，提高自己的名气，或者仅仅是使用这个可以传达意义的标签。当他们利用《蒙娜丽莎》时，《蒙娜丽莎》也在利用他们使自己深深地融入西方文化的结构里和数十亿人的意识中。我们无法想象，没有了《蒙娜丽莎》的西方艺术史会是什么样的。从这个意义上来讲，它的确是最伟大的画作，但是，我们也不能把《蒙娜丽莎》的独特地位归因于这幅画本身。

当我们试图解释《蒙娜丽莎》的成功时，吸引我们的恰恰是它的一些特性。如果你是克拉克，你不需要知道该画成名的环境以探究其原因，你只需要知道这幅画。简而言之，因为《蒙娜丽莎》是最好的，所以它是世界上最著名的画作之一，尽管我们弄明白这点可能有些费劲，但我们总会理解。这也是为什么那么多人第一次看到《蒙娜丽莎》时会感到困惑不解的原因。他们都期待能看出这幅画的内在品质，但却不得其法。当然，大多数人面对这一失望场面时只是耸耸肩，想着或许会有更聪明的人能看出我们看不到的妙处吧。萨松一针见血地指出，无论专家引用什么样的特性作为《蒙娜丽莎》"爆红"的证据，是超薄油彩的新奇技巧、创作的神秘主题、画中人谜一般的微笑，还是达·芬奇自己的名声，人们总能找到许多其他同样出色，甚至更好的艺术作品。

对于这个问题，人们总会说，《蒙娜丽莎》的出名并不是由于某一种特性，而是所有特性相结合的结果，比如微笑、光线的运用、奇幻的背景等。对此我们也无法反驳，因为《蒙娜丽莎》确实非常独特。无论怀疑论者从历史的垃圾箱中翻出多少类似的画作，人们总能找出它们和我们认定的胜者之间的区别。不幸的是，这种观点本身就很难成立。虽然听起来我们好像是在根据艺术品的特性评估其品质，但事实恰恰相反。我们首先决定哪一幅是最好的，然后再从它的特性中推断出评判画作优劣的标准，随后我们利用这些标准，用一个看似合理客观的方法来证明这些已知的结果，但这样得出的结果就成了循环论证。虽然我们经常声称，《蒙娜丽莎》是世界上最出名的画作之一，因为它有特性 X、Y 和 Z，但其实我们表达的真正意思是，《蒙娜丽莎》之所以出名，就是因为它是《蒙娜丽莎》，而非其他。

逃不出的循环论证的怪圈

并不是所有人都赞同上述结论。在一次聚会上，当我向一位英国文学教授解释起这个问题时，她几乎是冲着我喊道："你是说莎士比亚可能只是历史上的一个偶然吗？"实际上，这确实是我想说的。请不要误解我的意思，我和其他人一样喜欢莎士比亚。我知道，我对他的喜欢并不是空穴来风。与西方国家的其他人一样，高中时我也花了好几年的时间来学习他的戏剧和十四行诗。一开始和很多人一样，我也不太明白他的作品为何这么受欢迎。想象一下，在读《仲夏夜之梦》时，暂时先忘记这是一部天才之作，当看到泰坦尼亚向一个长着驴头的男子示爱时，你可能会疑惑莎士比亚心里到底在想什么。我可能跑题了，我想说的问题是，无论我的同学如何理解读到的作品，我总会下定决心欣赏老师口中的大师之作。如果我没能做到，那就是我的失败，不是莎士比亚的错。因为莎士比亚和达·芬奇一样，都是天才，所以和《蒙娜丽莎》一样，莎士比亚的作品出名的原因也就可以理解了。但重点是，将莎士比亚的"天才"归因于其作品的某些特性，会让我们陷入循环论证的怪圈之中：**莎士比亚是天才，因为他是莎士比亚，不是其他人。**

虽然循环论证（即 X 的成功是因为 X 有 X 的特性）很少这样出现，但它在探究事物成败缘由的常识解释中随处可见。比如，一篇研究《哈利·波特》取得成功的原因的文章中写道："在一个寄宿学校的故事背景中插入灰姑娘般的情节，这已经是一个优势了。再加上一些卑鄙、贪婪、嫉妒或黑心的反派人物来增加紧张感，最后宣扬勇气、友谊的价值和爱的力量，并结束于一种无可辩驳的道德价值观，这就有了重要的必胜要素。"也就是说，《哈利·波特》之所以成功，是因为它具有《哈利·波特》的特性，而非其他原因。

同样，当 Facebook 刚流行起来的时候，传统观点认为，它的成功在于仅向大学生开放。到 2009 年，Facebook 早就对每个人开放了，市场调研公司尼尔森（Nielsen）的一份报告又把它的成功归因于其广泛的吸引力、"简单的设计"和"对联系的专注"。也就是说，Facebook 的成功完全是因为它具有 Facebook 的特性，即使这些特性本身发生了彻底的改变。或者，再看看那篇盘点 2009 年度电影的新闻报道，它从电影《宿醉》（*The Hangover*）的成功中得出："那些可以引起共鸣而且无须思考的喜剧是经济衰退的最佳慰藉。"这暗示了《宿醉》的成功就是因为观众想看一部这样的电影，而非其他原因。在以上例子中，我们认为 X 的成功是因为它刚好具有成功所需的特性，但我们知道的所有特性却正是 X 拥有的。我们由此得出结论，这些特性就是 X 的"决胜法宝"。[4]

除了利用循环论证解释"成功"的原因以外，我们还可以用它来理解事情发生的原因。比如，在一篇关于"在经济衰退后期，消费者行为显著减少"的报道中，一位专家用观察的结果解释了这一变化——开着宝马冲到红绿灯前，已经不像以前那么引人注目了，因为标准变了。换句话说，人们做 X，是因为 X 是标准，遵循标准很正常。很好，那我们如何知道某件事是不是标准呢？那就看人们是否都在这么做。这不是个例，一旦你开始注意，就会惊讶地发现，很多解释中都包含了循环论证。无论是女性获得选举权，允许同性伴侣结婚，还是有色人种被选为总统，我们都在用社会"准备好了"来解释这些社会趋势。而我们知道社会已准备好的唯一方法就是事情真的发生了。我们表达的真正意思是："X 的发生是因为这就是人们想要的，而我们知道 X 是人们想要的是因为 X 发生了。"[5]

微观－宏观问题

Micro-Macro Problem

社会学家试图解释的结果在本质上是"宏观"的，也就是它们涉及大量的人。这些结果的产生也受个人"微观"行为的影响，也就是人们所做的各种选择的影响。

微观－宏观问题，缺失的底层解释

在常识解释中，循环论证非常重要，因为它源于社会学的一个核心知识性问题，社会学家称之为微观－宏观问题。简单说来该问题就是，社会学家试图解释的结果在本质上是"宏观的"，也就是它们涉及了大量的人，比如画作、书籍、明星等，它们的流行程度取决于大量人的关注度；再比如公司、市场、政府，以及其他形式的政治和经济组织，需要大量人遵守它们的规则才能发挥作用；还有像婚姻、社会规范，甚至是法律规则这样的制度，它们的普及水平则取决于大量人的信奉程度。同时，这些结果的产生也受个人"微观"行为的影响，也就是第 1 章提到的人们所做的各种选择。那么，我们如何才能从个人的微观选择中总结出社会世界的宏观现象呢？换句话说，家庭、公司、市场、文化、社会是如何产生的呢？它们为什么展现出这样的特征呢？这就是微观－宏观问题。

事实证明，在自然科学的每个领域都会出现类似的微观－宏观问题，而且它们通常具有"涌现"的特征。比如，原子是如何结合在一起形成氨基酸分子的？氨基酸是如何结合在一起形成蛋白质的？蛋白质和其他化学物质是如何结合在一起形成活细胞的？活细胞是如何结合在一起形成像大脑这样复杂的器官的？器官是如何结合在一起形成一个有感觉、会思考的人的？由此看来，这是一个复杂的金字塔结构，最底层是亚原子粒子，最高层是全球社会，社会学的研究对象处于金字塔顶端。在金字塔的每一层中，我们都面临着同样的问题：如何从一"层"到上一"层"？

纵观历史，科学界都在尽量回避这个问题，取而代之的是一种跨层级的"专业分工"。物理学是一个独立的学科，有着自己的一套事实、法则和规律；化学是另一个不同的学科，也有着完全不同的事实、法则和规律；生物学又是另一个全新的学科，以此类推。在某种程度上，适用于不同层级的规则必须保持一致，不可能有违背物理学定律的化学反应存在。一般来说也不能从下层的定律推导出适用于上层的定律。比如，了解单个神经元的所有行为对于理解人类心理学没有多大帮助，掌握粒子物理学对于解释突触的化学性质也基本没有用处。[6]

科学家们眼中最有趣的问题，无论是基因组革命，生态系统保护，还是电子网络的级联故障，都在迫使他们同时考虑多个层级的问题，直面

"涌现"问题。比如，不同基因相互激活或抑制，从而表现出了单个基因无法表达的表型性状；不同植物和动物相互捕食、共生、竞争、合作，从而形成了单个物种无法产生的生态系统特性；不同发电站和变电站通过高压输电电缆相互作用，从而形成了单个组件无法出现的系统动态。

社会系统中也充满了相互作用。无论是个人之间，个人与公司之间，公司与公司之间，个人、公司与市场之间，还是个人与政府之间，这种相互作用无处不在。每个人都受到他人言行穿戴的影响；公司受到消费者需求、竞争对手的产品或债权人要求的影响；市场受到政府规定、公司，甚至某些个人（如沃伦·巴菲特或本·伯南克）行为的影响；政府也受到企业说客、民意调查、股市指数等各种形式的影响。事实上，在社会学家研究的各种系统中，相互作用的形式有很多，其结果就是我们所说的"涌现"问题，也就是说微观－宏观问题可能比其他任何学科中的问题都复杂和棘手。

不过，常识可以掩盖这种复杂性。发现"涌现"问题很难，因为整体行为不能轻易地与自身各部分的行为联系起来。在自然科学中，我们对此已心照不宣。比如，我们并不会把单个基因的行为当作基因组的行为，也不会把单个神经元的行为当作大脑的行为，或是把单个物种的行为当作生态系统的行为。这些问题听起来本身就很荒谬。当谈论到社会现象时，我们讨论的确实是家庭、公司、市场、政党、细分人群、国家这样的"社会角色"，就好像它们的行为或多或少与构成它们的人相同。也就是说，是家庭"决定"去哪里度假，公司"选择"商业策略，政党"推行"立法议程。同样，广告商谈论的也是吸引"目标人群"，华尔街交易员剖析的是"市场"行情，政治家讨论的是"人民的意志"，历史学家则将革命描述为"狂热的社会"。

正如人们所知，公司、政党，乃至家庭，它们并无情感，没有思想，不会像人一样想象未来，也不会受到我们在引言中提到的心理偏见的影响。在某种程度上，我们也知道"社会角色"的"行为"实际是对众多个体的群体性行为的一种简便"速写"，而这种速写已经自然而然地成为我们解释事物的必备能力。试想一下，如果你想要重述第二次世界大战的历史，却不提盟军和纳粹的行为；想要理解互联网，却不谈像微软、雅虎、谷歌这样的大型互联网公司的行为；想要分析美国医疗改革之争，却不涉及民主党、共和党的利益或"特殊利益"，会发生什么呢？英国前首相撒切尔夫人曾说："世上根本就没有'社会'，有的只是男人、女人和家庭。"[7]但当我们真的尝试用撒切尔的说法解释世界时，就会发现根本无从下手。

在社会科学中，撒切尔的哲学立场被称为"个人主义方法论"。该研究方法认为，如果一个人没有成功地用个人的思想、行动和意图解释出某个社会现象，比如《蒙娜丽莎》的走红或利率与经济增长的关系，他就不算彻底地解释了该现象。一些解释方法将个人心理动机赋予公司、市场或政府这样的实体，这或许很方便。正如哲学家约翰·沃特金斯（John Watkins）所言，它们并不是"最底层"（rock bottom）的解释。[8]

个人主义方法论

Methodological Individualism

一种哲学的研究方法，将社会的发展看作是许多个人的聚集（整体上是个人主义的一种形式），以此解读和研究许多学科。在最极端的形式上，个人主义方法论认为"整体"只不过是"许多个体加起来的总和"（原子论）。

个人主义方法论者想要建立那种"最底层"的解释，但不幸的是，他们的尝试都陷入了微观－宏观问题之中；因此，社会科学家在实践中引入了"代表性个体"（representative agent）这种虚拟个体，用他们的决定代表集体的行为。举个简单但很重要的例子，经济由数千家公司和数百万人支撑，他们决定着买什么、卖什么和投资什么，这些活动的最终结果就是经济学家所说的商业周期（business cycle），即一段呈现出周期性变化的综合经济活动的时间周期。理解商业周期的动态变化是宏观经济学的核心问题之一，因为它影响了政策制定者应对经济衰退等问题的决策。经济学家使用的数学模型根本不能反映经济系统巨大的复杂性。他们只是指定了一个简单的"代表性公司"，并在考虑其他经济状况的条件下，研究该公司将如何合理分配资源。简单来说就是，该公司的反应就代表了整体经济的反应。[9]

"代表性个体"忽略了成千上万个个体之间的相互作用，从而极大地简化了对商业周期的分析。实际上，它假定经济学家只要有解释个人行为的良好模型，就意味着有了可以解释经济行为的良好模型。由于"代表性个体"未考虑到复杂性，该方法实际上忽略了微观－宏观问题的关键所在，也就是宏观经济现象之所以被称为"宏观"的原因。也正是因为这个原因，个人主义方法论奠基人、经济学家约瑟夫·熊彼特（Joseph Schumpeter）抨击"代表性个体"是一种有缺陷的误导性方法。[10]

在实践中，个人主义方法论已经败下阵来，其失败不仅限于经济领域。随便看看涉及"宏观"现象的历史学、社会学或政治学工作，比如关于阶级、种族、商业、战争、财富、创新、政策、法律或政府的研究成果，你都会发现其中充斥着"代表性个体"。实际上，个人主义方法论在社会科学中的使用非常广泛，致使用虚拟个体代替现实中群体的做法也非常普遍，这种现象就如同魔术师在观众看着别处时，悄悄把兔子放在帽子里。

无论过程如何，"代表性个体"只是一种简便的方法。无论我们如何用数学或其他方法来粉饰它，那些使用"代表性个体"的解释在本质上都犯了和常识解释一样的错误，即使用描述个体的术语来讨论公司、市场和社会。[11]

格兰诺维特的暴动模型

社会学家马克·格兰诺维特（Mark Granovetter）曾用一个非常简单的数学模型强调了微观－宏观问题的重要性。这个模型描述的是一群处于暴动边缘的人。假设有 100 名学生聚集在 A 镇的一个广场上，抗议政府增加学费的提议。对于这项新政策，学生们愤怒不已，又对自己在政治决策中人微言轻的地位感到沮丧。场面面临着失控的危险，但这些学生受过教育，他们也明白比起暴力，理性和对话更可取。我们再把问题加以简化，假设人群中的每个人都在两种本能之间徘徊：一种是疯狂地打砸，另一种是保持冷静、和平抗议。无论他们是否意识到这一点，每个人都必须在两者之间做出选择。他们并不是独立做出决定的，至少在一定程度上，他们的所作所为会受到他人行为的影响。参加暴动的人数越多，就越有可能引起当权者的重视，每个人被抓到和处罚的可能性就越小。此外，暴动具有自己的原始能量，它不仅会败坏原本反对打砸、搞破坏的社会习俗，甚至会扭曲我们对风险的心理预估。在暴动中，即使是理智之人也会变得狂暴。综上原因，在保持冷静和加入暴动之间的选择取决于一个一般规则：参与暴动的人越多，一个人加入的可能性就越大。

像其他地方的人一样，这群人也有着不同的暴力倾向。也许，那些境况较好或受新政策影响较少的人，会不太愿意冒着坐牢的风险来抗议。也有人认为，暴力虽然不可取，却是一种有效的政治手段。有些人可能早就对警察、政客或社会心怀不满，而这次就成了他们的一个发泄口。或许还有人更疯狂，原因可能比你想的更多也更复杂，无论有什么原因，我们可以认为这群人中每个人都有一个应对社会影响的"阈值"。也就是说，如果超过这个"阈值"，当有足够多人加入暴动时，他们也会加入其中。但如果低于这个阈值，他们就会克制住。一些人的阈值极低，比如"煽动者"；而学生会主席等一些人则有着高阈值。每个人都有应对社会影响的阈值，一旦超过，他们将从冷静"跃升"至暴力。这种描述个人行为的方式可能看起来很奇怪。但是，使用个体阈值来描述人群中个体行为的好处是，它可以将问题集中在研究群体阈值的分布上，从阈值最低的疯狂者（"哪怕没人参与，我也会暴动"）到阈值最高的"甘地主义"者（"即使其他人都参与暴动，我也不会参与"），我们可以得出一些关于群体性行为的有趣且惊人的结论。[12]

为了说明可能发生的情况，格兰诺维特提出了一个非常简单的阈值分布，在该分布中，100 名学生的阈值互不相同。也就是说，有一个人阈值为 0，另一个人阈值为 1，还有一个人的阈值为 2，以此类推，最保守的那个人阈值为 99，即其他 99 个人都参加暴动时，他才会加入。接下来会发生什么事呢？首先，"疯狂先生"，也就是那个阈值为 0 的人会突然开始扔东西。他的同伴，也就是阈值为 1（只要有 1 个人暴动就会加入）的人也会加入其中。这两个闹事者触发了第三个人，也就是阈值为 2 的人也参与进来，接下来阈值为 3 的人也会加入……是的，你发现了，这个特殊的阈值分布会使人们一个接一个地加入暴动，最终暴乱爆发。

再想象一下，在邻镇 B 同样有 100 个学生因为相同的原因聚集在一起，假定他们的阈值分布和前一个群体基本一致。这两群学生非常相似，他们之间只有一个人不同：在第二群学生中，没有阈值为 3 的人，有两个人阈值为 4。对于局外人来说，这个差异小到无法察觉，只有我们知道这两个群体的差别，因为我们是设计者，除此之外，没有任何切实可行的心理测试或统计模型能检测出这两群学生的不同。那么，这群学生的行为会如何呢？开始是相同的，"疯狂先生"率先打头，阈值为 1 和阈值为 2 的人紧随其后。但接下来意外发生了，没有阈值为 3 的人。最容易受影响的是两个阈值为 4 的人，而现在只有 3 名暴徒。所以潜在的暴动戛然而止了。

现在想象一下，事后两个城镇的人们会看到什么呢？在 A 镇中，他们将目睹一场全面暴动的后果：被打碎的商店橱窗、翻倒的汽车等；而在 B 镇中，他们会看到几个暴躁的人在有序的人群中推来撞去。如果观察者事后比较一下，他们肯定会试图找出这两个城镇中的人或者环境的不同。或许 A 镇的学生比 B 镇的更愤怒，或更绝望；或许 A 镇的商店保护得不够好；或许 A 镇的警察野蛮执法；又或许 A 镇的人群中有一个极富煽动性的领头者。这些都是由常识得出的各种解释。很显然，他们之间肯定存在什么差异，否则我们怎么解释这种截然不同的结果呢？事实上，我们都知道，除了一个人的阈值不一样外，这两群人或者两个城镇的环境没有什么不同。这一点至关重要，因为只有在两群人的一般特征之间存在关键差异，且大多数人的意图和目的相同的情况下，"代表性个体"模型才能解释出城镇 A 和 B 产生不同结果的原因。

这个问题看上去很像我的学生在探究奥地利和德国的器官捐献率差异产生的原因时面临的问题，但实际上，它们完全不同。在器官捐献的例子中，问题在于学生试图用理性激励的方式解释两者的不同，而事实上这种不同是默认选项造成的。也就是说，他们用了错误的个人行为模型。在器官捐献的案例中，只要理解了默认偏见的重要性，就能明白为什么捐献率会如此不同。相比之下，在格兰诺维特的暴动模型中，个人行为模型并不重要，因为在任何意义下，这两群人都无法区分。想要理解不同结果是如何产生的，就必须考虑个体之间的相互作用，这就需要你了解所有个体的完整决策序列，这些决策层层递进，这就是微观－宏观问题的威力。无论你假设的"代表性个体"是什么，当你为了避开这个问题，试着用"代表性个体"代替群体性行为时，就会忽略正在发生之事的本质。

累积优势，足以引发蝴蝶效应

蝴蝶效应
Butterfly Effect
指在一个动态系统中，初始条件的微小变化将带动整个系统长期且巨大的链式反应，这是一种混沌的现象。

　　格兰诺维特的暴动模型深刻地阐述了，在只考虑个体行为的条件下理解集体性行为的局限性。这个模型非常简单，甚至可能从各个方面看都是错误的。比如，在大多数现实世界的选择中，我们面对的潜在选项众多，而不仅仅是格兰诺维特模型中的暴动或不暴动两种。在现实世界中，人们相互影响的方式也不会像格兰诺维特提出的阈值规则那样简单。在许多日常情景中，比如当你想选一位新锐艺术家的音乐来听，选一本新书来读，或是尝试一家新餐厅时，往往会征求他人的建议，或是简单地遵循他人的选择，因为如果他们喜欢，你也很可能会喜欢。此外，你的朋友也会影响你对音乐或书籍的选择，这不仅仅是因为你认为他们已经对各种选项事先做了筛选，也因为你们会讨论和分享相同的文化元素。[13]

　　这种普遍的社会影响几乎无处不在，但与格兰诺维特模型中的阈值规则不同的是，最终的决策规则既不是二选一，也不是唯一确定的。当人们倾向于喜欢其他人都喜欢的事物时，事物的受欢迎程度就会受到"累积优势"的影响。也就是说，一旦某首歌或者某本书较其他的来说更受欢迎，它就会变得越发受欢迎。多年来，人们研究了大量不同类型的累积优势模型，它们均显示，即使是非常微小的随机波动，也会随着时间的推移变大，最终可能会形成巨大的差距。这一现象与混沌理论中的"蝴蝶效应"类似，该效应说的是，一只蝴蝶在某地扇动一下翅膀，可能几个月后会在远隔重洋的地方引发一场飓风。[14]

　　和格兰诺维特的模型一样，累积优势模型对于我们关于文化市场中的成败解释也有着颠覆性的影响。前面我们提到，常识解释专注于事物本身，比如歌曲、书籍或公司等，并将其成功归因于事物的内在特性。如果历史"重演"多次，那么基于这种将内在特性作为唯一要素的解释，我们将会得到相同的结果。相比之下，即使是相同的世界，相同的人、物和品位，累积优势也能预测出不同的文化或市场赢家。《蒙娜丽莎》在这个世界上很受欢迎，但在其他历史版本中可能只是诸多杰作之一，而另一幅我们从未听说过的画作占据了它的位置。同样，《哈利·波特》、Facebook 以及《宿醉》的成功是其内在品质的结果，也是机遇和时间的产物。

　　我们生活在唯一的现实世界里，因此我们不可能像模型中说的那样进行"世界之间"的比较。当有人使用仿真模型的结果说明《哈利·波特》可能不像大家认为的那么特别时，"哈迷"们往往会不买账，这并不令人感到意外。常识告诉我们,《哈利·波特》这套书一定很特别,因为有 3.5 亿人买了它,即便起初那 6 个儿童图书出版商在传阅《哈利·波特》的原始手稿时,都没有意识到它的特殊性。由于任何模型都会做出一些简化的假设,所以无论何时,当我们必须在质疑常识和质疑模型之间做出选择时,我们都倾向于选择后者。

几年前,正是出于这个原因,我同我的合作者马修·萨尔加尼克(Matthew Salganik)、彼得·道兹(Peter Dodds)决定尝试一种不同的方法。我们没有采用计算机模型,而是进行了一个实验室内的可控实验。在这个实验中,实验参与者需要做出跟真实世界相同的选择——选择的内容为歌曲。我们将不同的人随机分到不同的实验条件下,以便有效地模拟出计算机模型中的"多重世界"情形。在某些条件下,人们可以知道他人的决定,但是否会受这些信息的影响或者如何受到影响,将由他们自己决定;而在另外一种条件下,参与者面临着完全相同的歌曲选择,但没有任何关于其他参与者决定的信息,因此他们将被迫独立做出选择。通过比较在"社会影响"和"独立"条件下的实验结果,我们可以直接观察到社会影响对集体行为的作用。通过同时进行多个"平行世界"的实验,我们就能衡量出一首歌的成功在多大程度上取决于其内在特性,而多大程度上取决于其累积优势的大小。

这样的实验说起来容易,做起来却很难。在第 1 章我们讨论的心理学实验中,每个实验都涉及多个实验个体,因此进行整个实验就需要数百个实验对象,他们通常是为了赚取报酬或课程学分的大学生。我们这里设想的实验,需要观察的是所有个体层面的"推动"是如何累积起来导致集体层面产生差异的。也就是说,我们想要在实验室里研究微观 - 宏观问题。为了达到良好的观察效果,每次实验都需要招募数百名实验者,而且我们需要进行多次独立实验。即使是一项实验,我们就需要数千名实验者。如果我们想在不同条件下进行多项实验，就需要数万人。

1969 年，社会学家莫里斯·泽尔蒂奇（Morris Zelditch）曾在一篇论文中讲述过这个问题，该论文的名字充满挑衅——《你真的能在实验室中研究一支军队吗》。那时他给出了否定的结论。他建议社会学家首先研究小群体的运行方式，然后根据理论将实验结果推广到大群体中。换言之，宏观社会学就像宏观经济学一样，不可能成为一门实验学科，因为相关实验根本无法进行。巧合的是，1969 年也是互联网的诞生之年，自此，世界发生了泽尔蒂奇无法想象的变化。数亿人开始通过网络进行社会和经济活动，也许是时候重新审视泽尔蒂奇的观点了。我们认为，通过虚拟实验来研究"军队"是可以实现的。[15]

实验社会学：代表性个体的影响力悖论

反常识案例

音乐实验室：流行音乐如何流行

在我们的常驻程序员彼得·奥塞尔（Peter Hausel）和博尔特传媒（一个面向青少年的社交网站）的几个朋友的帮助下，我们做了一项基于网络的音乐"市场"模拟实验——"音乐实验室"。博尔特传媒允许我们在它家网站上宣传该实验。在几周的时间里，大约有 1.4 万名会员点击了广告并同意参与进来。当他们打开我们的页面后，会被要求听一些未知乐队的歌曲并做出评价，如果他们愿意的话，还可以下载下来。一些参与者只能看见歌名，而另一些人还可以看见歌曲的历史下载量。我们称后一组实验为"社会影响"组，里面的人将会被进一步划分进 8 个平行"世界"，实验者只能看见自己所在"世界"的下载量。因此，如果新来的人被随机划分到了 1 号"世界"，他可能会看见帕克理论乐队（Parker Theory）的歌曲《她说》（She Said）排名第 1 位。如果他被分配到了 4 号"世界"，这首歌可能排名第 10 位，而排名第 1 位的或许是 52 路地铁乐队（52 Metro）的《禁闭》（Lockdown）。[16]

我们并不会操控排名，所有"世界"的初始下载量都是零。由于不同"世界"是相互独立的，它们可以独立发展。因此，这种设置使我们能够直接测试出社会影响的作用。如果人们了解自己的喜好，不受他人想法的影响，那么"社会影响"和"独立"条件下的结果应该没有什么差别，也就是在所有"世界"中，同一首歌曲应该获得大致相同的下载量。但是，如果人们并非独立做出决定，累积优势就会生效，那么"社会影响"条件下的各个"世界"将截然不同，它们与"独立"条件下的实验结果也会不一样。

最终我们发现，当人们可以看见别人的下载信息时，确实会受到影响，就像累积优势模型预测的那样。比起"独立世界"，在所有的"社会影响世界"里，流行歌曲更受欢迎（而不流行的歌曲则更会无人问津）。但是，与此同时，不同"世界"里最火的热门歌曲也不尽相同。也就是说，将社会影响引入人类决策过程，不仅增加了不平等性，也增加了不可预测性。收集再多歌曲的相关信息也无法消除这种不可预测性，这就像仅凭掷骰子来预测结果一样不可行。更确切地说，不可预测性是市场动态本身固有的。

值得注意的是，社会影响并没有完全消除品质的作用，在实验中，平均而言，"优秀"歌曲（以"独立"条件下的流行度衡量）的表现仍比"低劣"歌曲要好。同样，最好的歌曲永远不会垫底，最差的歌曲也不会拔尖。也就是说，即使是最好的歌曲有时也会错失第 1 名，而最差的歌曲有时也会表现不错；那些处于中游的歌曲，也就是大部分不好不坏的歌曲，则可能产生任何结果。比如，52 路地铁乐队的《禁闭》，品质在 48 首歌中排名第 26 位，但在某个"社会影响世界"中，它排名第 1 位，而在另一个"世界"中却排名第 40 位。换言之，只有当"世界"之间的变化很小时，某首歌的"平均"表现才有意义。但是，这种随机变化的差异往往非常大。比如我们发现，通过改变网页格式，将歌曲从随机排列变为名次排列，可以提高社交信息的有效强度，从而增强不平等性和不可预测性。在这个"强影响"的实验中，随机扰动在确定歌曲排名上起到的作用超过了品质差异的影响。总的来说，品质排在前 5 位的歌曲只有 50% 的机会成为最"流行"的 5 首歌。

许多观察家解读说，我们的发现只不过是体现了青少年随意的音乐品位，或是反映了当代流行音乐的空虚罢了。但原则上，我们的实验可以适用于社会环境下人们做出的任何选择，包括给谁投票、如何看待同性婚姻、购买哪部手机、加入哪个社交网络、上班穿什么衣服或者如何处理信用卡债务等。在很多情况下，设计实验看似简单，但做起来其实并不容易，因此我们选择了音乐作为研究的切入点。人们喜欢听音乐，而且习惯从网络上下载。因此，通过建立一个类似音乐下载网站的页面，我们进行了这项实验。它不仅成本低廉（我们不需要给实验者报酬），还相当接近"自然"情景。但归根结底，真正关键的是实验者需要在相互矛盾的选项之间做出选择，而且他们的选择会受到他人决定的影响。青少年是一个权宜之选，因为在 2004 年，他们是浏览社交网站的主力军。但需要声明的是，青少年并没有什么特别之处，我们在后来的一个实验中招募的大多数是成年的专业人士。你可能会猜到，这些人的偏好和青少年的会有所不同，所以歌曲的平均表现也略有变化。但事实上，他们和青少年一样容易受到他人行为的影响，所以同样具有不平等性和不可预测性。[17]

"音乐实验室"真正揭示的实验结果与格兰诺维特的暴动模型的基本观点非常类似，**即当个体受到他人行为的影响时，相似群体的行为可能会变得截然不同**。虽然这听起来可能没什么大不了的，但它从根本上动摇了一些常识解释。我们正是根据这些常识去解释为什么一些事物成功而另一些失败了，为什么社会规范要求我们做这些而不做那些，以及为什么我们相信我们所相信的事情。常识解释通过用"代表性个体"代替集体的方法，避开了"个体选择如何整合成集体行为"这整个问题。因为我们认为自己已经弄清楚了每个人做事的原因，所以只要我们知道发生了什么，就总能声称这就是"人民""市场"或者其他任何虚拟个体想做的事。

通过对微观－宏观问题的剖析，"音乐实验室"等类似实验揭示了上述循环论证中的谬误。正如虽然你能明白单个神经元的所有行为，却仍会困惑于人脑意识的出现；同样，你可能了解一个给定群体中的每个人——他们的喜恶、经历、态度、信仰、希望和梦想，却仍无法预测他们的集体行为。因此，根据一些虚拟的"代表性个体"的偏好来解释某些社会过程的结果，这种做法极大地夸大了我们区分因果的能力。

如果你问问 Facebook 的 5 亿名新注册会员：如果回到 2004 年，他们是否愿意在网上贴出自己的个人简介、与数百名好友分享和更新自己每天的动态呢？很多人可能会说"不"，他们也确实不会这样做。换句话说，这个世界并不是坐等有人发明 Facebook，然后我们好加入其中，而是有一小部分人出于各种原因先参与进来，并开始使用它。这些人之前就有过类似体验，又在使用 Facebook 的过程中积累了经验，这时其他人才会开始加入。然后这些人又会吸引更多人加入，以此类推，这样才成了我们今天所见的 Facebook。既然 Facebook 这么受欢迎，显然它是迎合了人们的需求。否则，人们为什么要用它呢？

这并不是否认 Facebook 这些年采取的明智之举，也不是说它不应该像现在这样成功。问题的关键在于，我们对于它取得的成功做出的解释并没有看上去那么相关。像《哈利·波特》和《蒙娜丽莎》一样，Facebook 也有一些自己的特质，也都产生了相应的特定结果。但是，并不是这些特质致使结果的产生。事实上，最终我们不可能解释清楚，为什么《蒙娜丽莎》会成为世界上最著名的画作之一，为什么《哈利·波特》系列丛书在 10 年间售出了 3.5 亿册，为什么 Facebook 可以吸引 5 亿多名用户。到头来，唯一靠谱的解释可能是，琳恩·特鲁斯（Lynne Truss）著的畅销书《教唆熊猫开枪的","》（*Eats, Shoots and Leaves*）的出版商在被问及该书的成功时给出的答案："它卖得好是因为有很多人都买它。"

没错，很多人并不喜欢这个结论，但大多数人都承认，我们的决定有时会受他人想法的影响。然而，承认我们的行为偶尔会被他人行为左右是一回事，而对于作者、公司的成功，以及社会规范的意外变化或者看似坚不可摧的政治体系的迅速垮台等问题，要承认它们的真正解释可能超过了我们的理解范围，就完全是另一回事了。因此，当某些结果不能用特殊性质或给定条件来解释时，我们通常就会退而假设它由少数重要或有影响力的人决定。这也是我们第 3 章要讨论的话题。

群体智慧的两个困境

1. 循环论证的困境：循环论证在探究事物成败缘由的常识解释中随处可见。比如，《哈利·波特》之所以成功，是因为它具有《哈利·波特》的特性，而非其他原因。

2. 微观－宏观问题的困境：在自然科学中，整体行为不能轻易地与自身各部分的行为联系起来。比如，我们不会把单个基因的行为当作基因组的行为，也不会把单个神经元的行为当作大脑的行为。然而，当谈论到社会现象时，我们讨论的确实是像家庭、公司、市场、政党、细分人群、国家这样的"社会角色"，就好像它们的行为或多或少与构成它们的人相同。也就是说，是家庭"决定"去哪里度假，公司"选择"商业策略。

3 用常识解释意见领袖影响力产生的误区

CHAPTER 3

Special People

我们对于谁影响了我们的认知，可能更多地反映了
社会和层级关系，而不是影响本身。

如今，"社交网络"这个概念对人们来说已经司空见惯，从故事片到福斯特啤酒的广告语，社交网络无处不在。但令人难以置信的是，20 世纪 90 年代中期，人们对社交网络的研究还非常模糊。这些研究主要是由一小部分擅长数学的社会学家开展的，目的在于分析人与人之间的社交互动。[1] 近年来，社交网络领域的发展极其迅猛，这主要得益于高速计算机、电子邮件、手机等通信技术的发展，以及一些社交网站使人们能够同时精确地记录和分析多达数亿人之间的互动。现今，成千上万的计算机科学家、物理学家、数学家，甚至生物学家都把自己视为"网络科学家"，每天都会有关于网络系统结构和动力学的新发现问世。[2]

六度分隔，我们都活在小世界中

1995 年，当我还是康奈尔大学的一名研究生，正在研究蟋蟀叫声的同步问题时，所有这些都还尚未发生。在那时，世界上每个人都通过巨大的社会网络相连。通过社会网络传递信息和想法，并产生影响，这一想法还非常新奇。有一次我父亲打电话问我是否听说过"世界上的每个人和美国总统只有 6 次握手的距离"。我当时认为这只不过是一个民间传说。从某种意义上来讲，确实如此。自从匈牙利诗人弗里杰什·卡林西（Frigyes Karinthy）发表短篇小说《链》（*Chain*）的近一个世纪以来，人们一直着迷于社会学家口中的"小世界问题"。在《链》这部小说中，主人公夸口说，他可以通过一个不超过 5 个熟人的"链"，与世界上的任何一人建立联系，无论他是诺贝尔奖得主，还是福特汽车工厂里的工人。40 年后，新闻记者简·雅各布斯（Jane Jacobs）在一本抨击城市规划的著作《美国大城市的死与生》（*The Death and Life of Great American Cities*）中，也描述了一个类似于传递信息的游戏。这是她刚搬到纽约时经常和妹妹一起玩的游戏：

> 首先选择两个完全不同的人，比如所罗门群岛的一个猎头和伊利诺伊州洛克群岛的一个鞋匠，并假设任何两人之间传递信息必须通过口口相传的方式。然后，我们各自需要找出一个合理的、至少是可能的人物链，通过他们依次传递信息，最终使信息从选出的一个人传递到另一个人。能够想出最短的信息传递链者将获胜。

这条链在现实中会有多长呢？要回答这个问题，我们首先需要在地图上绘制出全世界社交网络中的所有链接，然后用蛮力简单计算出在"一度分隔"中你能接触到多少人，在"二度分隔"中能接触多少人，以此类推，直到接触每个人为止，这在雅各布斯所处的时代根本无法做到。但在 2008 年，微软研究院的两位计算机科学家可以接近这个目标了。他们计算了涵盖微软公司 2.4 亿名用户的即时通信网络中的任意两个人之间的路径长度。在该网络中，成为"朋友"就意味着双方都会出现在彼此的好友列表中。[3] 两位研究者发现，平均而言，人们之间的路径长度相隔 7 步左右，这与我父亲提到的"6 次握手"的观点非常接近。然而，这并不是该问题的真正答案。雅各布斯虚拟游戏中的人物不能使用这个网络，所以他们也不能像微软研究院的科学家那样计算路径长度，即便他们有能力这么做。显然，他们肯定用了其他方法来传播信息。据雅各布斯说，他们确实有方法。

> 猎头先和村长交流，村长把信息传递给了买椰子肉的商人，商人传递给了来巡查的澳大利亚官员，官员又传递给了将要去墨尔本休假的人，等等；而在另一端，鞋匠从他的牧师那里听到消息，牧师从市长那里得知，市长从州参议员那里得知，参议员又从州长那里得知，等等。我们很快就有了这些离得最近的信使，他们给我们能想到的每个人传递了信息。但是，我们会在中间的长链上纠结一段时间，直到我们动用了时任总统罗斯福的夫人。她认识普通人不可能认识的人，可以跳过中间的整个链条。因此，世界显然缩小了[4]。

换句话说，雅各布斯的方法是，假设社交网络是按照层级的方式组织起来的，信息从底层向顶层流动，然后再回流到底层。像罗斯福夫人这样地位显赫的人物处于关键的中心位置。其实，无论在正式的组织里，还是在经济或社会中，我们早已习惯了层级的世界，因而自然而然地认为，社交网络应该也是层级分明的。事实上，卡林西也采用了和雅各布斯类似的推理思路，只不过他动用的不是罗斯福夫人，而是亨利·福特。他这样写道：

> 在福特汽车公司，要找到一条信息链将我和一位不知名的铆工连接起来，可以这么做：这位铆工认识他的工头，工头认识福特先生，福特先生又和赫斯特集团的总裁关系很好，而我的朋友可以顺手给赫斯特集团的总裁发个电报，让他联系福特，福特可以联系到工头，工头可以联系这个铆工，如果需要的话，铆工就可以为我装配一辆新汽车了。

雅各布斯的《美国大城市的死与生》这本书出版后不久，一系列有关"小世界"的实验就开始兴起了。从这些实验中我们知道，尽管上述的"层级传播法"听起来很合理，但它并不是信息在社交网络中传播的真正方式。第一个小世界实验正是我们在引言中提到的地铁实验的设计者——社会心理学家斯坦利·米尔格拉姆进行的。

米尔格拉姆招募了300名实验者，其中200人来自内布拉斯加州的奥马哈，另外100人来自波士顿附近，他们将与波士顿的一位股票经纪人一起进行另一个版本的信息传递游戏。这位股票经纪人是米尔格拉姆的朋友，他自愿成为该实验的"目标对象"。和雅各布斯的信息传递游戏一样，在米尔格拉姆的实验中，参与者知道他们需要设法接触的人，但只能把信息传递给自己熟悉的人。这样，300个初始实验者中的每个人都会把信息传递给自己的一位朋友，这些朋友再将信息传递给他们的朋友，以此类推，直到有人拒绝参加实验或信息链到达目标对象为止。幸运的是，64个人的信息链成功到达了目标对象，他们的平均路径长度确实是6个人左右。由此就产生了著名的"六度分隔"一词。[5]

尽管米尔格拉姆的研究对象能够找到像卡林西和雅各布斯假设的一样短的路径，但他们并没有用到像罗斯福夫人这样的人。相反，普通人会把信息

六度分隔理论
Six Degrees of Separation

该理论认为，世界上任何互不相识的两人，只需要很少的中间人就能够建立起联系。这种现象并不是说任何人与人之间的联系都必须经过6步才会达到，而是表达了这样一种重要的观点：在任何两位素不相识的人之间，通过一定的联系方式，总能够产生必然联系或关系。不同人采取的联系方式和联系能力不同，最后的结果也会有明显的区别。

传递给普通人，这是相同社会阶层之间的传递，而不是像卡林西和雅各布斯想象的那样，信息在层级结构中向上或向下传递。这些信息链也没有像雅各布斯担心的那样，在中间部分纠缠、卡顿，而是越接近目标，困难就越大。社交网络似乎不像金字塔，而更像高尔夫游戏，正如一句谚语所说："挥杆发球是表演，推杆进洞才赚钱。"也就是说，当你离目标对象很远时，只要把信息传给适当国家的某个人，从那里再到适当的城市，再传给适当行业的某个人，信息就能轻松地跨越很远的距离。但一旦你接近了目标对象，这种跨越对你来说就不再有帮助了。此时信息有了反弹的趋势，直到刚好找到认识目标对象的那个人。

不过，米尔格拉姆还发现，并不是所有的信息传递者都是平等的。事实上，在成功到达目标对象的 64 条信息链中，有近一半的信息链最后是由相同的三人中的一个送达的，其中有 16 条信息链是通过同一个人传递的，这个人就是"雅各布斯先生"，他是一个服装商，也是目标对象的邻居。显然，信息集中在了少数人手中，米尔格拉姆将这些人称为"社交之星"（sociometric stars），并推测他们对于理解小世界现象如何运作至关重要。[6] 米尔格拉姆得出的结论仅止于此，但在 30 年后的一篇名为《洛伊丝·韦斯伯格的六度分隔》（Six Degrees of Lois Weiberg）的文章中，《纽约客》作家马尔科姆·格拉德威尔利用米尔格拉姆关于"雅各布斯先生"的发现，提出了这样的观点："少数人（如韦斯伯格女士）在几步之内就可以和其他任何人相连，而我们则需要通过这几个人与世界相连。"[7] 也就是说，尽管雅各布斯先生和韦斯伯格女士并不像罗斯福夫人或福特先生那么"重要"，但从社交网络的角度来看，他们发挥了同样的作用，就像航空网络中的枢纽一样，人们必须通过它才能从一个地方到达另一个地方。

和简·雅各布斯的层级结构一样，航空网络的比喻也很吸引人，但它更多的是关于我们如何组织这个世界的设想，而不是世界实际上是如何运作的。仔细想想，这个比喻其实并不合理。显然，有些人会比其他人朋友更多，但他们并不能像机场一样，在客流量多时增加一两架飞机就够了，所以每个人的朋友数量不会像机场的客流量那样发生大幅度的变化。比如，一个普通人一般有几百个朋友，最擅长交际的人拥有的朋友数量可能是他们的 10 倍，但几千个朋友也就到头了。这个差距虽然不小，但远比不上奥黑尔国际机场（O'Hare International Airport）这样真正的枢纽和其他机场客流量的差距。要知道，奥黑尔机场的客流量是一个小型机场的数千倍。因此，在社交网络中，连接者①怎么能像航空网络中的枢纽一样运作呢？ ⁸

米尔格拉姆的悖论

事实上，几年前我们发现，连接者确实不像航空网络中的枢纽。那时，我和合作者罗比·穆罕默德（Roby Muhamad）、彼得·道兹模拟了米尔格拉姆的原始实验。不过这次，我们以电子邮件代替实物包裹，使实验可以在更大范围内运行。米尔格拉姆的实验是在两个城市设置 300 个初始发送者，他们要把信息传送给波士顿的同一个目标对象；而我们有超过两万条信息链，人们要将信息传递给世界上 13 个不同国家的 18 个目标对象之一。到实验结束时，这些信息链经过了 166 个国家的 6 万余人。通过使用比米尔格拉姆采用的更先进的一些统计分析方法，我们不仅能计算出到达目标对象的信息链的长度，对于那些没能到达目标对象的信息链，我们也能估计出它们距离目标对象还有多远。我们的主要发现和米尔格拉姆的结果非常接近——大约有一半的信息链可以在 7 步之内到达目标对象。虽然两个

---

① 指网络中有影响力的人，他们往往能够连接到更多的人。——译者注

实验的规模相差很大，使用的技术也有所不同，而且年代相差 40 年之久，但它们的结果却惊人地相似，这为"许多人可以通过短链相连"这一说法提供了有力证据。[9]

但是，和米尔格拉姆的发现不同的是，我们在传递信息的过程中并没有发现任何"枢纽"。我们也问过参与者，他们根据什么选择了信息链中的下一个人，但并没有发现任何关于"枢纽"或"社交之星"的证据。事实证明，在小世界实验中，实验对象通常不会把信息传递给他们的朋友中地位最高或联系最紧密的人，而是传递给了他们认为与目标对象有些许共同之处的人，比如位置接近、职业类似，或只是传递给他们认为会继续将信息传递下去的人。也就是说，普通人也能像那些有影响力的杰出人物一样，跨越社交圈、职业圈、邻里和国家之间的鸿沟。比如，当你想把一条信息传送给俄罗斯新西伯利亚的一位研究生时，你不会去想自己的朋友中有没有认识很多人、经常参加聚会，或是和白宫有联系的人，而是会考虑自己的朋友中有没有俄罗斯人；如果不认识俄罗斯人，那可能认识一些来自东欧、去过东欧、学过俄语，或者住在东欧移民聚居区的人。罗斯福夫人或者韦斯伯格女士确实能把很多人联系在一起，但那些人同样也有许多其他的联系方式，而人们常用的正是这些不太明显的其他方式，因为这些方式数量更多。

总结来说，真正的社交网络远比雅各布斯甚至米尔格拉姆想象的更复杂和平等。如今很多实验、实证研究和理论模型已经证明了这一结果。[10]虽然有这些证据，但当我们思考社交网络如何运作时，仍不免想到那些"特殊之人"的存在，无论是总统夫人还是爱交际的当地商人，我们总认为他们是联系其他人的主要负责人。事实上，这些证据和我们的思考方式并没有太大关系。毕竟，在雅各布斯的《美国大城市的死与生》写完之后数年，才有了米尔格拉姆的实验，这之后又过了很久，才有了存在如罗斯福夫人这样的"枢纽"人物这一观点。所以无论雅各布斯是从哪里得到这一想法的，显然，她没有任何实际证据。更确切地说，雅各布斯之所以相信有一些特殊之人把其他人联系在一起，仅仅是因为如果不借助这些人，就很难给出合理的解释。这就导致了证据一次次地把一些特殊之人剔除，我们又一次次地把其他特殊之人加入。如果不是罗斯福夫人，那一定是韦斯伯格女士，如果不是韦斯伯格女士，那一定是雅各布斯先生——那个服装商。如果也不是他，那一定是我们的朋友艾德吧，他认识的人特别多。"一定有某个特殊之人，"我们不得不这么说，"要不然社交网络是如何运作的呢？"

人们除了会利用特殊之人来解释社交网络的问题外，还会用他们解释一些其他问题。比如"伟人"历史观从少数关键领导者的行为出发，来解释重要的历史事件；阴谋论者鼓吹神秘的政府特工或秘密阴谋集团的存在，以此扰乱社会；媒体分析师将时尚潮流或热门产品的出现归功于名人或明星的带动；公司董事会为 CEO 支付高薪，因为 CEO 的决定将左右整个公司的命运；流行病学家担心"超级传播者"会引发一场流行病；营销人员则吹捧"影响者"的力量，坚信他们可以成就或毁掉一个品牌，改变社会规范，或转变公众舆论。[11] 比如，格拉德威尔在《引爆点》一书中解释了他所称的"社会流行"的起源，即从时尚到文化规范的转变，再到犯罪率

个别人物法则
Law of the Few

当任何一场流行时尚即将到来时，总能发现几个非常关键的人物。他们独有的特点和社会关系，再加上他们自己的热情和个人魅力，能够最高效快速地将信息在一定范围内散播开来。

的突然下降，一切都与"个别人物法则"有关。正如超级传播者能扩散流行病，伟大人物能推动历史一样，个别人物法则也认为，"社会流行"是"由少数杰出之人的努力驱动的"。比如，在讨论20世纪90年代中期暇步士的再度流行时，格拉德威尔解释说：

> 最让人不解的是，这些鞋子是如何从曼哈顿市中心的时尚潮人那里流行到全美各地的商场里的呢？曼哈顿东村和中美洲之间有什么联系吗？个别人物法则认为，答案在于某个特殊之人发现了这一趋势，并通过社会关系、能力、热情和个性，把"暇步士"这个词传播了出去。就像盖藤·杜加斯（Gaeten Dugas）和诺肖恩·威廉斯（Nushawn Williams）能传播艾滋病一样。[12]

　　格拉德威尔的个别人物法则对于营销人员、商人、社区组织者，以及其他从事塑造或操纵他人工作的人来说，无疑是一针"兴奋剂"。如果你能找到这些特殊之人并影响他们，那么他们的社会关系、能力、热情和个性将会为你所用。这个故事听起来似乎很有道理，但是，就像许多关于人类行为的有趣想法一样，个别人物法则更多的还是一种感觉，而非现实。

影响者，只代表社会与层级关系

　　罪魁祸首还是常识。营销顾问艾德·凯勒（Ed Keller）和乔恩·贝里（Jon Berry）曾指出："有些人与社会的联系更紧密、见识更广、消息也更灵通。如果你是这种人，那你在日常生活中可能也会体会到，当你决定住在哪个社区，如何为退休生活投资，或者买哪个牌子的车或电脑时，不会随便求助于他人。"[13] 所以，以下对认知的描述可能比较准确：回想一下，当我们寻找信息、方法或者建议时在做什么，就会发现自己确实更关注某些人。但是，前面已经讨论过，我们对自己行为的认知并不是对现实的完美反映。比如，一些研究表明，社会影响大多来自潜意识层面，它来自从朋友或邻里那里得到的一些细微的线索，而这些线索不一定是我们"主动求助"得来的[14]。而且我们并不清楚，当受到这些无意识的影响时，自己能否察觉到。比如，员工也会影响自己的老板，就像老板会影响员工一样。但是，或许员工可能会承认受到了老板的影响，而老板却不太可能承认自己受到了员工的影响，因为老板通常具有影响力，而员工不是。**换句话说，我们对于谁影响了我们的认知，可能更多地反映了社会和层级的关系，而不是影响本身。**

事实上，在关于影响者的研究中，最令人困惑的问题之一是，人们一开始对于影响者的定义就没有真正达成一致。最初，这个词指的是那些碰巧对朋友和邻里产生巨大影响的"普通"人。但实际上，各种各样的人都可以被称为影响者，无论是像奥普拉·温弗瑞（Oprah Winfrey）这样的传媒界巨头、像时尚杂志 *Vogue* 主编安娜·温图尔（Anna Wintour）这样的时尚引领者，还是明星演员、社会名流、人气博主等。这些人发挥影响力的方式可能有所不同，产生的影响更是千差万别。比如，一本不知名的书经奥普拉推荐，可能有机会登上热销榜。这是因为奥普拉的个人影响力在她经营的媒体帝国中得到了显著放大。同样，时装设计师希望能让著名女演员穿着他设计的礼服出席奥斯卡颁奖典礼，这也是因为女演员的表现会被大众媒体记录、转播和评论。当人气博主表达自己对某个产品的喜爱时，可能会有上万人读到他的博文。但是，他的影响力是否和奥普拉的推荐，朋友的推荐或其他人的影响力类似呢？

即使我们把问题细化到人与人之间的直接影响，不考虑媒体、名人和博主，衡量影响力也比简单衡量信息链的长度困难得多。比如，为了说明安娜和贝尔这一对朋友在一件事情上对彼此产生的影响，你需要说明，每当安娜接受某种想法或产品时，贝尔也倾向于接受相同的想法或产品。[15]然而，即便只追踪这一种关系也不是一件容易的事，而同时对多人进行追踪更是难上加难的事。因此，研究者不再对影响力进行直接观察，而是提出了很多影响力的具体表现，比如，一个人有多少朋友，发表了多少观点，对某个话题有多熟悉或关心，或者在一些性格测试中得分有多高等。比起影响力，这些表现更容易衡量。不幸的是，虽然这些表现看似是对影响力的合理替代，但它们都是基于人们受到影响的假设得来的，而从来没有人对这些假设做过验证。因此，在实践中没有人知道，谁才是真正的影响者。[16]

这种模棱两可的含义让人困惑，但它仍然不是问题的真正根源。如果我们能发明一种衡量影响力的完美工具，想必会发现某些人确实更具影响力。比如，对于身高出众的人，营销人员一点儿也不关心，只关心影响者。人们为什么会对影响者如此上心呢？在很多研究中，影响者被定义为，至少有三个熟人愿意向其寻求建议者。假设普通人仅能影响一个人，那么影响者的影响力就能达到平均水平的三倍。虽然这个差异是巨大的，但它并不能解决营销人员关心的各种问题，比如打造热门产品、激发公众健康意识，或者影响政治竞选候选人的当选概率等。这些问题要得到解决，需要影响千百万人。所以，即使每个影响者都能影响到其他三个普通人，仍然还有数百万人需要被发掘和影响，这与个别人物法则截然不同。事实上，这个问题也有解决方法，这就要求我们从网络理论中引入另一个相关而又独立的理论——社会感染（social contagion）理论。

社会感染＝偶然的影响者＋大量易受影响者

社会感染理论认为，信息和潜在影响可以像传染病一样沿着网络连接传播，这是网络科学中最有趣的观点之一。我们在第 2 章也看到，当每个人都受到他人行为的影响时，就有可能发生意想不到的事情。社会感染对于影响者来说也有重要意义。因为一旦考虑到感染的作用和范围，你就会发现，影响者的重要性不仅在于他直接影响的个人，还包括那些通过邻居、邻居的邻居等受到间接影响的人。事实上，正是通过感染，个别人物法则才得以发挥作用。如果恰当的影响者可以引发一场社会潮流，那么影响 400 万人可能只需要一小部分这样的人就够了。这不是划算，而是非常划算啊！因为发现并影响少数人与发现并影响数百万人完全不同，这从根本上改变了影响的性质。[17] 但是，这就意味着个别人物法则不是一个假设，而是两个假设的融合。

- 第一，有些人比其他人更具影响力。
- 第二，这些人的影响力可以被一些引发社会潮流的传染过程极大地增强。[18]

几年前，我和道兹进行了一系列计算机模拟实验，对这两个假设的组合做了测试。由于这些模拟实验要求我们给出准确的影响力传播的数学模型，所以我们不得不将所有假设具体化，而这些细节在之前关于影响者的描述中均未被提及。比如，该如何定义影响者？是谁影响了谁？人们做出了什么选择？这些选择是如何受到他人影响的呢？我之前也说过，没有人真正知道这些问题的答案。因此，和其他建模实验一样，我们必须做出诸多假设，当然这些假设也有可能是错误的。为了面面俱到，我们考虑了两种完全不同的模型，这两种模型均被社会学家和营销科学家研究了几十年。[19]

社会名人的影响力真有我们想象的那么大吗

第一个模型是第 2 章提到的格兰诺维特的暴动模型的另一个版本。不同的是，在格兰诺维特的暴动模型中，每个人都能观察到其他人的一举一动，而在这个模型中，人们之间的相互作用由一个网络指定，每个人只能观察到相对较小的朋友圈里其他人的举动。第二个模型是"巴斯模型"的一种，该模型由营销科学家弗兰克·巴斯（Frank Bass）首先提出，用来解决产品采用上的问题，"巴斯模型"也以他的名字命名。这个模型与一个更古老的疾病传染模型密切相关，该模型曾被数学流行病学家用于研究生物疾病的传播。也就是说，格兰诺维特的暴动模型假设，个体会在一定数量的邻居的影响下采取某种行为，而巴斯模型则假设，"采取行为"的过程和感染的过程类似，易感染的人和被感染的人通过网络连接相互作用。[20] 这两个模型听起来有些相似，但其实迥然不同，这一点很重要，因为我们并不希望得出的关于影响者的作用的结果过多地依赖于其中任何一个模型的假设。

我们发现，在大多数情况下，极具影响力的人确实比一般人更能引发社会潮流。但他们的相对重要性远没有个别人物法则认为的那么大。让我们以一个影响者为例说明这一点，假设此人可以直接影响的人数是普通人平均水平的 3 倍。那么，人们会自然而然地认为，在其他条件相同的情况下，这个人间接影响的人数是普通人的 3 倍。换句话说，影响者会表现出 3 倍的"乘数效应"。个别人物法则则宣称，其影响力会更大，而差异应该趋于"极端"。这与我们的发现截然相反[21]。一般来说，类似影响者的乘数效应是小于 3 倍的，在很多情况下，他们的影响力并没有这么大。换句话说，影响者可能确实存在，但他们并不是个别人物法则假定的那种影响者。

原因很简单，当影响通过某种感染性过程传播时，产生的结果更多地取决于网络的整体结构，而不是引发传播的个体的特性。就如同森林火灾一样，只有当风力、温度、湿度和易燃材料等条件同时满足时，大火才会在大范围的土地上肆虐。社会潮流的兴起同样需要传播网络满足适当条件。事实上，关键条件与那些极具影响力的少数人没有任何关系，而存在大量易受影响的人反而更重要，这些人也会影响其他易受影响的人。有了这群人，即使是一个普通人也能触发巨大的影响力——星星之火可以燎原。相反，若没有这群人，即便是理论上最具影响力的个体也不会产生太大影响。这样导致的结果是，除非你知道某个人在整个网络中所处的位置，否则就无法预测出他的实际影响力大小，无论你采取什么样的方法。

当然，在听说发生森林火灾时，我们并不会去想点燃这场大火的火星有什么特别之处。这种想法确实比较可笑。但是，当看到社会中发生特别之事时，我们却会立刻这样想：无论是谁引发了此事，他一定不是普通人。当然，如果在我们的模拟实验中发生了什么大事，必然是有人引发的。无论这些人之前看起来有多么普通，再回顾时，他们似乎完全符合个别人物法则，即"做了大部分工作的那一小部分人"。然而，我们通过模拟实验发现，这些人并没有什么特别之处，因为我们就是这么设计的。大多数工作并不是由一小部分起触发作用的人完成的，而是由更大一群易受影响的人实现的。因此，我们得出的结论是，那种有影响力的人，其能力和人脉确实可以把你的书推上畅销榜，或者把你的产品打造成热销产品，但这很可能是时机和环境的偶然结果。所以，这些人不过是"偶然的影响者"。[22]

"普通影响者"完胜"金·卡戴珊"

对于上述结论，很多人可能马上会说，这完全是计算机模拟的结果。

我前面也说过，这些模拟是现实的高度简化，并且做了大量假设，其中任何一个假设都可能出错。不过，计算机模拟非常有用，它能给我们提供全新的见解。但计算机模拟终究更像思想实验，而不是真正的实验，所以更适合用来提出新问题，而不是解答之前的问题。因此，如果我们真的想弄清楚个体是否能够引发想法、信息和影响的传播，以及如果有影响者存在，如何将他们与普通人区分开来，就需要在现实世界中进行实验。然而，若想研究现实世界中个人影响力与群体影响力之间的关系，则说起来容易做起来难。

实验面临的首要问题是需要大量数据，而且这些数据大多难以收集。仅仅证明一个人影响了另一个人就已经很难了，如果你想研究他们是如何影响了更大的群体，以及如何建立起联系，就需要收集整个影响链的信息。在影响链中，一个人会影响另一个人，另一个人又会影响下一个人，以此类推。很快你就会发现，仅仅是为了追踪一条信息的传播，就需要考虑数千甚至数百万条关系。在理想的情况下，你需要研究很多这样的例子。这样的话，若想检验"是否有些人比其他人更重要"这种相对简单的论点，就需要海量的数据，而且无法绕开。这也解释了传播研究在这么长时间里都没有取得进展的原因：**当无法证明某些事情时，每个人都可以提出自己认为合理的设想，但我们没办法判断它们的对错。**

然而，随着"音乐实验室"等类似实验的开展，互联网开始以重要的方式改变这一局面。近期一些研究人员开始在社交网络上探究信息传播的问题，网络传播规模之大，10年前的我们根本无法想象。博文会通过博主进行网络传播；粉丝效应可以通过 Facebook 好友进行网络传播；"手势"（即特殊能力）可以在网络游戏《第二人生》的玩家之间传播……[23] 受到这些研究的启发，我与雅虎公司的同事杰克·霍夫曼（Jake Hofman）和温特·梅森，以及密歇根大学的一位优秀研究生艾唐·巴克什（Eytan Bakshy）决定在 Twitter（目前我们能使用的最大通信网络）中研究信息的传播。在这个过程中，我们将寻找那些影响者。[24]

从很多方面来看，Twitter 是实现这一目标的理想选择。

首先，在 Facebook 中，人们以各种各样的原因相互连接，而 Twitter 不同，它旨在向你的"粉丝"（也就是那些明确表示想要从你这里得到消息的人）传播信息。因此，让人们关注你，或者说你影响他人，就是 Twitter 的全部意义所在。

其次，Twitter 非常多元化。很多用户都是普通人，他们的粉丝大多是对他们感兴趣的朋友。但 Twitter 上最受关注的还是公众人物，包括博主、记者、名人［如影星阿什顿·库彻（Ashton Kutcher）、沙奎尔·奥尼尔（Shaquille O'Neal）、奥普拉·温弗瑞］、美国有线电视新闻网等媒体机构，甚至包括政府机构和非营利性组织（如美国政府、唐宁街 10 号、世界经济论坛）等。这种多元性可以让我们以常用的方法比较各种各样的潜在影响者产生的影响，从普通人到奥普拉、阿什顿等。

最后，尽管很多推文都是平淡无奇的更新，比如"在百老汇的星巴克喝咖啡，真是美好的一天"，但其中仍有不少推文涉及了其他网络内容（如突发性新闻或有趣的视频），或者其他事物（如书籍、电影等），Twitter 用户想要就此发表自己的观点；而且，由于 Twitter 的格式要求每条推文长度不超过 140 个字符，所以用户经常使用"网址缩略服务"来代替原来复杂冗长的网址，比如，bit.ly 网址缩略服务可以让原始网址缩略成 http://bit.ly/beRKJo 等类似的格式。缩略网址服务可以有效地为 Twitter 上的每条内容分配一个唯一的编号。这样，当用户想要"转发"某条推文时，就可以看到这条信息最初来自谁，进而追踪到信息在转发者之间的传播路径。

反 常 识 案 例

为什么专注于少数"特殊"个体的营销策略不可取

2009 年年底的两个月，我们总共追踪了由 160 多万名用户发起的超过 7 400 万条传播链。我们计算了每条推文的 URL 被转发的次数，首先是"种子"用户的直接粉丝转发，随后是直接粉丝的粉丝，以及他们粉丝的粉丝等，进而追踪到每条原始推文引发的整条传播链。如图 3-1 所示，其中一些传播链宽而浅，有的窄而深。还存在一些结构复杂的庞大传播链，它们开始时很小，增长缓慢，之后在网络的某个地方开始加速增长。最重要的是，我们发现绝大多数（约占总数的 98%）尝试传播信息的传播链其实根本没有扩散开来。

这一结果很重要，因为如果你想了解为什么有些信息会诱发"病毒式传播"，比如那些意外吸引了数百万次下载量的 YouTube 视频，或是通过电子邮件或 Facebook 疯狂传播的搞笑信息，仅考虑少数几个成功的例子是行不通的，这一点我将在第 4 章中详细讨论。然而，在大多数情况下，人们只会研究"成功"的例子，原因很简单，没有人会费神去追踪失败的案例，它们往往会变得非常不起眼。但是，在 Twitter 上，我们可以追踪每个事件，无论它有多不起眼。这样我们就能了解到谁是影响者，他们的影响力比普通人大多少，以及能否以一种可行的方式来区分个体之间的差异。

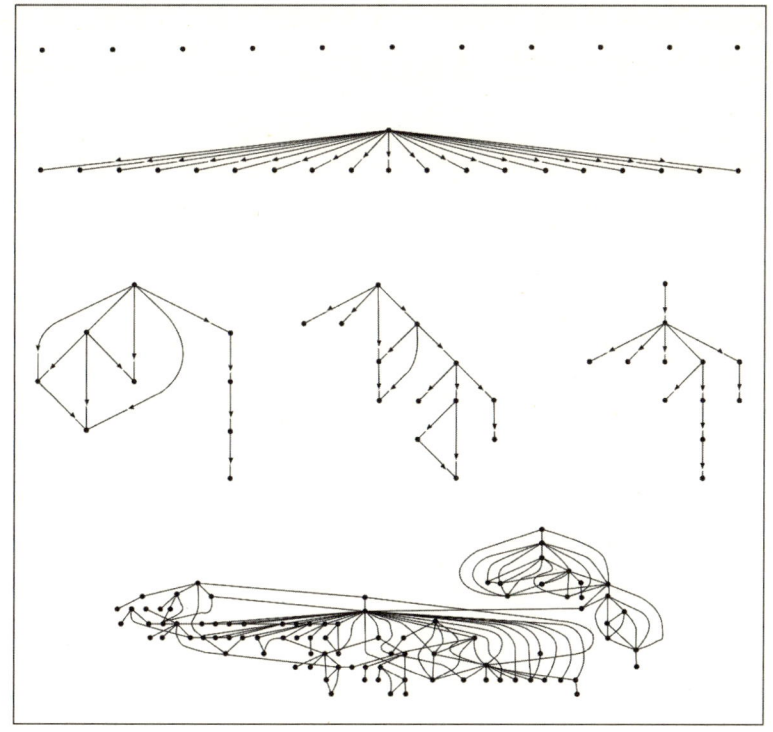

图 3-1　Twitter 上的传播链

　　我们进行实验的方法是模拟一个假想的营销人员可能会做的事，也就是利用所有已知的 100 万余人的特点和以往的表现，预测每个人未来的影响力。基于这些预测，营销人员可以"赞助"某些人，让他们在 Twitter 上发布要传播的信息，从而引发一系列传播链。营销人员对于任何特定个体所引发的传播链规模预测得越准确，就越能高效地分配预算给受赞助的推文。实际上，在现实中进行这样的实验仍然非常困难，所以我们只能利用收集的数据尽可能地去估计。具体来讲，首先，我们把数据分成了两部分，并人为地将实验期间的第一个月设定为"历史"数据，后一个月为"未来"数据。然后，我们将所有"历史"数据，包括每个用户的粉丝数、关注数、转发频率、注册时间，以及在这段时间内触发传播链的成功率全部录入到一个统计模型中。最后，我们使用这个模型去"预测"每个用户在我们的"未来"数据中会产生多大的影响力，并根据实际发生的情况检验模型的性能。简单来说，我们发现，个体层面的预测非常复杂。虽然平均看来，如果过去有众多粉丝的人成功地触发了传播链，他们在未来更有可能取得成功，但是，个别情况下的结果会大幅随机波动。和《蒙娜丽莎》的案例一样，对于每一个表现出成功影响者特性的人来说，其背后还有着很多没有成功的人，他们也有着几乎无异的特性。这种不确定性的出现，也不仅仅是因为我们无法衡量或准确识别成功的特性，事实上，我们拥有的数据比任何营销人员都多。但问题在于，成功的传播取决于个人无法控制的因素，就像上述模拟一样。换句话说，这个结果表明，专注于少数"特殊"个体的营销策略注定是不可取的。因此，营销人员应该像财务管理者一样，采用"组合投资"策略，关注大量潜在影响者，利用他们的平均影响效果，从而有效地降低个体层面的随机性。

尽管组合策略在理论上颇为可行，但它也带来新的问题——成本效益。为了说明这一点，我们不妨看一下《纽约时报》的一篇报道。该报道称，电视真人秀女星金·卡戴珊在 Twitter 上发表一条赞助商产品的推文，就能收到一万美元的报酬。卡戴珊当时的粉丝数量超过百万，所以比起只有几百个粉丝的普通人来说，付钱给卡戴珊这样的人可以吸引到更多关注，这个观点似乎很有道理。但他们是如何得出这个数字的呢？普通人可能会以远低于一万美元的价格发布广告推文。因此，我们假设影响力显著之人的"成本"比不那么显著的人要高，那么营销人员应该把注意力放在小部分更具影响力、报价昂贵的人身上，还是放在大量影响力较低、价格低廉的人身上呢？进一步说，如何才能达到两者之间的最优平衡呢？[25]

最终，这一问题的答案将取决于不同的 Twitter 用户会向营销人员收取多少广告费，如果他们确实同意这么做的话。另外，作为一种预测实验，我们还测试了一系列看似合理的假设，其中每个都对应一种不同的"影响者"的营销策略，并使用了与之前相同的统计模型来计算他们的投资回报。结果让我们都感到惊讶：尽管世界上的"金·卡戴珊们"确实比一般人更有影响力，但他们的要价要高得多，所以他们并没有很好地发挥这笔钱的价值。相反，成本效益最佳的信息传播方式往往是通过那些我们所说的"普通影响者"，即影响力处于平均水平甚至在平均水平以下的人。

再遇循环论证

听完上述言论，别急着从卡戴珊那里撤资，因为我们实际上并没有进行过这个假想实验。尽管我们研究的是真实世界的数据，而不是计算机模拟数据，但我们在统计模型中仍然做了很多假设。比如，假设营销人员可以说动几千名普通影响者在 Twitter 上发布相关产品的推文等，但我们很难得知这些人的粉丝是否会像对待正常推文那样做出积极回应。那些被朋友推销过安利产品的人就会知道，在私人交流中打产品广告会多么让人反感。但是，卡戴珊的粉丝可能不会有这样的感受，因此，她在现实生活中用 Twitter 推销产品的效果可能比实验模型中预测的要好得多。或者说，我们以转发次数来衡量影响力的方法是错误的，而之所以统计转发次数，是因为这是我们可以得到的数据，有总比没有好。但是，人们可能真正关心的是有多少人点击了链接，或者捐了钱给慈善事业，或者购买了产品。也许卡戴珊的粉丝并没有转发广告推文给朋友，却真正采取了行动，如果真是这样，我们再次低估了她的影响力。

我们仍然没有找到明确的答案，也不知道谁具有影响力，或者无论影响者的定义如何，他究竟能完成什么，除非我们能衡量出自己关心的结果的影响力大小，除非有人做了真实实验衡量了不同人的影响力，否则对于每个结果（包括我们自己的结果），我们都应该持怀疑态度。因此，通过以上讨论过的研究结果，无论是小世界实验的结果，网络影响传播模拟研究的结果，还是 Twitter 上的研究结果，都应该对个别人物法则（将"社会流行"归因于个别特殊之人的作用）等类似观点提出质疑。

事实上，目前我们还不清楚"社会流行"究竟是不是研究社会变化开端的正确方式。尽管我们在 Twitter 上的研究发现，类似的"流行"事件确实发生了，但它们的数量却极少。在我们研究的 7 400 万条 Twitter 信息中，只有几十条信息产生了上千次转发，仅有一两条信息达到了一万次。在一个数千万用户组成的网络中，上万次转发理论上来说似乎并不是一个大数字，但数据显示，即使是这样的数字也很难达到。因此，若是为了实际营销目标，最好放弃那些大型传播链，转而尝试大量小型的传播链。对于实际目标来说，可能普通影响者就会达到不错的效果。但由于他们并不能实现惊人的效果，所以你可能需要很多这样的人。借助大量个体，你也可以通过取均值排除随机性，从而产生持续的积极效果。

除了具体发现以外，这些研究还让我们认识到了常识思维的一个主要缺陷。将个别人物法则描述成一种违反直觉的观点好像有点儿讽刺，因为我们实际上已经习惯了一提到特殊之人，就会自然而然地想到有少数特殊之人做了大量工作。我们认为，认识到人际影响力和社交网络的重要性，就在一定程度上超越了第 2 章提到的"循环论证"，即"X 的发生是因为 X 就是人们想要的"。但是，当我们试着想象数百万人组成的复杂网络是如何联系在一起的，或者影响力如何通过网络传播的这一更复杂的问题时，我们的直觉会立刻落败。通过有效地将所有部分集中在少数人手中，"特殊之人"的观点（如个别人物法则）将"网络结构如何影响结果"这个问题简化为"是什么驱动了这些特殊之人"。与所有常识性解释一样，这个想法听起来很合理，而且可能是正确的。但是，如果声称"X 的发生是因为一些特殊之人让其发生"，那我们只不过是用一种循环论证代替另一种循环论证罢了。

社会感染的本质

1. 社会感染 = 偶然的影响者 + 大量易受影响者。

2. 一旦考虑到传染的作用范围就会发现，影响者的重要性不仅在于他直接影响的个人，还包括那些通过邻居、邻居的邻居等受到间接影响的人。事实上，正是通过感染，意见领袖的影响力才能得以发挥作用。

3. 意见领袖的影响力法则是两个假设的融合。第一，有些人比其他人更具影响力；第二，这些人的影响力可以被一些引发社会潮流的感染过程极大地增强。我们发现，在大多数情况下，极具影响力的人确实比一般人更能引发社会潮流。但是他们的相对重要性远没有个别人物法则中认为的那么大。

4. 当影响通过某种感染性过程传播时，产生的结果更多地取决于网络的整体结构，而不是引发传播的个体的特性。就如同森林火灾一样，只有当风力、温度、湿度和易燃材料等条件同时满足时，大火才会在大片土地上肆虐。社会潮流的兴起同样需要传播网络满足适当条件。

用常识解释历史事件产生的误区

CHAPTER 4

History, the Fickle Teacher

忘记过去的人注定会重蹈覆辙。

前三章告诉我们，循环论证经常用于解释常识性问题。老师在考试中帮学生作弊，是因为他们受到某些利益的驱使；《蒙娜丽莎》成为世界上最著名的画作之一，是因为它具有成为最著名画作的所有特性；人们不再购买油耗高的汽车，是因为当下社会规范的要求；还有一些特殊之人重振了"暇步士"品牌，是因为有人在其他人之前就开始买这个品牌的鞋了。虽然以上描述可能都是真的，但其实它们告诉我们的只不过是已经发生的事情而已。**因为我们总是在知道结果之后，再去反向推导事情发生的原因，所以我们无法确定这些解释有多大的解释能力，或者它们仅仅只是一些简单的描述罢了。**

然而，这个问题的有趣之处在于，即使你知道了常识解释中存在循环论证，也仍不清楚它们错在哪里。毕竟，即使在自然科学领域，我们也不一定能弄清楚事情发生的原因。不过，我们可以通过实验室里的实验，或者对系统规律的观察来找到答案。那么，为什么我们不能以同样的方式从历史中学习呢？也就是把历史看成一系列"实验"，在这些"实验"中，某些一般性的因果规律决定着我们观察到的结果。如果把从观察结果中发现的规律系统地总结、提炼，不就能像在自然科学中那样推导出这些规律了吗？比如，假设我们根据艺术作品吸引了多少注意力来评选优秀作品，那么，尽管在 20 世纪之前人们并不知道《蒙娜丽莎》将成为世界著名的画作，但我们现在做了实验，而且得到了答案。虽然我们还是无法说出是什么特质造就了《蒙娜丽莎》的独一无二，但我们至少有了一些数据。尽管常识解释总是把发生的事情和发生的原因混为一谈，但我们不也是尽可能地像一位优秀的自然科学实验者那样在求证吗？ [1]

从某种意义上来说，我们确实是，而且已经尽力了。虽然在恰当的条件下，从观察和经验中学习是行之有效的，但问题是，为了能够推断出"A 导致了 B"，我们需要进行多次实验。比如，A 是一种降低"坏"胆固醇的新型药物，而 B 是病人在未来 10 年患心脏病的概率。如果药品制造商能够证明，服用 A 药的病人患心脏病的概率比没有服用的病人明显低，那么他们就可以宣称 A 药可以预防心脏病，否则就不能。但是，每个人只能选择服药或者不服，所以证明药效的唯一方法就是多次进行实验，一个人的经历算作一次。因此，药物实验往往需要很多参与者，每个人将被随机指定是否接受治疗。然后，根据"实验组"和"对照组"的结果差异来衡量药物的作用。疗效越小，实验的规模就需要越大，这样才能排除偶然事件的影响。

在解决日常问题的过程中，我们经常会遇到非常接近药物实验条件的情况。比如，在每天下班开车回家的路上，我们可以尝试不同的路线或不同的出发时间。假设每天路况类似，通过多次重复，我们就能观察出哪条路线的平均通过时间最短，而不需要研究任何复杂的因果关系。同样，无论是在医学、工程，还是军事领域，通过专业培训获得的经验性知识，都以同样的方式发挥着作用——不断重复模拟着学员在未来的职业生涯中可能会遇到的情况。 [2]

历史只有一次，但可以"重演"

既然在日常生活和专业训练中，这种学习的准实验方法非常有效，那么常识解释会在不知不觉中运用同样的推理来解释经济、政治和文化事件就不足为奇了。但直到现在，你仍可能在怀疑常识解释的方向是否正确。对于经济、政治和文化这些涉及众多人在一段时间内相互作用的问题，框架问题和微观－宏观问题的结合就意味着，每种情况都在某些重要方面与我们之前经历的情况有所不同。因此，我们无法进行两次完全相同的实验。在某种程度上，我们理解这个问题，就如同没有人真的认为发生在两个地方的战争有直接的可比性一样。所以在将一种情况中吸取的教训应用到另一种情况时，我们必须谨慎。同样，也没有人认为通过研究《蒙娜丽莎》的成功，我们就真的能理解当代艺术家成败的原因了。尽管如此，我们还是希望能够从历史中汲取一些教训，不过我们很容易夸大自己学到的内容。

比如引起大家热议的问题：2007 年秋天，美国向伊拉克增兵事件是否减少了 2008 年夏季伊拉克逊尼派三角地带的暴力事件呢？从直觉上来看，答案似乎是肯定的，因为就在增兵实施后不久，暴力事件就开始减少了，而且增兵就是为了达到这一目的。目的和时机表明，增兵措施和暴力减少之间具有较强的因果关系，就像美国政府总是宣称这是自己的功劳一样。但 2007 年秋季和 2008 年夏季之间也发生了很多其他事情。

一种确定的方法是，多次"重演"历史，就像我们在"音乐实验室"做的那样，然后观察有无增兵分别会发生什么。如果在所有"历史版本"中，我们发现，如果有增兵，暴力事件就会减少，而没有增兵则不会减少，那么我们就可以负责任地说，是增兵促使暴力事件的减少。相反，如果我们发现在大多数增兵的情况中，暴力事件没有任何变化，或者无论是否增兵，暴力事件都会减少，那么可以得出结论，虽然我们不知道是什么原因促使暴力事件减少，但很明显不是因为增兵。当然，在现实中，这个实验只能进行一次，所以我们不可能知道其他情况的结果是否会有所不同。因此，我们永远无法弄清楚究竟是什么促使暴力事件减少。但是，缺乏"反事实"的历史版本并没有让人心生疑惑，相反，它让我们更愿意相信实际发生的事情就是无法避免的。

这种倾向被心理学家称为"渐进决定论"（creeping determinism），它与著名的事后偏差现象密切相关，也就是人们倾向于在事后认为"我就知道会是这样的"。在实验室进行的各种实验中，心理学家要求参与者对一些未来事件做出预测，然后在事情发生之后对参与者进行回访。当研究对象回忆起先前所做的预测时，相比之前的回答，他们总是说自己对正确预测的事情更有把握，而对那些错误预测的事情更不能确定。然而，渐进决定论与事后偏差现象也有着细微的区别，前者更具欺骗性。事实证明，我们可以通过提醒人们，他们在知道答案之前说了什么，或者让他们记录自己的预测结果，从而避免事后偏差。但是，即使我们能准确地回忆起自己当初对事件的发生有多么不确定，承认如今事件的发生出乎自己的意料，但我们还是倾向于认为事件的结果无法避免。比如，前面我们提到，增兵可能对后来暴力事件的减少没什么影响。但是，一旦我们知道暴力事件真的减少了，是否早就知道它会发生（事后偏差）就无所谓了。我们仍然相信，事情一定会发生，因为它确实发生了。[3]

取样偏差，让我们得到想要的结果

渐进决定论表明，我们没有对那些未发生的事情给予应有的关注。但同样，我们也很少注意到发生的大部分事情。比如，我们会注意到自己错过了火车，却没注意到很多时候我们前脚刚到，火车后脚就到了；我们会注意到自己在机场偶遇了熟人，但如果没有遇到就不会放在心上；我们会注意到连续 10 年赢过标准普尔 500 指数的共同基金经理或者连续多场安打的棒球运动员，却不会注意到那些没有突出表现的基金经理或者运动员；我们会注意到新出现的潮流或成功的小公司，却不会注意到那些昙花一现的潜在潮流趋势或新公司。

相比于没有发生的事情，我们更重视那些发生的事情。所以就不难理解为什么我们会对"有趣"之事感兴趣了。我们为什么要对无聊的东西上心呢？然而，这使得我们构建的解释只包含了一部分数据。比如，如果我们想弄明白为什么有些人很有钱，为什么有些公司会取得成功，那么寻找富人或成功公司之间的共性似乎合情合理。但是，这个方法无法解释的是，那些不富裕的人或不成功的公司可能也有很多同样的特性。找出区分成功和失败的特性的唯一方法就是把两者都考虑在内，并寻找其中的系统性差异。然而，由于我们关心的是成功，所以考虑失败因素似乎毫无意义，或者索然无味。因此，我们推断，某些与成功相关的特性，实际上也同样与失败有关。

当我们关注的有趣之事鲜有发生时，这种取样偏差的问题会尤为突出。比如，1979 年 10 月 31 日，美国西部航空公司"2605 号"班机在墨西哥城降落时，错误地降落在一条封闭的跑道上，并与地勤车相撞。很快，调查人员找出了导致此事的 5 个因素。

- 第一，飞行员和领航员都处于疲劳状态，在过去 24 小时里，他们都只睡了几个小时。

- 第二，机组人员和空中交通管制员之间的沟通出现混乱：空中交通管制员指挥飞机按照封闭跑道的雷达信号进场，然后再转到开放跑道降落。
- 第三，由于出现无线电故障，该方法的一个关键步骤没有发送出去，使混乱的情况变得更加复杂。
- 第四，机场当时被大雾笼罩，飞行员无法看清开放跑道和地勤车。
- 第五，交通管制员当时脑子有些不清楚，可能是压力太大让他认为亮灯的是那条封闭的跑道。

对于这场事故，心理学家洛宾·道斯（Robyn Dawes）解释说，调查得出的结论是，尽管这些因素（疲劳、通信混乱、无线电故障、大雾和压力）中的任何一个因素单独出现都不会导致事故发生，但它们结合起来却是致命的。这个结论听起来很合理，而且和我们熟悉的对空难的一般解释也基本一致。但道斯也指出，这 5 个因素同样出现在许多没有发生空难的例子中。因此，如果我们不是从事故发生之后反向寻找原因，而是正向寻找，可能会发现疲劳、通信混乱、无线电故障、大雾和压力的组合在大多数情况下都不会导致空难发生。[4]

这两种看待世界的方式的不同之处正如图 4-1 和 4-2 所示。图 4-1 是"2605 号"航班的事故调查确定的 5 个危险因素和所有相应结果，其中一个结果是发生事故，但也有其他不会发生事故的结果。换句话说，如果没有它们，发生事故的概率将会很小，但它们存在也不意味着事故会发生或很可能发生。然而，一旦知道发生了事故，我们对世界的看法就会转向结果一边，如图 4-2，所有的"无事故"结果都消失了，因为我们不再试图解释它们，而只是试图解释事故，因此"无事故"结果消失了。结果是，本来图左边的因素并不能很好地预测事故是否会发生，而现在看来却预测得很准确了。

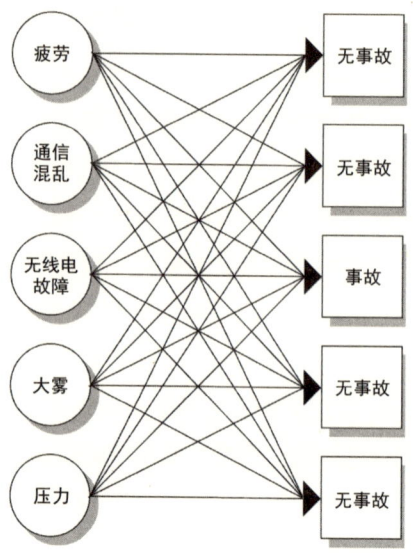

图 4-1   5 个危险因素和所有相应结果

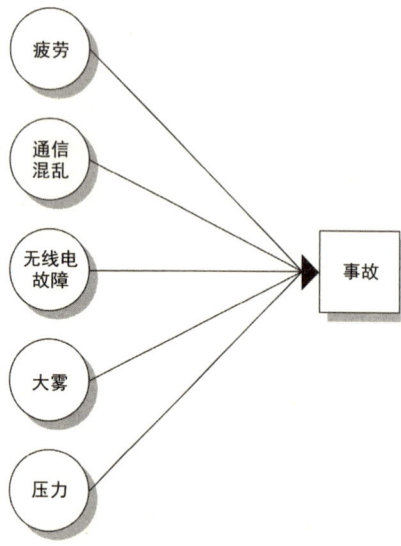

图 4-2   "无事故"结果消失

飞机失事后，我们通过调查可以找出导致事故的
潜在因素，从而避免此类事故再次发生，这显然是一
件好事，但这会让我们忍不住把这些潜在因素当作飞
机失事的充分条件，从而干扰我们找出飞机失事的真
正原因。其他一些小概率事件，比如校园枪击案、恐
怖袭击和股市崩盘等也是如此。比如，大多数校园枪
击案的枪手都是十几岁的男孩，他们与父母关系疏远
或者关系紧张，受到电视和视频游戏中暴力内容的影
响，与同龄人不合，并幻想过报复行为。但是，成千
上万的十几岁男孩都有这些特征，而他们几乎都没有
做出伤害他人之事。[5] 同样的情况还有，2009 年圣诞
节那天，在一架飞往底特律的西北航空航班上，一个
23 岁的尼日利亚青年乌马尔·法鲁克·阿卜杜勒穆塔
拉布（Umar Farouk Abdulmutallab）差点儿炸毁飞机，
他利用的所谓的系统故障包含了情报和国土安全部门
犯的各类错误和疏漏，这些错误每年都可能发生上万
次，但它们几乎不会造成什么不良后果。同样地，股
市崩盘的那些日子也和平常的日子没有什么不同。

后见之明，人人都是事后诸葛亮

渐进决定论和事后偏差共同导致了常识解释陷
入"后此谬误"中。这种谬误与因果关系的基本要
求有关——为了说明 A 导致了 B，A 必须先于 B 发
生。如果一个台球在被另一个台球撞击之前就移动

后此谬误
Post Hoc Fallacy
在其他条件相同的
前提下，如果事件
A 出现在事件 B 之
前，必然是事件 A
导致的事件 B。这
是一种以结果解释
原因的理论。

了，那一定是其他东西导致的。同样地，如果我们感觉到有风，接着看见附近一棵树的树枝开始摇晃，那么我们就会认为是风刮动了树枝。以上结论无可厚非，但不能仅仅因为 B 在 A 之后发生，我们就说是 A 导致了B。如果你听到一只鸟在鸣叫或是看到一只猫爬上了墙头，然后看到树枝摇动，你可能不会认为是鸟或者猫导致了树枝摇动。这一点显而易见。在物理世界中，我们有足够完美的理论来解释事物的运作，因此我们通常可以分清哪些解释是合理的，而哪些是不合理的。但是，当涉及社会现象时，常识却总会让各种潜在原因看上去都很合理。结果便是，**当我们目睹了一系列事件之后，就想当然地推断出它们之间的因果关系，这就是后此谬误。**

个别人物法则就是后此谬误的一个典型例子。当有趣的事物出现时，无论是意想不到的畅销书、突然成名的艺术家，还是热销产品，总会有人先于他人一步发现，这个人看起来就颇具影响力。事实上，《引爆点》一书中有很多关于有趣之人的故事，这些人都在重要事件中发挥了关键作用。比如，保罗·里维尔（Paul Revere）从波士顿到莱克星顿的午夜狂飙，激励了当地的民兵组织，并拉开了美国独立战争的序幕；盖尔坦·杜加（Gaëtan Dugas）是一位性欲旺盛的加拿大空乘，因此成为美国艾滋病传播的"0 号病人"；洛伊丝·韦斯伯格是格拉德威尔早期《纽约客》文章的主人公，她擅长社交，人脉资源丰富，因此影响力很大；还有曼哈顿东村的"潮人"，他们在"暇步士"品牌重新流行起来之前就开始追捧它的鞋了。

这些故事很棒，也很难让人不认同格拉德威尔的观点，即某些意外事情的发生肯定得到了特殊之人的帮助。比如 1775 年 4 月 17 日，美国民兵组织在莱克星顿保卫战获得成功肯定是因为里维尔的助力。格拉德威尔的解释令人信服，因为他也讲述了当晚另一位骑手威廉·道斯（William

Dawes）的故事。道斯也试图提醒当地民兵组织，不过他经过的路线和里维尔不同。里维尔经过的路线上的居民第二天都武装了起来，而道斯经过的路线上的当地人——如沃尔瑟姆、马萨诸塞等地的人们，直到英军到来时也未做防备。由于两人的路线不同，导致产生的结果不同，而导致这种差异产生的原因是两人性格的不同：里维尔是"连接者"，他擅长沟通、组织能力强，而道斯不是[6]。

但格拉德威尔没有考虑到的是，两场夜奔之间还有其他很多不同的因素：路线不同、城镇不同、人不同，不同的人听到消息后选择提醒的人也不同。里维尔可能确实像格拉德威尔说的那样魅力非凡，而道斯不是。但实际上，当晚发生了很多其他事情，所以我们不能简单地把事情的结果归因于两个人的内在特性，就像不能把《蒙娜丽莎》的成功归因于其特性，或是把 2008 年伊拉克逊尼派三角地带的暴力事件的减少归因于增兵事件一样。也就是说，像里维尔这样的人，虽然事后看来好像确实有影响力造成某些出乎意料的结果，但他们可能更像我和道兹在模拟实验中发现的"偶然影响者"，这些人的影响力实际上取决于其他因素的共同作用。

反 常 识 案 例

因果错觉

后此谬误特别容易产生"偶然影响者"。比如，2003 年年初，香港暴发非典疫情，在随后的调查中，最引人注目的发现之一是一位年轻的男性病人。他来到香港，之后到威尔斯亲王医院看病，直接感染了 50 个人，并最终导致医院里的 156 人染病。随后，威尔斯亲王医院的疫情导致中国香港第二次疫情的大暴发，疫情进而又蔓延到了加拿大和其他国家及地区。基于对非典疫情的类似案例研究，越来越多流行病学家认为，流行病的最终严重性在很大程度上取决于超级传染者的活动，就像杜加或威尔斯亲王医院里的那位男性病人一样，他们单独传染了很多人。

但这些人有什么特别之处吗？仔细研究一下这个案例就会发现，问题的根本在于，当那位男性病人来医院看病时被误诊为肺炎。按照标准程序，感染了不明呼吸道病毒的病人应该予以隔离，但医院没有这么做，而是将误诊的非典感染者安排在了通风不畅的开放病房里。更糟糕的是，因为被诊断为肺炎，病人的肺里还被插入了支气管呼吸机，使大量病毒粒子被散播到周围的空气中，加上病房拥挤，导致很多医务人员和其他病人也被感染。这种情况非常有助于疾病传播，至少在医院是这样的。因此，整件事的关键不在于病人，而在于病人就诊的具体细节。在此之前，病人的一切都不会让你怀疑他有什么特别之处，而他确实也没有。

在威尔斯亲王医院的非典疫情暴发之后，人们将注意力放在超级传染者身上也是一个错误，正确的关注点应该是病毒传播的条件。不久之后，下一场大规模的非典疫情在香港淘大花园的一幢公寓中暴发。这次的传染者在医院接受肾衰竭治疗时被传染，他同时有严重的腹泻。不幸的是，他住的这幢公寓中的管道系统年久失修。因此，通过泄漏的下水道，病毒扩散，感染了楼里的另外 300 个人，而这些受感染者都没有住在同一个房间里。因此，无论从威尔斯亲王医院的病人特征中研究出了什么关于超级传染者的经验教训，都对淘大花园的感染事件毫无作用。在这两个案例中，所谓的超级传染者只不过是在其他更复杂的情况下偶然得到的副产品而已。[7]

如果在 1775 年 4 月 17 日的莱克星顿，里维尔和道斯互换一下路线，我们永远也无法得知会发生什么。事情的结果可能完全相同，有可能在历史上留名的就换成道斯，而不是里维尔。威尔斯亲王医院和淘大花园的疫情暴发事件是由各种各样复杂的原因造成的，与此相同，在莱克星顿的胜利则取决于数千人的决定和相互作用，更不用说其他的偶然事件了。也就是说，尽管我们总是把结果归因于少数特殊之人的作用，但我们应该记住，**这个想法的产生仅仅是因为我们希望世界以这种方式运作，而真实世界并非如此。在这个例子以及其他很多例子中，常识和历史共同产生了一种根本不存在的因果错觉。一方面，常识可以很好地做出合理解释，无论是关于特殊之人、特殊特性，还是特殊条件。另一方面，历史会有意摒弃大部分事实，只留下事情的主线来进行解释。因此，常识解释似乎告诉了我们为什么有些事情会发生，但实际上，这些解释不过是对已发生事情的描述罢了。**

正在发生的历史无法讲述

人们无法将历史事件"发生了什么"与"为什么发生"区分开，这就给想从历史中学到经验教训的人带来了严重的问题。虽然我们不清楚所发生事情的原因，但至少可以确信发生了什么。在这个过程中，历史对过去事件的文字描述应该是常识性问题。然而，俄裔英国哲学家以赛亚·柏林（Isaiah Berlin）指出，历史学家针对历史事件的描述对历史参与者来说其实毫无意义。柏林用托尔斯泰著的《战争与和平》中的一个场景阐明了这个问题：

皮埃尔·别祖霍夫（Pierre Bezukhov）在波罗底诺战场上徘徊，

寻找他认为预先布置好的什么东西，或者历史学家或画家所描绘的战争。但他找到的只有：一个人在偶然考虑到想要的东西时都会产生的困惑……总的来说，这一系列"偶然事件"的起因和结果无法追踪，更无法预测。这些松散的事件形成了不断变化的无序模式[8]。

面对这样的异议，历史学家可能会回应说，别祖霍夫只是不擅长观察战场上的各个方面，也可能缺乏实时整合细节的能力。换句话说，历史学家对待战争的观点和别祖霍夫唯一的不同之处是，历史学家有时间收集和整合来自不同参与者的信息，虽然这些参与者中没有一个人目睹了全局。因此，从这一角度来看，要理解当时发生的事情确实很难，甚至不可能做到。但这一困难完全决定于一个人收集和整合相关信息的速度。如果是这样的话，那么历史学家的回应就意味着别祖霍夫这样的人可能已经知道了理论上波罗底诺战役发生了什么，尽管他们事实上并不知道。[9]

想象一下，假如我们可以召唤出一位可以看到全部真相的人，他能实时观察到托尔斯泰描述的战役或其他事件中所有的人、物、行动、想法和意图，那么我们就可以解决上述问题。事实上，哲学家阿瑟·丹托（Arthur Danto）就曾提出过这样的假设，他称这个人为"理想记录者"（ideal chronicler，简称IC）。人们可能会问，理想记录者会观察到什么呢？首先，相比可怜的别祖霍夫，理想记录者有很多优势。他不仅可以观察到波罗底诺战场上每个士兵的一举一动，还可以观察到当时世界上发生的所有事情；而且理想记录者一直都在，他知道任何时间发生的所有事情，并能整合全部信息，甚至可以推断事情的走向。也就是说，理想记录者掌握的信息比任何历史学家都全面，信息处理能力也更强大。

　　尽管如此，理想记录者仍然存在和别祖霍夫一样的问题，他们无法像历史学家一样描述发生的事情。因为当历史学家描述过去的时候，总要用到丹托所说的"预测型叙述句"，也就是那些旨在描述某个特定时间点发生的事，却又涉及未来事情的语句。举个例子，"一年前的一个下午，鲍勃正在自家花园里栽种玫瑰"，这就是丹托所说的"正常语句"，它只是描述了当时正在发生的事情。对这个句子稍微做一下修改，就可以变成，"一年前的一个下午，鲍勃正在自家花园里栽种他的获奖玫瑰"，这就成了"预测型叙述句"，因为它隐含了一件在栽种时尚未发生的事情——鲍勃种的玫瑰获奖了。

　　这两句话的区别似乎很小，但丹托指出，只有第一类语句，即正常语句，对当时的参与者是有意义的。也就是说，鲍勃当时可能会说"我正在种玫瑰"或者"我正在种玫瑰，它们将来可能会得奖"。但如果他说"我正在种我的获奖玫瑰"，那就很奇怪了，因为在当时它们实际上尚未获奖。三个语句的不同之处在于，前两个句子对未来做出了预测——鲍勃有天可能会把自己种下的花苗送去参赛，并认为它们可能会获奖；而第三个句子假定了一个具体事件的发生，一件只有在实际发生之后才能影响当前的事情。只有当鲍勃是一位知晓未来的预言家时，他才能这么说，因为只有这时，他才能像回望过去那样谈论当下。

　　丹托认为，无所不知的理想记录者也不能使用"预测型叙述句"。因为他虽然知道现在发生的一切，也知道所有事情的起因，甚至能够推断出所有事情是如何整合在一起的，但不能预见未来，也不能根据正在发生的事情预见未来。因此，1337 年，当英法舰船在英吉利海峡发生冲突时，理想记录者知道可能会发生战争，但他不可能意识到"百年战争由此开始"。这不仅因为当时英法两国的冲突还不为人知，而且"百年战争"一词也是战争结束很久之后才被用来描述 1337—1453 年间的一系列冲突的。同样，当艾萨克·牛顿发表著作《自然哲学的数学原理》时，理想记录者可能会说这本书对天体力学做出了重大贡献，甚至可能预言它将彻底改变科学。但是，要声称牛顿为现代科学奠定了基础，或者在启蒙运动中发挥了关键作用，就不是理想记录者能做的事了。因为这些是"预测型叙述句"，只有在未来事情发生之后才能说出来。[10]

　　这听起来像语义方面的小争论。当然，即便理想记录者不能准确地使用历史学家使用的词语，他也能知道正在发生之事的本质。但事实上，丹托认为，抛开"预测型叙述句"来描述正在发生的事情是不可能的，因为"预测型叙述句"是历史解释的精髓。这就是关键所在，因为那些历史记录一般描述的只是事实，不含任何感情色彩。然而，正如柏林和丹托所言，对发生之事进行纯粹的文字描述根本无法实现。更重要的是，它们也不是为了做出历史解释，历史解释不是要重现历史事件，而是要解释其重要性；而解释重要性及其原因的唯一方法就是把发生之事看作结果。根据定义，这里的结果指的是那些最优秀的理想记录者也无法掌握的信息。因此，**正在发生的历史无法被讲述。这不仅是因为参与者太忙或者当局者迷，而且还因为正在发生之事在其含义没弄清楚之前是说不清的。**那什么时候才能弄清楚呢？事实证明，即使是这种简单的问题也会给常识解释带来麻烦。

不到最后永不结束

　　在经典影片《虎豹小霸王》(*Butch Cassidy and the Sundance Kid*) 中，布奇、圣丹斯小子和埃塔决定逃到玻利维亚去，甩开在美国惹的麻烦。布奇说，在玻利维亚，遍地都是金子。但当他们从纽约乘船，经过漫长而刺激的旅程到达玻利维亚后，迎接他们的却是一个满是猪和鸡，还有几间破石屋的脏院子。圣丹斯小子非常生气，埃塔看起来也很沮丧，但布奇乐观地说："在玻利维亚，你的钱会更值钱。"圣丹斯小子嫌弃地回答说："这里能有什么你想买的呢？"当然我们知道，对这两个可爱的银行劫匪来说，事情很快就会有好转。果然在经历了一系列好玩的不幸遭遇之后，情况变好了。但我们也知道，电影最终以悲剧收场：布奇和圣丹斯小子冲出自己的藏身之处，拔出手枪，冲进枪林弹雨中，电影最后定格在了那个深色画面上。

所以，去玻利维亚到底是不是一个正确的决定呢？直觉上看好像不是个好主意，因为它导致了布奇和圣丹斯小子最后的死亡。但现在我们知道，这种思维方式受到了渐进决定论的影响，因为我们事先知道了悲惨结局，所以故事必定以悲剧结尾。因此，为了避免这个错误，我们需要在想象中多次重演故事。比较一下，如果布奇和圣丹斯小子做出的决定不同，他们可能会遇到哪些不同的结果。但是，在这么多的历史场景中，我们应该选择哪个时间点进行比较呢？首先，离开美国似乎是一个正确的抉择，如果他们落在警察乔·勒弗斯手中，肯定必死无疑，正是因为逃离了美国才有了接下来欢快有趣的旅程。在后来的故事中，这个决定又好像很糟糕，有这么多地方可以逃，为什么偏偏选玻利维亚这个偏僻的不毛之地呢？再后来，这个决定似乎又不错，他们从小镇银行里轻松地抢来了不少钱。到故事最后，这又变成了一个坏主意，他们为自己做出的事情付出了代价。换句话说，即使给他们预见未来的能力（当然我们知道这不可能），他们可能仍会对自己的选择是否正确得出不同的结论。这取决于他们在未来的哪个时间点进行判断。那么哪个时间点才是合适的呢？

由于电影的时长有限，所以评估每件事的合适时间点显然是在电影的最后。但在现实生活中，情况可没有这么清楚。正如故事中的人物不知道何时是结尾，我们也不知道自己的生活何时会到最后一幕。即使我们知道，到了临终前的最后时刻，也很难对所有选择进行判断，无论这个选择多么微不足道。事实上，即使到那时，我们也无法确定自己取得的一切有什么意义。当阿基里斯决定去特洛伊时，他至少知道自己在用生命换取不朽的名誉。但对我们这些人来说，做出选择远没有那么明确。今天遭遇的尴尬可能是明天的宝贵经验，昨天的"大功告成"可能会变成今天的痛苦讽刺。也许我们在市场中淘到的一幅画是一件古董名画；也许一个家族企业的领导者会被曝出一些不为人知的丑闻从而一落千丈；也许我们的孩子将来会取得伟大的成就，而他们的成功正是源于我们教给他们的很多不起眼的小道理；又或许，我们会不经意间把自己的孩子推入错误的职业生涯，葬送他们获得真正幸福的机会。有些选择在我们做出时好像无关紧要，但可能有一天会变得无比重要；而有些选择虽然在目前看来非常关键，其实到后来意义并不大。因此，直到最后结果出来时，我们才可能做出判断。当然，就算到那时，我们也可能不知道对错，因为其意义并不全由我们决定。

换句话说，在生活中，很多时候"结局"不过是个实用的虚构概念。基于这个概念，我们可以一次性、彻底地评估出某个行为的后果，但在现实中，我们标记为结果的事件其实并不是真正的结局。相反，它们只是人为设定的"里程碑"，就像电影的结局只是人为的结束而已，但在现实中，故事还要继续下去。在这个过程中，我们会从不同的"结局"中得到不同的经验教训。比如，我们发现有一家公司非常成功，想要在自己的公司里效仿，那该怎么做呢？常识（或众多畅销商业图书）会建议我们研究成功的公司，找出成功的要素，然后在自己的公司中效仿这些方法和特点。但如果我告诉你，一年后这家公司市值蒸发了80%，曾经对它交口称赞的商业媒体转为讽刺漫骂，那应该怎么做呢？常识告诉我们，也许应该去寻找另一家成功的公司。但你怎么知道未来将会发生什么呢？你怎么能预测到一年之后或者两年之后这家公司的情况又是怎样的呢？

反 常 识 案 例

伟大的企业不可能永远伟大

在商业世界中，这样的问题比比皆是。比如，20世纪90年代末期，思科系统公司（Cisco Systems，一家互联网路由器和电信交换机制造商）是硅谷的明星企业、华尔街的宠儿。它成立于互联网时代的兴起之初，刚开始时还是一家名不见经传的小公司，到2000年3月，却变身为世界上最有价值的公司，市值超过5 000亿美元。如你所料，商业媒体都为之疯狂。《财富》杂志称思科系统公司为"计算机世界的新兴巨鳄"，并盛赞其首席执行官约翰·钱伯斯（John Chambers）是"信息时代的最佳CEO"。但到2001年，思科系统公司股价暴跌。2001年4月，它的股价从一年前的峰值80美元跌至14美元。原来不遗余力地称赞思科系统公司的商业媒体，开始痛斥其战略、执行力和领导力的失败。难道思科系统公司的成功都是假象吗？不然为什么后来才发现这家如此成功的公司会有这么大的缺陷？然而，没过多久，2007年年底，思科系统公司的股价又上涨了不止一倍，超过33美元。此时还是由同一位CEO领导，公司的盈利又迅速上涨了。[11]

那么，思科系统公司到底是20世纪90年代末公认的成功的大公司，还是2001年不堪一击的公司呢？或者两者都是，还是两者都不是？根据股价来看，你根本无法判断。自2007年以来，它

的股价一直在下降，在 2009 年年初金融危机最黑暗的时刻，股价
再次跌至 14 美元。而到 2010 年，又回升至 24 美元，没人知道
10 多年后思科系统公司的股价会怎样。但到那时，商业媒体可能
又会讲出别的故事来解释思科系统公司的起起落落，无论当前市
值如何，他们总能自圆其说。不幸的是，这些解释和之前的解释
存在同样的问题，即在任何时间点上，故事都没有真正"结束"。
之后总会发生一些出乎预料的事情，它们很可能会改变我们对当
前的结果以及已经解释过的结果的看法。我们每次都能完全颠覆
之前的解释，表现得好像现在就是评估结果的最佳时间，丝毫不
觉得自己的解释有任何不妥，这其实非常不可思议。但是，单
从思科系统公司的例子中就可以看出，我们无法确定现在是不
是评估的最佳时机，更不用说商业、政治或规划领域的其他例
子了。

能讲出好故事的就是赢家

换句话说，历史解释既不是因果解释，也不是真正的描述，至少不是
我们想象中的解释和描述。它们其实就是故事。历史学家约翰·刘易斯·加
迪斯（John Lewis Gaddis）曾指出，历史解释是受到某些历史事实和其他
可见证据限制的故事[12]。然而，就像好的故事一样，历史解释也会集中在
有趣的事情上，对其背后的多重原因会轻描淡写，而且忽略了所有可能发
生但其实没有发生的事情。像好故事一样，历史解释会把注意力集中在少
数事件和人物上，以增加戏剧效果，并赋予他们特殊意义。此外，历史解
释和好故事一样也是连贯的，它倾向于强调简单的线性决定论，而不是复
杂、随机和模糊的东西；最重要的是，它们都有开头、中间和结尾，在任

何时间节点上，每件事情，包括人物、事件发生的顺序，以及人物和事件的描述方式，都必须说得通。

　　好故事能够引人入胜，所以每当我们试图用科学的方法评价一个解释（基于它对数据的解释效果）时，都会忍不住用它的叙述性质去判断好坏。比如，心理学家通过一系列实验发现，比起复杂的解释，简单的解释更有可能被认为是正确的，这不是因为它解释得更全面，只是因为它简单。再比如，在一项研究中，实验对象需要为一组虚构的医学病症选出对应的解释。结果，大多数人选择了只涉及一种疾病的解释，而不是涉及两种疾病的解释，尽管两种疾病的解释在统计学上的正确率是单一疾病解释的两倍。[13] 而且矛盾的是，人们更倾向于相信增加了细节描述的解释是正确的，哪怕这些细节无关紧要，甚至会降低解释的可信度。比如，在一项著名的实验中，研究人员向学生描述了两个虚构的人，比尔和琳达，结果学生们都喜欢背景故事更详细的人物，即使细节更少的描述在逻辑上更真实。比如"比尔既是一位会计，又是一位爵士乐手"，而不是简单的"比尔是一位爵士乐手"；又比如"琳达既是一位女权主义者，也是一位银行出纳员"，而不仅仅是"琳达是一位银行出纳员"[14]。除了内容之外，那些表达巧妙的解释也比糟糕的解释更可信，即使解释本身毫无差别。此外，那些在直觉上看似合理的解释比与直觉相悖的解释更可信，尽管侦探小说家阿加莎·克里斯蒂（Agatha Christie）的小说已经告诉我们，看上去越合理的解释越有可能错得离谱。我们还发现，**当人们已经有了现成的解释时，会对自己的判断更加自信，尽管他们还不知道这个解释是否正确。**[15]

　　自然科学的解释也经常以故事的形式开头，它们也具有和故事相同的特征。[16] 但自然科学和故事的关键区别在于，在自然科学中，我们会进行实验以检验"故事"的正确性，一旦它们不合理，我们会对其进行修改，直到能讲通为止。即便在像天文学这样无法进行真正实验的自然科学领域，我们也会尽可能做些类似的实验，基于过去的观察数据建立理论，并在未来的观察中进行检验。然而，由于历史只有一次，我们无法有效地进行实验，这恰恰会将能够推断出真正的因果关系所必需的关键证据排除掉。因此，在没有实验的情况下，我们可以不受限制地讲故事，在这个过程中，我们会抛弃剩下的大部分证据，要么因为它们乏味无趣，要么就是它们不符合我们想讲的故事。因此，期望历史能遵循自然科学解释的标准不仅不现实，而且从根本上来说就是混乱的，正如柏林总结的那样，这是"要求历史与其本质相悖"。[17]

同样也是出于以上原因，专业的历史学家常常煞费苦心地强调，要全面地解释从任何一个特定环境到另一个特定环境其实都困难无比。但是，关于过去的解释一旦构建起来，就会与我们在自然科学中建立的理论有很多相似之处，所以人们很容易认为它们具有相同的概括能力，即便是最谨慎的历史学家也不例外。[18] 换句话说，当我们试图理解为什么一本书会成为畅销书时，其实是隐含地问，一本书如何才能成为畅销书，其他作者或出版商如何才能复制它的成功经验呢？当我们研究近期的房地产泡沫或"9·11"事件发生的原因时，也会不可避免地去寻找那些能在未来应用的对策，比如能用来增强国家安全性或提高金融系统稳定性的有用信息等。当我们从伊拉克的增兵事件中得出增兵促使暴力事件减少这一结论时，总是会想着再次采用同样的策略，就像后来的美国政府在阿富汗做的那样。也就是说，无论我们说自己在做什么，每当我们试图了解过去时，总是会从中学习。哲学家乔治·桑塔耶拿（George Santayana）也曾说："忘记过去的人注定会重蹈覆辙。"[19]

故事和理论的混淆触及了使用常识理解世界这一问题的核心。一方面，好像我们所做的一切就是为了去理解已经发生的事情，而另一方面，我们又把自认为学到的"经验"应用到未来的计划或政策之中。这种讲故事和构建理论之间的切换如此轻松自然，很多时候我们自己都意识不到。但这一转换忽略了两者的本质不同——它们有着不同的目标和证据标准。所以，按照好故事的标准选出高品质的解释，然后用它们来预测未来的模式或趋势，可想而知效果会有多差。但我们仍然这么做了。因此，**理解我们对过去解释的局限性，有助于阐明我们对未来能做出哪些预测。**由于预测对于计划、政策、战略、管理、市场营销，以及我们之后要讨论的所有问题来说都至关重要，所以接下来我们就来讨论关于预测的问题。

不存在的因果错觉

1. 常识和历史会共同产生一种根本不存在的因果错觉。
2. 一方面，常识可以很好地做出合理解释，无论是关于特殊之人、特殊特性，还是特殊条件。
3. 另一方面，历史会有意摒弃大部分事实，只留下事情的主线来进行解释。因此，常识解释似乎告诉了我们为什么有些事情会发生，但实际上，这些解释不过是对已发生事情的描述罢了。

EVERYTHING
IS
OBVIOUS

第二部分
反常识思维带来的三大红利

PART 2
UNCOMMON SENSE

ONCE YOU KNOW THE ANSWER

5 从常识思维到反常识思维

CHAPTER 5
The Dream of Prediction

当我们考虑未来时，总会把它想象成一条未知的独特事件链。而在现实中，这条事件链其实并不是单独存在的。未来更像是一堆可能发生的事件链的集合，每条链都有一个发生概率，我们能做到的就是估计不同事件链发生的概率。

　　人们喜欢预测，无论是关于行星的运行轨迹、股市的波动幅度，还是下一季的流行色。随便翻看任意一天的报纸，你都能找到大量预测，即便你以前从未注意到它们。从《纽约时报》的头条中随便选取一则新闻，我们就可以发现这些预测的痕迹。以某年夏季出版的关于零售趋势的新闻为例，我们发现里面关于即将到来的开学季就有不下 10 个预测。比如，文章引用了美国零售联合会（National Retail Federation）的行业组织的预测结论——有学龄儿童的家庭"今年的花费会比去年少 8%"，索博客分析公司（ShopperTrak）的预测——商店的客流量将下降 10%，一家名为客户成长伙伴（Customer Growth Partners）的零售咨询公司的总裁的总结——本季"将是多年来最惨淡的开学季"[1]。

　　以上三个预测都是根据权威消息得出的结果，而且结论明确，完全可以根据实际情况预估出其准确率。但这些预测究竟有多准确呢？说实话，我也不知道。《纽约时报》并没有就预测的准确性公布任何统计数据，提供这些预测的大多数研究公司也不会。事实上，这也是关于预测的一件怪事：我们总愿意对未来做出预测，却不愿意为自己做出的预测负责。

反常识案例

专家对未来的预测真的比普通人准确吗

20世纪80年代中期，心理学家菲利普·泰特洛克就在当时的政治专家中进行了相关研究。泰特洛克设计了一个持续了20年的测试，坚持要让政治专家用实际行动证明他们的预测。他让284位政治专家就未来可能发生的各种事件做了近百项预测，内容从某场选举的结果到两国发生武装冲突的可能性等。对每个预测，泰特洛克都要求专家从两种可能结果中确定一个自己的预测结果，并要求他们估计出预测结果发生的可能性。这就是之后泰特洛克为专家评分的依据，自信（所估可能性高）的预测在预测正确时将获得更多分数，但相应地，预测错了也会丢更多分。有了这些预测，接下来他就坐等预测的事件发生了。20年后，泰特洛克发表了研究结果。其发现非常惊人：虽然政治专家的预测表现比随机乱猜略微准确一点儿，但却连一个最简单的统计模型也比不上。更令人吃惊的是，他们在专业领域之外的预测比在专业领域之内的预测更准确一点儿[2]。

泰特洛克的结果经常被当作"专家昏庸无能"的证据，当然这有几分道理。但是，尽管专家们的预测可能不比我们其他人好到哪里去，但也不会差到哪里去。比如，在我年轻的时候，很多人都相信未来世界会拥有飞行汽车，轨道太空城市，以及无尽的自由时间。现在呢，我们在陈旧、拥挤的高速公路上开着内燃机汽车，忍受着品质不断下降的飞行服务，而且工作时间比以往都长。与此同时，网络搜索、移动电话、网上购物这些新兴事物横空出世，更是加深了对我们生活的影响。其实，就在泰特洛克开始实验时，一位名叫史蒂文·斯奈尔（Steven Schnaars）的管理学家也设法衡量了关于技术趋势预测的准确性，通过梳理大量书籍、杂志和行业报告，他记录了 20 世纪 70 年代人们做出的数百个预测，得到的结论是，大约有 80% 的预测都是错的，无论这些预测是否由专家做出。[3]

不仅专家对社会和科技长期发展趋势的预测准确性差，那些在商业领域有着丰富经验和充足干劲儿的专业人士，比如出版商、制片人和营销人员，他们在预测哪些书籍、电影或产品将成为下一个热门时，也会和政治专家预测下一场革命一样困难重重。事实上，纵观文化市场的历史，不被出版商或电影公司看好的热门之作数不胜数，比如《猫王》(Elvis)、《星球大战》(Star Wars)、《宋飞正传》(Seinfeld)、《哈利·波特》、《美国偶像》(American Idol)等。[4]再看看之前发生过的严重的商业危机，比如 1998 年美国长期资本管理公司 (Long-Term Capital Management) 溃败，2001 年安然公司 (Enron) 破产，2002 年美国世界通信公司 (WorldCom) 破产，2008 年金融系统临近崩溃；或者看看像谷歌公司或 Facebook 崛起的成功案例，我们会惊讶地发现，几乎没有人能预料到将要发生的事情。比如，即便是在 2008 年 9 月雷曼兄弟公司 (Lehman Brothers) 即将破产之际，财政部和美国联邦储备理事会的官员也没能预见到随之而来的全球信贷市场的灾难性冻结，而他们可以说是世界上消息最灵通的人了。在 20 世纪 90 年代末，谷歌创始人谢尔盖·布林 (Sergey Brin) 和拉里·佩奇 (Larry Page) 试图以 160 万美元的价格出售谷歌，幸好当时没人对此感兴趣。之后谷歌的市值超过了 1 600 亿美元，差不多是几年前他们和其他人估价的 10 万倍。[5]

这样的结果似乎说明，人类并不擅长预测，其实这个说法也不完全正确。因为在很多事件上，我们还是可以预测得很准确的。比如，我敢打赌，我能预测出新墨西哥州圣塔菲的天气状况，而且准确率能达到 80% 以上。与政治专家的糟糕预测相比，这个准确率非常不错。但预测圣塔菲天气的本事并不能让我在气象局谋职。问题在于，圣塔菲每年大约有 300 天是晴天。所以，一个人只要简单预测说"明天圣塔菲将是晴天"，准确率就能达到 80%。同样，预测美国在未来 10 年不会和加拿大开战，或者明天太阳继续从东方升起等，准确率都会极高，但不会给人们留下任何印象。也就是说，**预测的真正问题不是我们常说的擅长或不擅长做预测，而是我们很难区分哪些事情我们可以做出可靠预测，而哪些不能。**

拉普拉斯妖，无法预测复杂系统

在某种程度上，这个问题可以一直追溯到牛顿。从他的三大运动定律开始，再加上万有引力定律，牛顿不仅推导出了开普勒行星的运动定律，还推导出了潮汐时间，抛物体的运动轨迹，以及一系列令人惊叹的其他自然现象的规律。这是非凡的科学成就，也为那些难以匹配的数学规律可以用来做什么设定了一个预期。行星的运动、潮汐的时间，这些都是可以预测的神奇现象。或许除了电子的振动或光在一定距离内传播所用的时间之外，它们就是自然界中最具可预测性的现象了。但是，由于预测这些运动是科学家和数学家最初关注的问题之一，而且他们在该领域也取得了辉煌的成就，所以人们很容易认为：万事万物本来就是这样的。正如牛顿自己所说：

> 如果我们能用同样的推理方法从力学原理中推导出其他自然现象，那该多好啊！很多事情让我心生怀疑。所有现象可能都依赖于某种力量，在这种力量的作用下（其原因未知），物体的粒子要么互相吸引，并组合成规则形状，要么互相排斥。[6]

一个世纪以后，法国数学家、天文学家皮埃尔－西蒙·拉普拉斯（Pierre-Simon Laplace）将牛顿的观点推向了逻辑的极限，并声称牛顿力学将对未来（甚至是宇宙的未来）的预测简化成了计算问题。拉普拉斯设想了一个"智者"，它知道让自然运转的所有力量，也知道自然界所有事物所处的位置。对于这样的"智者"来说，没有不确定的事，未来就像过去一样呈现在它的眼前。[7]

拉普拉斯妖

Démon de Laplace

拉普拉斯妖又被称为"智者"，它知道宇宙中的一切知识，包括每个原子确切的位置和动量，能够使用牛顿定律来展现宇宙事件的整个过程、过去以及未来。

拉普拉斯设想的"智者"被命名为"拉普拉斯妖"，从那时起，它一直潜行在人类对未来看法的边缘。对哲学家来说，拉普拉斯妖是有争议的，因为它在把对未来的预测简化为一种机械练习的同时，似乎剥夺了人类的自由意志。而事实证明，哲学家的担心是没有必要的。从热力学第二定律开始，进而到量子力学，最终发展到混沌理论，拉普拉斯的机械宇宙观以及对自由意志的担心已经消失有一个多世纪了，但这并不意味着拉普拉斯妖不存在了。尽管人们对于自由意志仍然存有争议，但"适用于恰当数据的自然法则可以用来预测未来"的观点还是非常吸引人的。当然，人们从文明时代开始就一直在预测未来，但拉普拉斯妖的独特之处在于，它不依据任何魔法力量，也不依赖于自己拥有的特殊洞察力，它只依赖于原则上人人都可以掌握的科学定律。因此，之前非常神秘的预测就被引入到客观理性的现代科学领域之中。

然而，在这个过程中，拉普拉斯妖的概念模糊了两种不同过程的关键区别，为了便于论述，我将这两个过程分别称为"简单系统"和"复杂系统"。[8] 简单系统指的是，用一个模型就可以描述我们观察到的所有或大部分变化的系统。从这个意义上来讲，钟摆摆动和卫星沿轨道运转都是简单系统，尽管对其建模和预测并不容易。事实上，有些矛盾的是，科学中最复杂的模型，比如预测星际空间探测器的轨迹或定位 GPS 设备的模型，往往描述的是相对简单的过程，像控制通信卫星轨道或飞机机翼拉升这样简单的基本运动方程，学物理的高中生都可以轻易掌握。但是，由于一个好模型和一个更好的模型之间的性能可能相去甚远，因此工程师在设计卫星 GPS 系统或波音 "747" 飞机的模型时，需要考虑到各种细微的修正，所以模型最终会变得复杂很多。比如，1999 年，美国国家航空航天局的火星气候探测器（Mars Climate Orbiter）发生燃烧并在火星大气层中解体，事故发生的原因仅仅是一个简单的编程错误（使用了英制单位，而不是公制单位），它将探测器送入了距火星表面 60 公里的轨道，而不是 140 公里的轨道。探测器到达火星需要先穿越 5 000 多万公里的距离，与此相比，这个误差似乎微不足道，但对美国国家航空航天局来说，它就是辉煌的成功和惨痛的失败之间的差别。

复杂系统完全是另外一种系统。虽然目前人们对于复杂系统"复杂"的原因还没有达成一致看法，但大家普遍认为，其复杂性来源于众多相互依赖且以非线性方式相互作用的组成部分。比如，美国的经济系统是数百万人、数万家公司和政府机构的行为的总和，也是无数其他内部和外部因素相互作用的产物。因此，对经济发展轨迹的建模与对火箭运行轨迹的建模完全不同。在复杂系统中，某一部分的微小扰动会被放大，并在其他地方产生巨大影响，这也是我们在前面讨论累积优势和不可预测性时提到的"蝴蝶效应"。当复杂系统中的每个微小因素都可能以无法预测的方式被放大时，模型能够预测的也就很有限了。因此，复杂系统的模型往往非常简单，这不是因为简单模型的预测效果好，而是因为当存在巨大的误差时，细微的改进几乎不起作用。比如，对于经济学家来说，就算只是让他们的经济模型达到一个相当粗糙的精度也是很难做到的，尽管这种精度已经足以导致一个火星气候探测器被摧毁了。但是，问题不在于他们的模型不好，而是在于所有针对复杂系统的模型都很差。[9]

因此，拉普拉斯的观点有一个致命的缺陷，它只适用于简单系统。然而在现代社会中，无论是营销活动的影响、经济政策的效果，还是公司计划的结果，几乎所有的事物都属于复杂系统的范畴。当人们身处社交聚会、体育社群、商业公司、志愿者组织、市场、政党中，甚至整个社会中时，想法和行为都会受到彼此的影响。我们在第 2 章也讨论过，正是这些相互作用使得社会系统"社会化"，因为它们让群体变得不仅仅是一群人，在这个过程中，这些相互作用产生了极大的复杂性。

不确定的未来：只能预测概率，而非准确性

普遍存在于社会世界中的复杂系统非常重要，因为它严格限制了我们能做出何种预测。也就是说，在简单系统中，准确预测出实际会发生的事情是完全有可能的，比如哈雷彗星下次返回的时间，以及某颗卫星即将进入的轨道等。相比之下，对于复杂系统，我们能期望的最好结果就是，正确预测出事情发生的概率。[10]乍一看，两者很相似，但它们有着本质的区别。比如，当你抛硬币猜正反时，由于抛硬币是随机事件，所以你能做到的最好的预测就是平均有一半的概率是正面朝上。有一条规则总结道："长时间抛硬币你就会发现，正面朝上的次数占 50%，反面朝上的次数占

50%。"这完全正确，因为正面朝上和反面朝上的次数确实各占总次数的一半。但即使知道了这个规则，无论我们采取何种策略，正确预测出抛一枚硬币结果的概率最多也只能是 50%。[11]复杂系统的随机性和抛硬币的随机性不同，而且分清两者之间的区别也非常难。与前面提到的"音乐实验室"的实验一样，你可以了解音乐市场中的每个人，可以问他们很多问题，密切观察他们的所作所为，或者在他们做事时对他们进行大脑扫描，但你能做到的最好的预测仍然是某首歌在某个虚拟"世界"中走红的概率，虽然有些歌曲的平均胜率更大。**在任何一个特定的"世界"中，人与人之间的相互作用放大了微小的随机波动，从而产生了无法预测的结果。**

为了理解这种不可预测性有多么棘手，我们可以先看看另一个人们喜欢预测的复杂系统的例子——天气。至少在不久的将来，一般来说是未来48 小时内，天气预测实际上是相当准确的，或者像预报员说的那样非常"可靠"。也就是说，天气预报说有 60% 的可能性会下雨的那些天中，确实有 60% 的日子下雨了。[12]那么，为什么人们还会抱怨天气预报不准确呢？原因并不在于预报不可靠（它们其实很可靠），而在于我们想要的是准确性。我们不想知道明天 60% 会是什么天气，而是想知道明天到底下不下雨。因此，当我们听到"明天有 60% 的降雨概率"时，就自然而然地理解为明天很可能会下雨；而当我们听从天气预报的意见带了伞去上班，结果却没有下雨时，我们就会认为，天气预报是在胡说八道。

即使是像抛硬币或天气预报这样重复发生的事情，预测其发生的概率都是非常困难的，而对于战争爆发，总统选举，甚至你会被哪所大学录取这种只发生一次的事情来说，其概率就更难预测了。比如，如果在奥巴马赢得 2008 年总统大选的前一天，我们说他有 90% 的获胜概率，这意味着什么呢？是说他在 10 次选举中会获胜 9 次吗？显然不是，因为选举只有一次，而且任何重复（比如下次参选）都不同于连续抛硬币的重复。那可以把 90% 看成赌博的赔率吗？也就是说，如果奥巴马当选，想要赢得 10 美元，我就必须下注 9 美元，如果他落选，只需下注 1 美元就能赢得 10 美元吗？但是，这个赌博也只能进行一次，我们如何确定"正确"的赔率是多少呢？不知道这个问题的答案的不仅你一个人，甚至连数学家也在争论给单一事件指定一个概率的含义是什么。[13] 因此，如果他们也不知道"明天下雨的概率是 60%"这句话是什么意思，那我们外行人不知道也就不足为奇了。

当我们尝试用概率来思考未来可能发生的事件时，会遇到这样的困难，我们会偏好于那些对已知结果的解释，而忽略其他可能性。第 4 章也讨论过这点，当我们回顾过去时，看到的只是发生的一系列事情，比如昨天下雨了，2008 年奥巴马当选为美国总统等。在某种程度上，我们其实也明白，如果重来一次，这些事情可能会有所不同。但无论我们如何提醒自己，它实际已经发生了。不是 40% 或 60% 的可能性会发生，而是 100%发生了。因此，当我们考虑未来时，最关心的还是实际将要发生的事情。为了实现预测，我们可能会考虑一系列可能出现的未来，也许我们还会进一步确定其中的一些是不是最有可能发生。但最终只会出现一种未来，所以我们想知道究竟是哪一种。

人们对过去的看法与对未来的看法之间的关系，可以用图 5-1 表示，该图显示的是一家虚构的公司的股价随时间变化的趋势。从现在往前，我们可以看到股票的历史价格（实线部分），它呈现出一条独特的曲线。而对于未来，我们只能预测出股价落入一定范围内的概率。我在雅虎公司的同事戴维·彭诺克（David Pennock）和丹·里维斯（Dan Reeves）开发出了这样一种应用程序，可以通过挖掘股票期权价格的数据来生成类似图片。由于期权的价值取决于股票价格，所以现在交易的各种期权的价格可以解释为对期权到期日那天的股票价格的预测。更确切地说，人们可以使用期权价格来推断各种"概率包络"（probability envelope），就像图中显示的那样。例如，内侧包络线显示，股价在这个范围的概率是20%，外侧包络线则表示股价在该范围内的概率是60%。

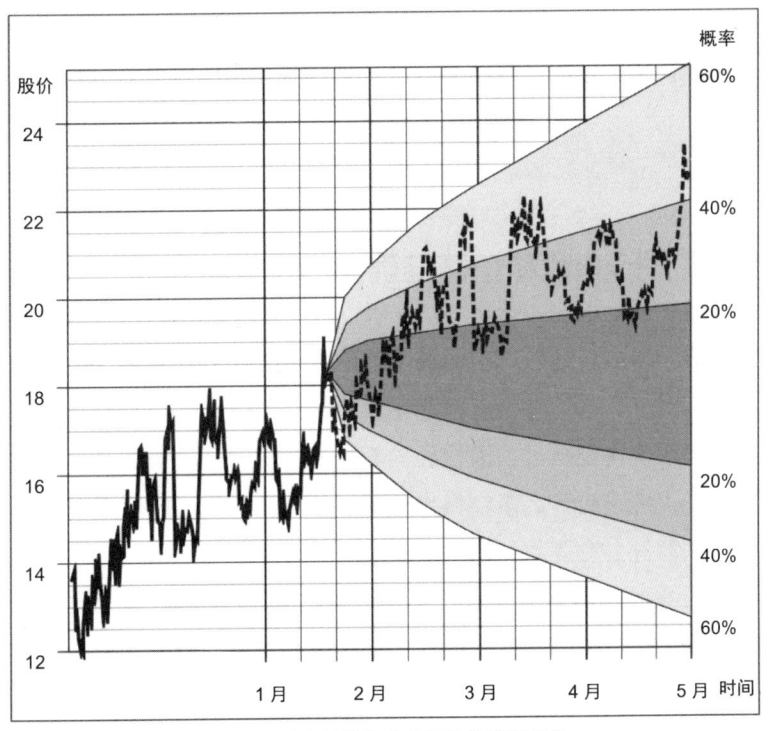

图 5-1　历史股价与未来股价的发展趋势

过一段时间，股票价格会确定下来，到那时，包络线界定的概率阴影部分将被单一确定的价格取代，就如同我们现在看到的历史股价（实线）。知道了这些，我们紧接着就会设想，这个未来曲线（虚线）大概已经确定了（实际上并没有发生），但这一步其实是错的。在股票价格真正确定之前，我们只能预测未来股价在某个范围内的概率，这并不是因为它确实会落在这个范围，我们只是不确定具体价格，而是因为严格来讲，未来股价只能以一系列概率的形式存在。也就是说，**不确定未来和未来本身的不确定性两者之间是有区别的。**前者只是缺少信息，即我们不知道的内容，而后者则意味着信息本来就是不可知的。前者是拉普拉斯妖的有序世界，只要我们足够努力、足够聪明，就可以预测未来；而后者本质上是一个随机的世界，我们能期望的最好结果就是，把对各种结果的预测用概率形式表示出来。

做重要事件的预测和预测准确同样重要

预测结果和预测结果产生的概率之间有着本质的区别，这一区别可能会改变我们对于自己能够做出何种预测的看法。此外，还有一个更违背直觉的问题也源于我们从过去汲取经验教训的方式，这个问题是，**我们无法知道自己首先应该对什么事情做出预测。**说实话，我们随时都可以做出无数预测，就像过去有无数"发生的事情"一样。但是，对于已经发生的大部分事情，我们其实并不关心，同样，我们也并不在意所有潜在的预测。我们关心的只是极少数预测，那些如果能够预测正确就能改变某些事情的预测。如果美国航空管理局的官员预测出将有恐怖分子持刀劫持飞机，意图撞向世贸中心和五角大楼，那么他们就能采取预防措施，比如加固驾驶舱舱门、加强机场安检等，从而避免这一威胁。同样，如果一个投资者在20世纪90年代末就知道一家叫谷歌的小创业公司有一天会发展为互联网巨头，他就可以通过投资谷歌大赚一笔了。

　　回顾历史，我们总会感叹本该有能力预测到类似事件的，不过"后见之明"不仅会告诉我们过去所预测的结果，也会让我们知道应该做什么样的预测。比如，1963 年 11 月，人们怎么会知道在肯尼迪总统访问达拉斯期间应该注意狙击手，而不是食物中毒呢？"9·11"事件之前，人们怎么会知道防止飞机被劫持的关键是加固驾驶舱门而不是设置炸弹嗅探犬呢？或者人们又怎么会知道美国的主要恐怖威胁是飞机劫持而不是地铁里的脏弹或神经毒气呢？20 世纪 90 年代末以前，人们怎么会知道搜索引擎可以从广告而不是其他商业模式中赚钱呢？

　　实际上，这些问题是丹托对于历史的看法（只有在事情发生之后才能知道哪些因素与事情相关）的对立面。也就是说，我们最想做的那些预测要求我们，首先确定哪些是与未来可能发生的所有事情相关的因素，然后就开始注意它们。看上去我们应该能做到这一点，就像丹托的理想记录者能预测到将要发生的事情一样。但是，如果我们试图对所有可能发生的事情进行预测，就会立刻淹没在各种可能性中。我们应该担心垃圾车今晚什么时候出来吗？可能不应该。但是，如果我的狗正好在那时挣脱了绳子跑到了街上，就会希望出门之前知道垃圾车什么时候来。我们应该去预测计划乘坐的航班是否会被取消吗？同样可能不需要。但是，如果我们碰巧坐上了另一趟之后会坠毁的航班，或者我们恰好坐在了未来婚姻伴侣的身边，那么预测航班是否会取消就非常重要了。

　　这个相关性问题是最基本的，它不能通过简单利用更多信息或更智能的算法来解决。比如，在一本关于预测的书中，政治学家、"预言家"布鲁斯·布恩诺·德·梅斯奎塔（Bruce Bueno de Mesquita）曾盛赞了博弈论在预测复杂政治谈判结果中的良好表现[14]。复杂系统本身具有不可预测性，因此他的计算机模型其实不太可能如他所说的那么准。这个问题暂且不谈，让我们来看看另一个更大的问题，即便这些计算机模型的预测效果较好，那它们能预测什么呢？例如，梅斯奎塔声称，这些模型曾成功预测出 1993 年以色列会与当时的巴勒斯坦解放组织签订《奥斯陆协议》（Oslo Accords）。在那时，这似乎已经是一个了不起的成绩了。但是，算法没有预料到的是，《奥斯陆协议》实际上只是一个幻影，一个短暂的希望，之后这个希望很快破灭了。也就是说，从我们现在对后续事件的了解中可以知道，奥斯陆谈判的结果显然不是最初的预测结果中最重要的那个。

梅斯奎塔可能会说，他的模型并不是用来做这种预测的。这正是关键所在：**做正确的预测和预测准确同样重要**。回顾过去，我们并不会希望自己能预测出 1999 年谷歌将在搜索引擎市场中占有多少份额，或者在第二次海湾战争中，美军士兵将需要多少天到达巴格达。虽然这些确实是我们当时想过要做的有用预测，但又认为它们的对错根本无关紧要。不过，我们事后又希望，要是自己能在谷歌首次公开募股那天预测出它的股价将在几年内超过 500 美元，那该多好啊，这样我们就能通过投资谷歌发财致富了。

当我们进行更普通的预测时，也会遇到同样的问题，比如，预测消费者如何对某种颜色或设计做出反应；预测如果医生是根据患者的治疗效果获得报酬，而不是所开处方的数量和费用的话，他们是否会花更多时间来研究预防护理等。这些问题与预测下一家巨头公司或下一场战争相比，似乎没有那么棘手。但只要想到我们会关心这些预测的原因，就会马上开始预测这些预测会产生的影响。比如，我们之所以关心客户对颜色的反应，不是因为我们关心反应本身，而是因为我们认为颜色是产品成功的关键因素。同样地，我们之所以关心医生对激励的反应，是因为我们希望控制医疗成本，并最终设计出一个系统，能为每个人提供负担得起的医疗保健服务，而又不会导致国家经济的崩溃。如果我们的预测不能以某种方式产生一些更重要的结果，那么这个预测对我们来说就没有什么价值，或很难引起我们的兴趣。因此，再次重申，我们关心的是重要的事件，而正是这些对未来举足轻重、意义非凡的预测，给我们带来了最大的困难。

"黑天鹅"事件根本不能预测

在预测重要事件这个问题上，前金融衍生品交易员纳西姆·塔勒布（Nassim Taleb）所说的"黑天鹅"事件（black swan event）尤为重要。所谓"黑天鹅"事件就是那些很少发生却会产生重大影响力的事件，比如发明印刷机、攻占巴士底狱、世贸中心受袭等。[15] 那么，是什么让一件事成为"黑天鹅"事件的呢？这正是让人困惑的地方。我们在谈论各种事件时，往往会把它们看作彼此独立的不同事件，并会赋予它们不同的重要程度，就像我们在描述地震、雪崩、风暴这样的自然事件时，会根据其等级确定严重程度一样。事实证明，很多自然事件的等级并不服从正态分布，它们的分布严重失调，而且跨度极广。人的身高是大致服从正态分布的——美国男性的平均身高约为 1.75 米，所以以多数美国男性的身高就在 1.75 米上下，同时，我们基本上看不到身高为 0.6 米的美国男性。相比而言，地震、雪崩、风暴以及森林火灾等自然事件，都呈现出重尾分布特征，也就是说，大多数事件的影响相对较小，很少引起注意，而少数事件的影响会极其重大。

这很容易让人认为，历史事件也会遵循重尾分布，而分布的尾部就是塔勒布所说的"黑天鹅"事件。但是，社会学家威廉·休厄尔（William Sewell）曾指出，历史事件比其他事件更"大"，这个"大"不仅是像"一些飓风比普通飓风更大"一样。在历史意义上可以引发更广泛的社会变革，这正是这些"大"事件的重要之处。为了说明这一点，休厄尔重新审视了1789年7月14日的巴士底狱风波，这一事件看上去肯定满足塔勒布对"黑天鹅"事件的定义。但是，休厄尔指出，这个事件不仅仅指7月14日在巴黎发生的一系列事情，还包括7月14日至7月23日期间发生的事件：路易十六努力控制巴黎的起义，凡尔赛的国民议会则在讨论是应该谴责暴力，还是应该接受它，并将其视为人民意愿的表达。直到国民议会彰显出巨大的权力，国王才懊悔不已，从城郊撤回军队并前往巴黎，这之后，攻占巴士底狱才在历史意义上成为一个"事件"。事实上，事件到此还没有结束，因为我们关心巴士底狱事件的唯一原因是法国大革命的爆发，以及它带来的从"君权神授""权力与生俱来"到"天赋人权""权利在民"的观念的转变。所以这一事件持续的时间不只是到7月23日，还包括之后引发的一系列影响，比如接下来一星期各省出现的大规模恐慌，以及8月4日整晚召开的那场著名立法会议（会议废除了旧政权的整个社会和政治秩序）等。[16]

　　也就是说，对于攻占巴士底狱这样的"黑天鹅"事件，你解释得越多，对事件本身的界定范围就会越广。不仅政治事件是这样，计算机、互联网、激光这样的"技术黑天鹅"事件也是如此。互联网应该是只"黑天鹅"吧，但这意味着什么呢？这意味着分组交换网络的发明是"黑天鹅"事件吗？还是"黑天鹅"事件指的是原始网络发展壮大，最终形成了阿帕网（APRANET，之后被称为互联网）呢？它仅包括物理基础设施的发展吗？在其基础上，网络、IP语音等其他技术创新才得以实现？还是说，这些技术反过来催生了新的商业和社交模式呢？或是这些发展最终改变了我们发现信息、分享观点以及表达个性的方式？想必，是所有这些发展结合在一起才使互联网成了"黑天鹅"事件。但这样说来，互联网根本就不是一件事情，而是整个历史时期以及其中产生的所有相关技术、经济和社会变革的缩影。

那些被认为是"黑天鹅"的自然事件也是如此。比如，卡特丽娜飓风是一场巨大的风暴，但它并不是我们见过的最大的风暴，甚至不是那个夏天最大的风暴。所以，使它成为"黑天鹅"事件的并不是风暴本身，而是后续引发的事件：堤坝崩溃，城市大范围地区洪水泛滥，应急响应迟缓无效，成千上万的居民遭受了不必要的痛苦和羞辱，超过 1 800 人死亡，数十万人被疏散，很多被疏散者不能返家，人口大量流失对新奥尔良市的经济产生了严重影响；巨大的灾难加上行政无能，以及权贵特权阶级对弱者的漠视，这些都给公众留下了心理阴影。换句话说，当我们把卡特丽娜飓风当作一个"黑天鹅"事件来讨论时，关心的不是飓风本身，而是围绕它产生的所有复杂事件，以及由此引发的一系列复杂的社会、文化和政治影响，即那些仍在发挥作用的影响。

因此，预测"黑天鹅"事件与预测飞机失事或失业率变化等事件是完全不同的。针对后一类事件，我们不太可能准确地预测到会发生哪种结果，因此我们不得不去预测各个结果产生的概率而不是结果本身，但至少可以提前知道想要预测的是什么。相比之下，一些事件只有在事后回顾时才能被确定为"黑天鹅"事件，因为只有到那时我们才能将所有历史因素整合进行分析。换句话说，**预测"黑天鹅"事件不仅需要我们预测未来的结果，还需要预测到这些结果可能带来的影响，因为只有这样，我们才知道该事件的重要性**。就像第 4 章丹托举的例子一样，鲍勃在玫瑰花真正获奖之前就将其描述为"获奖的玫瑰花"，这种预测其实并不是预测，而是一种预言，它不仅能预见未来会发生什么，还能预见所发生事件的意义。[17]

一旦我们知道了"黑天鹅"事件的存在，就会忍不住想，如果我们能提前预测到它们就好了。第 4 章我们讲过，对过去的常识解释混淆了故事和理论的区别，同样，关于未来的常识也往往会将预测和预言混为一谈。

当我们回顾过去时，看到的只是已经发生的事情，却没有看到所有可能发生却没有发生的事情。因此，这就导致我们总是误认为依次发生的事件具有因果关系。相应地，当我们考虑未来时，总会把它想象成一条未知的独特事件链。而在现实中，这条事件链其实并不是单独存在的。未来更像是一堆可能发生的事件链的集合，每条链都有发生的概率，我们能做到的就是估计不同事件链发生的概率。但是我们知道，在未来的某个时刻，所有这些概率都会聚集到一条链上，所以我们自然想把注意力集中在这条真正重要的事件链上。

当我们回顾过去时，不会对已经发生事件的含义感到困惑，也能轻松地看出哪些是重要的事件。独一无二的过去让我们认为未来也是唯一的，类似地，重要性清晰明了的过往事件也使我们认为自己可以预测出未来的重要事件。然而，这些常识性观点忽略了，这种对过去的看法也是"百家争鸣"的结果，不仅有专业的历史学家，还有记者、专家、政治领袖和其他舆论制造者，他们都只是解释了"发生的事情"。只有故事完成且各家说法达成一致后，我们才能知道相关事件是什么，或者哪个相关事件最为重要。因此，**预测事件的重要性不仅需要预测事件本身，还要预测那些使它们具有意义的社会过程的结果。**

常识思维无法帮助我们应对复杂世界

如果你只是为了处理日常事务，那么以上困惑不会给你带来任何严重的影响。就像我之前说的，常识特别适用于处理某些特定情况。因为我们日常的决策可以分成很多部分，每一部分都可以单独处理，所以即使规则、事实、观点、信念和常识所依赖的直觉融为一体也不要紧。虽然常识推理会使我们认为自己已经理解了某件事的起因，但实际上我们只是在描述它而已，或者常识推理会使我们觉得自己可以做出预测，但实际上并不能。不过出于同样的原因，这些也无关紧要。等到未来真正到来时，我们已经忘了自己之前做出的大部分预测，自然也不会因为大多数预测不准确或不相关而感到烦恼。当我们抽出时间理解所发生的事情时，历史已经把大部分麻烦事掩盖了起来，这就给我们腾出不少精力来讲述剩下的故事。这样一来，我们就能从这一天跳到那一天，从这个观察结果跳到那个观察结果，不断用我们想出的条理清晰的解释代替混乱的现实。对于日常生活来说，这已经足够好了，因为这些不可避免的错误往往不会产生什么严重后果。

但是，当我们依靠常识去规划政府政策、公司战略或营销活动时，这些错误就开始产生严重的后果了。就其本质而言，外交政策或经济发展计划会在很长一段时间里影响大量的人，因此需要在很多不同的具体情况中统一协调。同样地，从本质上来看，市场营销活动或公共卫生计划是否生效，取决于我们能否有效地将因果事件联系起来，因此也需要我们把科学解释和单纯的叙事区分开来。从本质上来看，公司或政党的战略计划必然会对未来做出预测，因此我们就需要将那些可以预测的事情和不能预测的事情区分开来。最终，所有这些计划通常都会产生巨大影响，无论是在经济方面、政治方面，还是社会方面。因此，值得一问的是，是否存在更好的、反常识的方式来制订这些计划呢？在接下来的章节中，我们就会讨论反常识方法的三大红利，以及它对预测、计划、社会公正，甚至社会科学研究的影响。

如何识别简单系统与复杂系统

1. 简单系统：指的是用一个模型就可以描述我们观察到的所有或大部分变化的系统。从这个意义上讲，钟摆摆动和卫星沿轨运行都是简单系统，尽管对其建模和预测不一定是一件容易事。

2. 复杂系统：复杂性来源于众多相互依赖且以非线性方式相互作用的组成部分。因此，对经济发展轨迹的建模与对火箭运行轨迹的建模完全不同。

3. 在复杂系统中，某一部分的微小扰动会被放大，并在其他地方产生巨大影响，这也是前面讨论累积优势和不可预测性时提到的混沌理论中的"蝴蝶效应"。当复杂系统中的每个微小因素都可能以无法预测的方式被放大时，模型能够预测的也就很有限了。因此，复杂系统的模型往往非常简单。

4. 复杂模型很简单，不是因为简单模型的预测效果好，而是因为在巨大误差面前，细微的改进几乎毫无作用。

6 常识让你先预测，但你应该快速反应

战略失败的主要原因不是战略不好，而在于"正确"的战略碰巧出错了。

上一章告诉我们，常识让我们认为自己应该能够做出很多预测，但实际上我们并不能。原因有二：第一，常识告诉我们，在所有可预测的未来中，只有一个会真正实现，因此我们自然想要对这个未来做出准确的预测。而在构成我们社会和经济生活的大部分复杂系统中，人们最多只能可靠地预测出某些事件发生的概率。第二，常识还要求我们忽略那些无关紧要的无趣预测（尽管我们一直在做这些预测），专注于那些真正重要的结果。但实际上，即使在理论层面，我们也无法预测出未来的哪些事件会成为重要事件。更糟糕的是，我们最想提前预测的那些"黑天鹅"事件，其实也并不是真正的事件，而是对整段历史的简略描述，比如"法国大革命""互联网""卡特丽娜飓风""全球金融危机"等。所以，预测"黑天鹅"事件肯定是没戏了，因为在历史呈现出来之前，我们根本无从得知描述它的相关词语是什么。

这个结论似乎给了我们当头一棒，因为我们不是想预测什么就能预测什么，但这并不意味着我们什么也无法预测。很多扑克牌高手都知道，通过数牌并不能准确地估算出下一张牌是什么，但如果你比对手更懂赔率，那么下注时就会更明智，而且赢多输少，仍然可以赚到很多钱。[1] 所以，即使对于那些确实没把握的预测结果，知道可能发生的结果有哪些也是有用的，因为它能帮助我们随机应变。那么，我们能预测什么呢？如何才能尽可能地预测准确呢？既然有些预测根本不可能做出，那我们应该如何改变自己在政治规划、商业、政策、市场营销或管理方面的思考方式呢？这些问题似乎与我们每天面对的各类难题相去甚远，但它们会通过影响我们所在的公司，影响整个经济发展，或者通过影响我们每天在报纸上看到的问题，从而影响每个人。

我们能预测的，往往是模式固定的事件

简单来说，在复杂社会系统中发生的事件可以分为两类，一类是符合某种稳定历史模式的事件，另一类则是不符合稳定历史模式的事件，而我们只能对第一类事件做出可靠的预测。在第 5 章中我们也说过，即使对于可预测的第一类事件，我们也无法预测到任何特定的结果，这比预测掷骰子的结果准确不到哪里去。但只要我们能收集到足够多的历史数据，就可以较为准确地预测出事件发生的概率，对我们来说，这就已经足够了。

比如，每年我们都可能不幸感染流感，而人们能预测得最准确的就是每个季度的患病率。由于流感患者人数众多，且季节性流感的发病趋势每年都相对一致，所以制药公司可以较好地预测出每个月需要往各个地区运送多少流感疫苗。另外，财务状况相同的消费者，其信用卡欠款逾期的概率可能大不相同，这取决于他们当前的生活状况，但信用卡公司可以通过关注一系列社会经济、人口和行为变化，准确地预测出总体违约率。互联网公司也在越来越多地利用用户浏览网页产生的海量数据，来预测某个用户点击某个搜索结果，积极回应某个新闻故事，或受特定推荐影响的概率。政治学家伊恩·艾瑞斯（Ian Ayres）在《超级数字天才》（*Super Crunchers*）一书中写道："在金融、医疗服务和电子商务等数据高度密集型行业中，这种类型的预测越来越多。因为在这些行业中，基于数据的预

测收益通常不大，但这些收益可以通过数百万甚至数亿个微小决策（这种情况每天都会发生）累积起来，最终产生巨大收益。"[2]

这种模式目前看来还不错。但还有很多商业领域，以及在制定政策和制度时需要做出的预测并不符合这种"超级计算"模式。比如，当一位图书出版商决定给一位作者支付预付金时，他就要预测该作者的书在未来的销售情况，书将来卖得越多，作者获得的版税就越多，出版商为了防止作者和其他出版商签约，也会支付更多的预付金。但如果出版商高估了这本书的销量，就会造成对作者的超额支付，这样作者会获利，出版商则会赔钱。同样，当一家电影公司决定拍一部电影时，也要预测这部电影未来的票房收入情况，从而预测出它值得投入多少制作和营销费用。再比如，当一家制药公司决定进行一种新药的临床实验时，它必须斥资对实验成功的概率和新药的市场份额进行预测。

由此可见，这些行业都依赖于预测，但这些预测要比预测当年冬天北美流感病例的数量，或者预测某个用户点击某个在线广告的概率要复杂得多。当出版商为一本书支付预付金时，距离该书出版可能还要一两年，所以出版商不仅要预测这本书的内容是否优质，还要预测这本书出版后的市场反应和评价，以及其他相关因素。同样，关于电影、新型药品和其他商业或开发项目的预测，实际上也需要持续数月或数年长的复杂多元的过程。更糟糕的是，决策者每年能做出的此类决策并不多，因此他们无法通过大量预测的平均值来消除不确定性。

尽管如此，在以上例子中，决策者至少有一些历史数据可供参考。比如，出版商可以借鉴过去同类书籍的销售情况，电影公司也可以参考之前同类电影的票房收入、DVD销量和销售利润。同样，制药公司可以评估同类药物进入市场的成功率，营销人员可以参考同类产品的成功案例，杂志出版商可以参考往期有相似封面故事的杂志在报刊亭的销售情况等。除此之外，决策者还可以通过一些方式获得很多其他数据，包括市场调研、项目内部评估，以及对行业情况的整体了解等。因此，只要在项目立项和启动期间，情况没有什么大的变动，决策者仍然有可能做出可靠的预测。那他们应该怎么做出这些预测呢？

市场、民调和模型，效果无差的预测方式

一种日渐流行的方法是利用"预测市场"的方式做出预测。在这种市场中，买卖双方交易的是一种专门设计的证券，该证券的价格与某一结果发生的预测概率相对应。比如，在 2008 年美国总统大选的前一天，投资者可以花 0.92 美元在艾奥瓦电子交易市场（历史最悠久、最著名的预测市场之一）购买一份合约，如果奥巴马获胜，投资者将赢得 1 美元。由此看来，预测市场中参与者的行为和金融市场中的某些现象很相似，都根据报价参与买卖。不同的是，在预测市场中，价格是对某件事情结果的预测，比如在上面的例子中，大选前夕艾奥瓦电子交易市场预测奥巴马获胜的概率就是 92%。

在做这样的预测时，预测市场利用了一种现象，即《纽约客》杂志专栏作家詹姆斯·索罗维基（James Surowiecki）所称的"群体智慧"（wisdom of crowds）。这一概念指的是，虽然个体在预测上经常容易出错，但把大量预测结果平均之后，此类错误就可以被抵消。因此，从某种意义上来说，预测市场比组成它的参与者更"聪明"。许多预测市场也会要求参与者用真钱下注，这样一来，比起不了解此领域的人来说，对某一领域有所了解

的人更有可能参与其中。预测市场这一特性的强大之处在于，谁拥有相关的市场信息并不重要，无论是一位专家，还是很多位非专家，或者两者都有，理论上来讲，市场可以根据每个人下注的比例，将他们的观点全部纳入其中。事实上，没有人能一直赢过设计合理的预测市场。原因在于，如果有人能赢过市场，他们就会产生从中赚钱的动机，但在市场中，这一赚钱的举动马上就会导致价格的波动，从而将新信息纳入其中。[3]

预测市场利用群体智慧的潜力已经引起了经济学家和政策制定者的极大兴趣。举例来说，如果在 2010 年 4 月英国石油公司发生漏油事故之前，就有预测市场的活动着手预测墨西哥湾深海石油钻探发生事故的可能性，那么像英国石油公司工程师这样的内部人士就可能参与其中，将公司正面临的风险公之于众。届时，监管机构就可能会对这些风险进行更准确的评估，并有可能在事故发生前就对石油业采取严厉的管控措施，这样或许就能避免漏油事故的发生。这些都是预测市场支持者的观点，不难看出为什么他们对预测市场这么感兴趣了吧。实际上，近年来预测市场已经涉足很多领域的预测，包括新产品的成功概率、新上映电影的票房收入，以及体育赛事的结果等。

然而事实上，预测市场比理论上要复杂得多。比如，在 2008 年总统大选期间，一家广受欢迎的预测市场 Intrade 就经历了一系列奇怪的波动。当时一名匿名交易者在参选者约翰·麦凯恩（John McCain）身上押下重注，这一举动致使市场对麦凯恩获胜的预测概率大幅飙升。没有人知道幕后下注者是谁，有人怀疑是麦凯恩的支持者，甚至可能是其竞选团队中的一员，他试图通过操纵预测市场的价格，从而制造出"有可靠的选举预测者认为麦凯恩会当选"的假象，希望这个预言得以实现。但最终他没有成功，其他交易者迅速扭转了这一趋势，这一神秘交易者也以赔钱告终。由此来看，市场基本还是按预期正常运行的。

　　然而，这一事件也暴露出预测理论的一个潜在弱点，即假设理性的交易者不会故意输钱，但当有参与者想要操纵预测市场之外的人（比如媒体）的看法，而且涉及金额相对较小（如几万美元，相比于电视广告数千万美元的花费较小）时，那么他们可能不会在乎赔钱。在这种情况下，预测市场传递出来的信息就不那么明了了。[4]

　　类似这样的问题让有些怀疑论者声称，预测市场并不一定优于其他在实践中更难操控的简单方法，比如民意调查。但由于很少有人对不同方法之间的相对效果进行比较，所以人们对此也知之甚少。[5]为了解决这个问题，我和雅虎研究院的同事就美式橄榄球联盟（NFL）的比赛结果，对几种不同的预测方法进行了系统的比较。

　　首先，我们对2008赛季的每场比赛（共14～16场比赛，每周末一场）做了民意调查，受访者需要回答预测主队获胜的概率，以及他们对自己所做预测的把握。我们还从 Probability Sports 网站上收集了类似的数据，该网站是一家赛事竞猜网站，参与者通过预测体育赛事的结果有可能获得现金奖励。

　　然后，我们将这两项调查的结果与拉斯维加斯的体育博彩市场（历史最悠久、最受欢迎的博彩市场之一）和另一个预测市场 Trade Sports 做了比较。

　　最后，我们将民意调查和预测市场的结果与两个简单的统计模型的结果进行了比较。第一个模型只取决于主队获胜的历史概率——58%，该模型就预测主队有58%的概率获胜，第二种模型考虑了两支球队最近的胜负情况。这样我们就建立了不同的预测方法——两个民意调查、两个预测市场和两个统计模型之间的六方比较。[6]

　　虽然这些方法各不相同，但我们惊讶地发现，它们的效果都差不多。公平地来说，两个预测市场的表现稍好于其他方法，这也符合上面的理论论证。但表现最好的预测方法（拉斯维加斯博彩市场）只比最差的方法（总是预测主队有 58% 胜率的统计模型）精确了 3 个百分点。其他方法的表现则介于这两者之间。事实上，考虑最近输赢情况的模型和拉斯维加斯预测市场的结果也非常接近。如果你用这两种方法来预测球队之间的实际分差，它们之间的平均误差将相差不到 0.1 分。但如果你用这两种不同的预测方法就数百场或数千场比赛的结果来押注，那么这些微小的差别可能就是赚钱和赔钱的区别了。但令人吃惊的是，在预测市场中，数千人投入了大量时间利用任何有用的信息分析即将到来的比赛，他们的集体智慧却只比利用历史平均获胜率的简单统计模型好一丁点儿。

　　当我们把这个结果告诉预测市场的研究人员时，他们认为是美式橄榄球的一些特点导致了这一结果。他们认为，美式橄榄球联盟有很多诸如薪资上限、选秀权这样的规则，这些规则可以让球队之间尽可能地保持平衡。当然橄榄球比赛的结果也可能取决于很小的随机行为。比如外接手在全速跑过球门线的瞬间，接住四分卫传来的绝杀，在最后几秒赢得比赛。也就是说，橄榄球比赛中有很多随机性，而这正是人们为之兴奋的原因。这可能也没什么好惊讶的，毕竟这些都是权威人士每周用来炮轰球迷的无用预测和分析（可能那些权威人士会感到惊讶）。为了证实这一结论，预测市场的研究人员坚持要我们在其他信噪比高于橄榄球赛事的领域找到相同结果。

　　好吧，那棒球呢？棒球球迷们对比赛的每个细节都有着近乎狂热的关注，无论是安打率还是投手轮值，只要是可衡量的因素他们都不会放过。一个专门分析棒球统计数据的研究方式——赛伯计量学（Sabermetrics）由此诞生，它还衍生出了自己的期刊《棒球研究期刊》（*Baseball Research Journal*）。因此，有人可能认为，比起橄榄球的预测市场，棒球的预测市场更能充分地考虑各方面的信息，所以它的表现应该远远好过统计模型吧，但其实并非如此。我们针对美国职业棒球大联盟 1999—2006 年的近两万场比赛，对比了拉斯维加斯体育博彩市场的预测结果与基于主队获胜率和最近胜负情况的简单统计模型的结果。这一次两者的差距更小了，事实上，预测市场和统计模型的表现基本没有差别。也就是说，尽管棒球领域有充足的统计分析数据，没有薪资上限，也有纽约洋基队和波士顿红袜队等巨星球员云集的球队，但棒球比赛的结果比起橄榄球比赛来说甚至更接近随机事件。

此后，我们在运用预测市场的方式预测其他事件的情况中也发现了同样的结果，比如预测电影首周票房收入和总统大选的结果等。这些事件与体育赛事不同，它们没有任何旨在提升竞争的规则或条件，预测市场还可以利用事件的很多相关信息来提升自己的预测表现，使其准确率远远超过简单统计模型或针对相对不知情之人进行的民意调查。然而，当我们将以预测准确而闻名的好莱坞股票交易所（Hollywood Stock Exchange，最受欢迎的预测市场之一）和简单的统计模型进行比较时，却发现前者的表现只是略微好一点儿。[7] 在另一项对 1988—2004 年期间 5 次美国总统大选的结果的研究中，政治学家罗伯特·埃里克森（Robert Erikson）和克里斯托弗·沃里茨恩（Christopher Wlezien）发现，经过简单的统计修正，普通民意调查的预测表现甚至超过了被大肆吹捧的艾奥瓦电子交易市场。[8]

学会对自己的预测进行跟踪记录

为什么不同方法之间的结果如此相似？我们也不清楚，但我们怀疑是预测时产生的意想不到的副作用在作祟。一方面，当涉及复杂系统时，无论是体育比赛、选举，还是电影的票房收入，未来事件的预测准确率都会受到严格的限制；而另一方面，人们似乎可以利用相对简单的方法使其准确率接近可能达到的极限。打个比方说，如果你有一个加重的骰子，掷过几十次后，就会知道哪些面朝上的概率较大，之后再去下注的话胜率就会大一些。除此之外，你还可以使用一些更精细的方法，比如在显微镜下研究骰子表面所有的细微裂痕和不规则之处，或者建立一个复杂的计算机模拟程序，但这些方法对改进预测并没有什么大的帮助。

同样，我们发现，在橄榄球比赛中，只要知道一条信息——主队获胜的概率约大于50%，就足以将预测的准确率提升到随机猜测之上。如果再考虑一条简单的信息——获胜率更高的球队胜算更大，对于提升预测准确率也大有帮助。此外，你可能还会考虑收集其他信息，比如四分卫最近的表现、球队的伤病情况、明星跑卫的女友风波等，但这些信息对提升预测准确率起到的作用很有限。也就是说，对复杂系统的预测准确率服从边际收益的递减规律：最初的信息能大幅度地提升预测准确率，但可能的提升空间很快就会被用尽。

当然，我们有时候也会关注预测准确率的微小提升。比如，在互联网广告或高频股票交易中，人们每天可能做出数百万甚至数亿次预测，可能会涉及巨额资金。这种情况下就有必要花些钱和精力来研究那些能够利用最精细模型的复杂预测方法。但在其他行业中，比如电影出品、书籍出版或新技术研发行业，你每年只需要做出几十个，最多数百个预测，而且你做的预测往往只是整个决策过程中的一部分，所以，即使采用相对简单的方法，你也可以预测得很好。

在预测时，人们不该使用的方法就是仅仅依靠个体的意见，尤其是自己的观点。原因是，尽管我们善于发现与某个特定问题相关的因素，但却**不擅长衡量这些因素之间的相对重要性**。比如，在预测某部电影的首周票房收入时，你可能会觉得，电影制作和营销预算、排片数以及评审点映评分等因素都是高度相关的因素。没错，但是在电影评分略低于平均值和营销预算超额支出 1 000 万美元之间，你该如何权衡呢？我们并不清楚。当决定如何分配营销预算时，如何确定有多少人会受互联网广告或杂志广告的影响，又有多少人会从朋友那里听说这个产品，这些问题我们也无从得知，尽管这些因素都可能是相关的。

你可能会认为，准确地做出这些预测是专家擅长的，但正如泰特洛克的实验结果所示，专家在定量预测方面的表现和普通人一样糟糕，甚至可能更差。[9]专家存在的真正问题并不是他们的预测水平比普通人差，而是因为他们是专家，所以我们每次只会咨询其中一位专家，但我们应该做的是综合多人的意见（无论是专家还是普通人），然后取平均值。至于怎么做到这一点，可能就不重要了。

尽管预测市场有很多花里胡哨的东西，但它的预测结果只比民意调查等简单方法的结果稍微好一点儿，而它们之间的差距远不如简单地对大量意见取平均值所得到的提升大。另外，我们可以直接从历史数据中评估各种预测的相对重要性，实际上这也是统计模型要完成的全部工作。不过，尽管复杂模型可能比简单模型的预测效果稍微好一点儿，但和完全不使用模型相比，它们之间的差距相对小得多。[10]预测结束时，模型完成了与人

类一样的目标。首先，它们利用某种判断力来决定哪些因素与预测问题相
关，然后，它们估计并权衡了每个因素的相对重要性。心理学家罗宾·道
斯（Robyn Dawes）曾指出："窍门就在于，知道考虑哪些变量，然后知道
如何考虑这些变量。"[11]

　　不断应用这个窍门，你也可以逐渐了解，哪些预测可以以相对较小的
误差做出，而哪些不能。比如，在其他条件相同的情况下，越早预测事件
的结果，出现的误差会越大。对于电影票房的预测来说，在电影刚过审时
就预测肯定比上映前一两周的预测要难，无论你用的是什么方法。同样，
对新产品的销量预测也可能没有对现有产品的预测准确。而你对此无能为
力，只能开始单独使用多种不同的方法，甚至同时使用全部方法（就像
我们在预测市场研究中做的那样），并随时观察它们的效果。我在第 5 章
开头就提到，人们并不习惯对自己的预测进行跟踪记录：**我们做了很多预
测，却很少会去检查究竟有多少预测对了。但跟踪并记录预测效果非常重
要，因为只有这样，你才能知道预测有多准，并由此得出是否应该重视自
己的预测。**[12]

与其靠历史数据预测未来，不如专注当下

　　无论你多么谨慎地遵守这条建议，所有预测方法仍存在一个严重的限
制，即这些方法的可靠性取决于未来发生的事件及其平均发生的频率在多
大程度上和过去相同。[13] 比如，在正常情况下，信用卡公司能准确地预测
出用户的违约率。虽然个人的情况可能非常复杂并且无法预测，但人群的
总体复杂性和不可预测性往往变化很小，所以平均来说模型具有较好的预
测效果。但正如许多预测模型批评家所言，很多我们关心的事件结果之所

以吸引人们的关注，正是因为它们发生在不同寻常的时间，比如金融危机爆发期，革命性技术出现时，专制政权被推翻时，或者暴力犯罪数量显著下降等情况发生时。在这些情景下，依靠历史数据预测未来结果将会引发非常严重的问题。比如，在金融危机过后，许多信用卡公司发现用户的违约率出现了显著的飙升。

更重要的是，2008 年之前，许多银行使用模型来给抵押贷款及其衍生品（比如声名狼藉的债务抵押债券，即 CDO）定价，现在看来，这些模型太过于依赖近期的数据了。由于那段时间房价一直在上涨，所以评级分析员和交易员都认为，全美范围内房价下跌的可能性非常低，因此他们严重低估了抵押贷款违约率和止赎率上升的风险。[14]乍一看，这似乎是预测市场最好的用武之地，因为比起银行的"定量分析师"来说，预测市场应该能更准确地预测风险。但事实上，正是这群"定量分析师"以及同样没有预测到风险的政治家、政府监管部门和其他金融市场专家参与到了预测市场中，导致群体智慧的作用大大被弱化了。可以说，正是所谓的群体智慧让我们一开始就陷入了混乱之中。因此，如果模型、市场和群体智慧都对预测金融危机这样的"黑天鹅"事件束手无策，那么我们应该怎么办呢？

依赖历史数据的方法还存在第二个问题，即重大的战略决策并不常见，因此采用统计方法也无法奏效。就历史意义而言，可能大部分战争结局都不佳，大多数公司在合并后都收效甚微，但也有一些军事干预是正当合理的，有一些公司的合并也非常成功，而我们几乎不可能提前分辨出它们的区别。如果你能进行几百万次，或者起码几百次这样的抉择，那么用历史概率来预测可能还有些道理。但是，当你面临是否带领国家参与战争，或者是否进行战略并购的抉择时，只有一次机会。所以，即使你能计算出概率，60% 的成功率和 40% 的成功率之间的差别也可能没有多大意义。

因此，就像无法预测"黑天鹅"事件一样，统计模型和群体智慧也不适用于预测一次性的战略决策。但是，人们却总是需要做出这类决策，而且它们可能是某个人做出的最重要的决定。那么有没有什么方法可以提高我们对此类决策的预测准确率呢？很不幸，这个问题还没有明确的答案。多年来，人们尝试过很多方法，但并没有发现长期有效的方法。部分原因是，技术很难正确实施，但主要原因还是第 5 章中提出的问题——**未来存在一定程度的不确定性，这种不确定性必然会使完美的计划出错**。

伟大的预测源于不可预知的远见

具有讽刺意味的是，那些看上去在战略规划中表现极佳的公司，比如，具有远见卓识、行动果断的公司，也最容易出现战略错误。这个问题就是战略咨询师、作家迈克尔·雷纳（Michael Raynor）所称的"战略悖论"。在他的同名著作《战略悖论》（*Strategy Paradox*）中，雷纳以索尼公司的 Betamax 录像机为例，解释了战略悖论的含义。

反 常 识 案 例

索尼的两次惨败

索尼的 Betamax 录像机在竞争中输给了松下公司研发的廉价且低质量的家用录像系统（video home system，以下简称 VHS）。传统观点认为，索尼公司错在两方面：首先，他们关注的是影像质量而不是录制时长，这就让 VHS 能够完整录播一整场电影的优势凸显了出来。其次，索尼公司把 Betamax 设计成一种独立的格式，而 VHS 则是开放式的，这意味着多家制造商可以参与到生产此类设备的竞争中，从而有效压低了设备的价格。随着视频租赁市场的爆炸式增长，VHS 在市场占有率上取得了微弱的领先地位，这一微小的领先在之后的累积优势过程中被迅速扩大。购买 VHS 的人越多，就有越多的店铺购入 VHS，这反过来又会吸引越来越多的人购买 VHS。渐渐地，VHS 几乎占领了整个市场，索尼公司遭遇了惨败。[15]

　　但被传统观点忽视的是，索尼公司并没有把盒式录像机（video cassette recorder，以下简称 VCR）当作观看租赁电影的设备，其初衷是想让人们使用录像机来录制电视节目，这样他们就能在空闲的时候观看自己喜欢的节目了。如今，用于这一目的的数字录像机非常流行，这样看来，当时索尼公司对未来的预测也不无道理。如果 Betamax 录像机幸存下来，其卓越的画质完全能弥补额外的花费，而较短的录像时间可能就无关紧要了。[16]此外，松下公司也并没有比索尼公司更清楚视频租赁市场的发展会如此迅速，事实上，早些时候，位于帕洛阿尔托的 CTI 公司已经进行过电影租赁相关的实验，却以失败告终。无论如何，当索尼明白了 VCR 的撒手锏应该是观看家庭电影而非录播电视节目时，已经太晚了。索尼公司竭尽全力纠正方向，很快推出了一个录放时间更长的 BII 版本，抵消了松下产品的最初优势，但这一切还是无济于事。一旦 VHS 占据了足够大的市场领先地位，由此产生的网络效应是无法逆转的。换句话说，索尼公司的失败并不是人们常常认为的战略失误，而是消费者需求转变的结果，该转变发生得如此之快，远远超过了任何业内人士的预期。

　　在 Betamax 录像机惨败之后不久，索尼公司又在录音技术上做了一次重大的战略博弈，这一次的产品是迷你光碟播放器（MiniDisc players）。索尼决心不再重蹈覆辙，它认真吸取了Betamax 的教训。与 Betamax 不同的是，迷你光碟播放器足以录制整张专辑。考虑到内容分销在 VCR 之战中起到的重要作用，索尼公司还以索尼音乐（Sony Music）的形式构建了自己的内容库。在 20 世纪 90 年代初刚上市时，迷你光碟比起当时主流的 CD（激光唱盘）格式有着明显的技术优势，它既可以刻录，也可以播放；由于体积小巧、抗颠簸，所以它更适用于便携设备。相比之下，可刻录 CD 光盘则需要全新的设备，而这些设备在当时的价格是非常昂贵的。

　　从各个合理的角度来看，迷你光碟播放器都应该大获成功，但它还是惨败了。这次又发生了什么呢？简单来说就是，互联网出现了。存储成本的直线下降使人们可以在自己的计算机上存储整个音乐库，高速的互联网连接实现了点对点的文件共享，闪存可以让人们方便地下载音乐到便携设备上，可供搜索下载音乐的新网站不断涌现。互联网的爆炸式增长并不单单是由音乐行业推动的，索尼公司也不是唯一一家未能预见到互联网会对音乐的制作、发行和消费产生深远影响的公司，实际上没有人能预见到。也就是说，索尼公司确实尽了最大努力去吸取教训和预测未来，但他们还是被一种超过人类预测或控制能力的力量打败了。

　　令人惊讶的是，在音乐行业，"做对了"的公司是把 iPod 和 iTunes 商店结合起来的苹果公司。现在回想起来，苹果的战略确实很有远见，它对设计和质量上的执着赢得了分析人员和顾客的敬意。但是，iPod 采用的战略与失败的 Betamax 事实上十分相似，苹果公司之前在计算机市场中的经验也预示着 iPod 可能要失败了。iPod 体积大，价格昂贵，它基于苹果垄断的封闭架构，需要运行在专用软件上，因此 iPod 受到了主要内容提供商的强烈抵制。尽管如此，它还是取得了了不起的成功。那么，苹果公司的战略比索尼公司的好在哪里呢？苹果公司的确创造了一件伟大的产品，但索尼公司也是如此啊！苹果公司的确高瞻远瞩，尽其所能地把握技术风口，但索尼公司不也一样吗？苹果公司也的确做到了在做了选择之后能够坚持不懈地、出色地执行决策，可是索尼公司也是这样做的啊！在雷纳看来，苹果公司和索尼公司唯一的不同之处在于，索尼公司的选择碰巧是错的，而苹果公司的选择碰巧是对的。[17]

这就是战略悖论。雷纳认为，战略失败的主要原因不是战略不好，而在于"正确"的战略碰巧出错了。糟糕的战略往往缺乏远见、领导混乱、执行不当，这些肯定都不是成功的要素，但它们更可能只是导致长久的平庸，而不是巨大的失败。相比之下，伟大的战略则往往有着清晰的远见、得力的领导和精准的执行。当应用于正确的事情中时，伟大的战略就能取得成功，就像苹果公司在 iPod 上使用的战略一样，但也有可能会导致彻底的失败。伟大的战略的成败完全取决于最初的远见是否正确，但要提前预测到这一点，就不是有多难的问题了，而是根本不可能实现。

建立灵活性，应对不确定性的关键

雷纳认为，解决战略悖论的方法就是坦率地承认预测存在局限，并制订出应对这些限制的方法。雷纳特别建议规划者在预测中融入他所称的"战略不确定性"，即将你所在行业未来情况的不确定性融入规划过程中。实际上，雷纳的解决方法是一种叫作"情景规划"的旧计划方法的变体，该方法是兰德公司的赫尔曼·卡恩（Herman Kahn）在 20 世纪 50 年代提出的，当时它被用作冷战期间军事战略家的辅助工具。情景规划的基本理念就是创建战略顾问查尔斯·佩罗特（Charles Perrottet）所说的"关于'未来历史'的详细的、经过深思熟虑的预测性叙述"。但是，情景规划者试图勾勒出这些假设性未来的大致范围，与其说是为了判断哪种情景最可能发生，不如说是为了挑战那些可能未提及的支撑现有策略的假设。[18]

比如，在 20 世纪 70 年代早期，经济学家兼战略家皮埃尔·瓦克（Pierre Wack）在荷兰皇家壳牌公司领导的一支团队，就使用了情景规划来检验高级管理层做出的假设，这些假设涵盖了石油勘探工作未来的成果、中东的政治稳定性以及可替代能源技术的出现等内容。虽然其主要情景建立于 20 世纪 70 年代之前能源生产相对稳定的时期，那时石油危机尚未发生，石油输出国组织（OPEC）也没有成立（当然，这些事件肯定属于"黑天鹅"事件），但瓦克后来声称，他的一个情景确实预测到了未来的主要趋势，因此该公司才能为利用新兴机遇和防范潜在隐患做好准备。[19]

雷纳认为，一旦设计出这些情景，规划者就应该针对不同情景制定出全套战略。此外，我们必须将所有战略所共有的核心要素与那些仅出现在一个或几个战略中的偶然要素区分开来。于是，应对战略不确定性就变成了如何建立起战略灵活性的问题，建立战略灵活性就需要围绕核心因素制定战略，然后通过投资不同的战略选择来对冲偶然因素。例如，在 Betamax 的案例中，索尼公司预测，VCR 在未来的主要用途是录播电视节目，而 CTI 的实验中却有一些迹象表明 VCR 的主要用途将是家庭观看电影。面对这两种不同的预测，索尼公司采用了传统的规划方法：首先确定了一个他们认为更有可能出现的结果，然后针对这一结果优化自己的战略。相比之下，优化战略灵活性的方法将会引导索尼公司分辨出那些无论未来如何发展都会发挥作用的因素，然后再对冲剩余的不确定性，他们可以让不同运营部门开发质量不同的产品，以不同价格来销售。

雷纳这种通过战略灵活性来管理不确定性的方法确实不错。但是，该方法也相当耗时——要构建情景，确定哪些因素是核心因素，哪些是偶然因素，设计战略对冲等，这必然会分散经营其他重要业务的精力。在雷纳看来，大多数公司的问题在于，公司高层（即董事会和高管）花了太多时间在管理和优化现有战略上，也就是雷纳所说的运营管理上，却没有充分思考战略的不确定性。因此，**雷纳认为，这些高层应该把所有时间都放在管理战略不确定性上，而把运营计划交给各部门负责人来制定。雷纳这样写道："公司的董事会和 CEO 不应该主要关注公司的短期运营情况，而应该以全部精力为公司的运营部门建立战略选择。"**[20]

对于这些大胆的提议，雷纳解释说，若想充分应对战略不确定性，唯一的方法就是持续不断地重复管理过程——"一旦一家公司完成了构建情景、制定最优战略、确定和得到理想战略选择组合的整个过程，就是时候再重复一遍了"。如果战略规划确实需要这样不断地重复，那么我们也有理由相信，执行这一过程的最佳人选就是公司高层。但是，我们很难想象高管突然停止制订能让他们升至高层职位的计划，开始像一位智库专家一样行事。而且公司股东，甚至普通员工也不太可能会容忍公司 CEO 对战略执行或短期业绩不管不问。[21] 这不是说雷纳的方法不对，它们可能是对的，只不过还未被企业界完全接受罢了。

从预测到迅速反应

　　还有一个更为根本的问题是，即使高管接受了雷纳的想法，把战略管理作为自己的首要任务，可能还是行不通。比如，在 1980 年前后，一家休斯敦的油田钻探公司进行了一场情景规划演练，如图 6-1 所示，规划者对未来的情景做出了三种预测，并按照情景规划方法算出了相应的收益。但不幸的是，这三种情景都没有考虑到 1980 年开始的石油勘探热潮可能是一种反常现象。实际上，它确实是一种反常现象，所以实际发生的未来并不在规划者设想的范围之内。因此，即使用了情景规划，公司也对未来毫无准备，就好像根本没用过这个方法一样。可以说，这场情景规划演练反而让公司的情况变得更加糟糕。虽然情景规划帮助规划者质疑了他们最初的设想，却也让规划者相信自己已经考虑到了所有可能的情景。然而实际上，他们并没有考虑全面，因此当面对突发情况时，该公司会比之前更加脆弱。[22]

　　这种糟糕的结果可能仅仅是因为情景规划执行不力所致，并不是方法本身存在根本性限制。[23] 但是，当一家公司挣扎在情景分析中时，它又如何能知道自己有没有犯和那家油田钻探公司一样的错误呢？或许索尼公司本该更认真地对待家庭录像市场，但真正让索尼惨败的是这个市场爆炸式的发展速度，他们又怎么能预测到这点呢？而在研发迷你光碟播放器时，索尼公司也不可能预知，技术、经济和文化方面的复杂变化会随着互联网的迅猛发展火速出现。正如雷纳所说："对索尼公司来说，不仅所有可能出错的事情都出了错，而且所有出错的事情都只能出错，只有这样才能让一项构思和执行都很出色的战略遭遇失败。"[24] 因此，虽然对索尼公司来说，增强战略灵活性可能会有所帮助，但我们无法得知，到底需要多大的灵活性才能适应这样一个快速变化的市场，或者说如何才能在不削弱任何战略执行力的前提下实现必要的对冲。

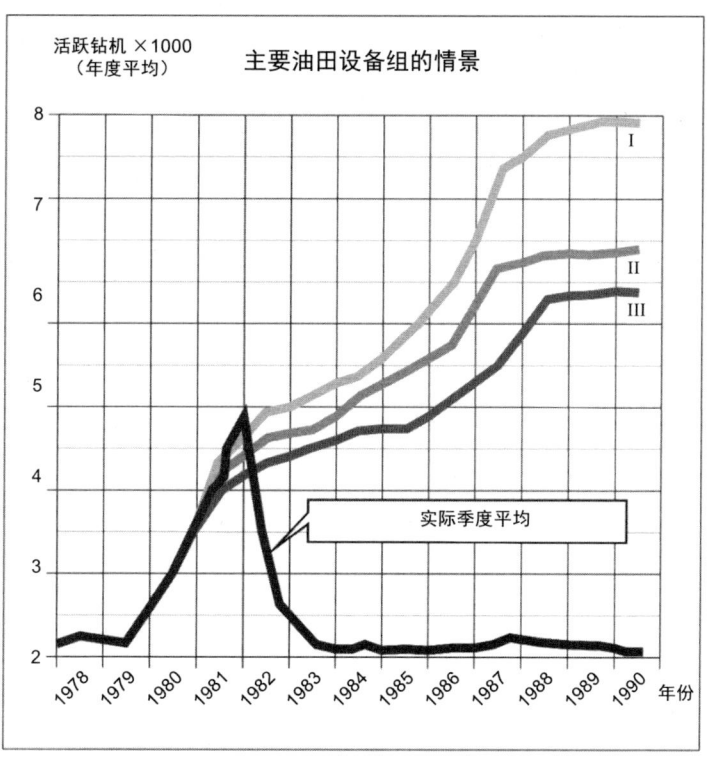

图 6-1　出错的情景规划（转载自 Schoemaker，1991）

作为一种规划方法，战略灵活性存在的主要问题恰恰是它要解决的问题，即那些改变了某个行业的趋势在事后看来总是显而易见的。因此，当我们回顾过去时，总是很容易相信，如果"当时"我们在做战略决策，肯定能把可能发生的众多未来情景精简到几个，其中包括实际发生的那个未来情景。但当我们展望未来时，看到的却是无数个可能的趋势，其中任何一个都有可能导致未来的重大转变，而剩余大部分最终都会转瞬即逝，或者无关紧要。那我们怎么知道，哪个会导致未来的改变，而哪个是毫不相关的呢？既然不知道哪些是相关的，我们又应该考虑多大范围的可能情景

呢？情景规划这样的方法可以帮助管理者系统地思考这些问题，而且强调
战略灵活性可以帮助他们管理每个情景中出现的不确定性。但无论你如何
细化，战略规划都涉及预测问题，而预测问题又涉及我们第 5 章中讨论的
"预言"这一基本问题，即在事件的重要性显现出来之前，我们无法知道
该担心哪些事。因此，另一种替代方法是重新思考整个规划的理念，我们
应该少关注对未来甚至多种未来可能性的预测，而要更重视对当前情况的
反应，这也是我们下一章的主题。

预测的真相

1. 常识让我们认为自己应该能够做出很多预测，实际上我们并不能做到。原因有二。第一，常识告诉我们，在所有可预测的未来中，只有一个会真正实现，因此我们自然想要对这个未来做出具体预测；而在构成我们社会和经济生活大部分的复杂系统中，人们最多只能可靠地预测出某些事件发生的概率。第二，常识还要求我们忽略那些无关紧要的无趣预测（尽管我们一直在做着这些预测），而专注于那些真正重要的结果。但实际上，即使在理论上我们也无法预测出在未来哪些事件会成为重要事件。更糟糕的是，我们最想提前预测的那些"黑天鹅"事件，其实也并不是真正的事件，而是对整段历史的简略描述。预测"黑天鹅"事件肯定是没戏了，因为在历史呈现出来之前，我们根本无法知道描述它的相关词语是什么。

2. 简单来说，在复杂社会系统中发生的事件可以分为两类，一类是符合某种稳定历史模式的事件，另一类则是不符合稳定历史模式的事件，而我们只能对第一类事件做出可靠的预测。

3. 即使对于那些确实没把握的预测结果，知道可能发生的结果范围也是有用的，因为它能帮助我们随机应变。

7

常识让你先规划，但你应该不断试错

CHAPTER 7
The Measure of All

只有当我们承认自己预测未来的能力并不可靠时，
我们才能开启一扇探索未来的大门。

比起预言家、预报员和算命先生来说，那些预测时尚潮流的人可以说最为自信满满，而且也不用负什么责任。每年，在对鞋子、服装相关产品的设计、生产、销售以及评论行业中，都充斥着对下一个"爆款"可能是什么、应该是什么或者肯定是什么的预测。但实际上，从没有人检查过这些预测的准确性，后来出现的很多流行趋势其实也没有被预测到，而对它们的解释只是"后见之明"罢了。但这些一点儿也打击不了那些时尚预测者的自信。让人欣慰的是，至少还有一家成功的时尚公司不依赖任何预测。

Zara 的常识战略

这家公司是西班牙服装零售商 Zara。凭借满足顾客需求的新颖方法，该公司十多年来一直占据着商业新闻头条的位置。Zara 并不会试图预测下个季度的销售爆款，实际上，它也承认对自己的预测没有一点儿把握，它采用的是我们所称的量化－反应策略（measure-and-react strategy）。首先，Zara 会派出员工走访购物广场、市中心和其他人群密集的地方，观察人们穿什么，由此得到很多关于潮流的灵感。然后，Zara 会利用所有灵感素材构建一个风格、面料和颜色的巨大集合。刚开始时，集合中的每种组合都只生产一小批产品，然后这些产品将被送到店里售卖，根据销售情况可以直接测算出产品的畅销度。最后，Zara 的生产和分销机制非常灵活，它可以快速地对来自商店的信息做出反应，立即放弃那些销售情况不好的产品（它们的剩余库存也不多），并对卖得好的产品增大产量。所有这些都依赖于 Zara 可以在短短两周内设计、生产、运送以及在世界各地销售新款服装的能力。对于任何一个"即产即销"的公司来说，这都是一项惊人的成就。[1]

后来，Zara 成为商学院的研究案例之一，但早在十几年前，管理学大师亨利·明茨伯格[①]就在他称为"应急战略"（emergent strategy）的概念中，预见到了这种量化－反应策略。在这里，让我们再来回顾一下第 6 章提出的问题，传统的战略规划总是要求规划者对未来做出预测，这使他们很容易犯一些不可避免的错误，而明茨伯格建议规划者减少对长期战略趋势预测的依赖，而注重对实际变化能够快速做出反应。也就是说，与其试图正确地预测出未来的趋势，规划者更应该提高自己对当前情况的理解能力。然后，像 Zara 一样，他们需要尽可能快速地做出反应，放弃那些不起作用的方案，无论它们事先看起来多么有希望，并把资源转移到那些发展势头良好的方案上，甚至随时规划新的替代方案。[2]

水桶测试、鲱鱼策略和众包策略，不断量化与反应

在网络世界中，量化－反应策略的优点最为明显，因为在网络世界中，

---

① 亨利·明茨伯格（Henry Mintzberg）是全球管理界享有盛誉的管理学大师，当今世界上最杰出的管理思想家之一，其经典著作《管理工作的本质》在对许多世界 500 强企业高管的"窥测"与"洞察"的基础上，以清晰的结构、缜密的逻辑、简要的语言揭示出：管理者工作的四大变量、管理活动的三大类别、管理者的十大工作角色，最终道出管理工作的本质。此书已由湛庐文化引进并策划，现已出版。——编者注

开发成本低、用户多、反馈周期快，这些条件的结合使得人们可以对各种事物的变体进行测试，并根据表现做出选择。比如，2009 年雅虎公司在推出新主页之前，曾花费数月时间对新版设计的每个元素做了"水桶测试"（bucket testing）。将雅虎设为主页的大约有 1 亿人，这反过来给雅虎公司其他内容引入了大量流量，因此，对主页的任何一点调整都必须小心谨慎。所以，在新主页的整个设计过程中，每当设计团队想到一个新的设计元素时，都会随机选择一小部分用户（即"水桶"）来浏览包含这个元素的主页版本。然后，主页设计团队会根据用户的反馈意见，以及用户在页面上停留的时间、点击的内容等观察指标，将他们和普通用户进行比较，从而评估该元素效果的优劣。这样，雅虎公司就能根据用户的真实数据，实时了解哪些设计元素行得通。[3]

如今，水桶测试已经成为例行操作。谷歌、雅虎、微软等各大互联网公司都会用它来优化广告投放、内容选择、搜索结果、推荐内容、定价甚至页面布局等各项任务[4]。越来越多的创业公司也开始向广告商提供自动化的服务：根据点击率从一大批广告方案中找出表现最佳的方案。[5]而量化 - 反应策略的理念不仅能用于了解消费者面对各种选项的反应，还可以把消费者作为内容的制造者。在媒体界，这一观点体现在《赫芬顿邮报》（*Huffington Post*）的

鲱鱼策略
Mullet Strategy
一种社交性媒体营销策略，是指生成你的主渠道之外的目标内容，以符合某些社交媒体网站或社区的口味。你的常规访客通常看不到这些内容，因为它们只是向社交性媒体发布窄播信息。

联合创始人乔纳·佩雷蒂（Jonah Peretti）提出的鲻鱼策略上，这一策略的得名来自一个备受诟病的发型，该发型前面短、后面长，即"前面正经严肃，后面轻松随意"。

鲻鱼策略的出发点很常见，即用户制作的内容对媒体公司来说是潜在的"金矿"，部分原因是，用户可以极大地扩展新闻的内容，而更重要的是，用户可以围绕故事展开讨论，这改变了用户体验的本质——从纯粹的消费到参与其中，从而提高参与度和忠诚度。但是，就像真正的金矿一样，很多用户制作的内容更像是沙子而不是黄金。经常看热门博客或新闻网站的人肯定知道，很多评论都有失偏颇，或者只是无脑的乱骂，有些甚至低劣不堪。这样的评论并不是发布者想要推广的内容，广告商也不想在这样的内容版面上投放广告。解决这一问题的直接方法就是对在线评论加以审核，但这样又会对用户造成疏离感，因为用户往往讨厌监管，希望自己的评论不经审查就能直接发布出来。《赫芬顿邮报》很快发现，审核的效果也不好，几个编辑的审核速度根本无法跟上每天数百篇博文的发表速度。解决方法就是鲻鱼策略：在网站的后面几页里，很少有人会去看具体的文章，那里允许"百花齐放"。然后，网站可以有选择性地把后面几页的优质评论摘取出来，推送到有优质广告版面的前面的页面中，再让编辑严格监管这几页的内容就可以了。[6]

鲻鱼策略也是"众包"（crowdsourcing）的一个例子。"众包"这个词是2006年杰夫·豪（Jeff Howe）在一篇发表在《连线》（*Wired*）杂志上的文章中提出的，用于描述将小型业务外包给大量个体工人的模式。事实上，在线新闻业也逐渐转向了一种众包模式，不仅用于围绕新闻故事开展社区活动，也用于新闻故事的创作甚至包括首页题材的选择。以《赫芬顿邮报》为例，它依靠的是数千名博客写手无偿地撰写文章，这些人要么对所写题材充满热情，要么希望自己的文章发表在网站上被很多人看到，使自己能从中受益。同样，Examiner.com 等其他网站也雇用了大量写手撰写他们喜欢的主题，并按照页面的访问量向写手付费。此外，像雅虎新闻博客 The Upshot 和 Associated Content 这样的网站，它们不仅会将写作任务众包出去，还会追踪搜索词以及与大众兴趣相关的其他指标，据此决定写哪些题材的文章。[7]

这种"量化"用户兴趣并实时做出反应的理念，也开始在面临盈利挑战的新闻媒体界之外的领域获得青睐。比如，美国 Bravo 有线电视台通过追踪不同节目角色的网络热度，定期从现有电视节目中推出新的真人秀节目。这些节目可以快速地制作播出，而且成本相对较低，如果不受欢迎，电视台可以迅速决定停播。按照类似的理念，芝士汉堡网[①] 也可以在发现新趋势的一星期内发布新网站，并迅速关掉不受欢迎的网站。另外，致力于发布"热点新闻"的平台 BuzzFeed 网站也会追踪数百个潜在的热门话题，但只推广那些已经引发用户热烈反响的内容。[8]

虽然众包策略富有创意，对于那些已经吸引了数百万访客的媒体网站也效果极佳，并且能自动实时整合符合人们喜好的内容，但如果你的公司不是 Bravo 或 Cheezburger Network，也不是 BuzzFeed，而只是一家生产小工具、小贺卡或其他小东西的无名公司，那你怎么才能利用大众的力量呢？

幸运的是，我们可以利用像亚马逊土耳其机器人这样的众包服务进行快速廉价的市场调研。比如，不知道下一本书该起什么名字，与其和你的

---

① 芝士汉堡网（Cheezburger Network）由近 50 个网站组成，每天有大量用户分享搞笑图片或视频，它们大多带着有趣的标题。

编辑绞尽脑汁地讨论，不如在土耳其机器人上进行快速调查，只需要花费10美元左右，你就能在几个小时内得到上千条意见，或者更好的是，你还可以让土耳其机器人提出建议，并对这些建议进行投票。再比如，想要获得关于新产品或广告活动的一些设计选择的反馈，你可以把图片放到土耳其机器人网站上，让用户投票；想要对搜索引擎结果进行独立的评估，你可以去掉标签，把结果放到土耳其机器人网站，摆在你的竞争对手旁边，让真正的网络用户做出选择；或者想知道媒体对你的候选人是否有偏见，你可以从网上收集数百条新闻报道，然后让土耳其机器人阅读，并对新闻报道的积极或消极态度进行评分，一个周末就可以搞定。[9]

当然，土耳其机器人以及其他众包服务都存在着一些局限，其中最突出的问题是土耳其机器人的代表性和可靠性。很多人会觉得惊讶，居然有人为了这么一点儿钱去做这些无聊乏味的工作，所以人们可能会怀疑，这些人是否能代表普通大众？它们有在认真干活吗？这些担心合情合理，但随着土耳其机器人社区日趋成熟，以及研究人员对它的了解越来越深，这些问题逐渐得到了解决。例如，土耳其机器人的多样性和代表性远远超过了研究人员最初的设想，几项研究表明，它们表现出的可靠性与专业工作者旗鼓相当。即使有时它们的可靠性较差，也可以通过简单的技术来提升，比如让几个不同的土耳其机器人对每条内容进行独立评分，然后取众数或平均值。[10]

做规划，不如多量化

从更高的层面来看，互联网从整体上也可以被看作众包的一种形式。数亿人开始利用搜索引擎获取信息、进行研究，人们花在浏览新闻网站、娱乐网站、购物网站和旅游网站上的时间越来越多，也越来越多地通过 Facebook、Twitter 等社交网站与朋友分享信息。因此，从理论上讲可以将所有互联网活动汇集起来，形成一个反映全球网民的兴趣点、关注点和意愿的实时图景。比如，谷歌和雅虎公司的研究人员通过计算"流感"和"流感疫苗"等流感相关词语的搜索次数，估算出的流感病例数量已经非常接近疾控中心报告的数量。[11]Facebook 根据用户的更新动态发布了"国民幸福指数"[12]，雅虎公司将年度搜索量最高的词语编写成表，并将其作为文化和时代精神的粗略指南[13]。毫无疑问，在不久的将来，搜索和更新数据很可能会与 Twitter 上的推文、Foursquare 上的登录位置信息以及其他信息结合在一起，形成更多关于房地产、汽车销售或酒店空房率等的专项指标——不仅是全国性的，还可以覆盖到局部地区。[14]

经过适当开发和调整，这种基于互联网的指标可以用来帮助企业和政府衡量与应对其受众的偏好和情绪——谷歌首席经济学家哈尔·范里安（Hal Varian）将此称为"预测现在"。事实上，在某些情况下甚至可以用大众来预测不久的将来。例如，想要购买新相机的人可能会搜索和比较不同的相机型号；想看电影的人可能会搜索最新电影的上映日期，或者寻找放映该片的影院；而计划度假的人可能会搜索旅游景点，查询机票和酒店价格。如果人们确实会这样做的话，那么通过整理与零售活动、电影放映或旅行相关的搜索量，我们就可以对经济、文化或政治兴趣做出短期预测。

所以，哪些行为可以利用搜索数据来预测，这些预测的准确性如何，有效利用期是多久，这些都是研究人员要着手解决的问题。比如，我和雅虎公司的同事研究了一些搜索量，用于预测故事片的首映周末票房收入、新发行电子游戏的首月销量，以及 Billboard 流行音乐热歌榜排名前 100 位的歌曲。这些预测都是在事情发生前几周做出的，所以我们讨论的并不是长期预测。正如第 6 章所言，长期预测要困难得多。但是，即使只提前一周对观众的兴趣多了解了一点儿，也可能有助于电影院或分销商决定在不同地区放映哪些电影，以及放映场次。[15]

我们发现，相比于其他类型的公开数据（如生产预算或分销计划），利用搜索查询数据获得的提升虽然很小，但意义重大。第 6 章我们讨论过，基于历史数据的简单预测模型很难被超越，而对搜索相关的数据来说，情况也是如此。但是，借助搜索以及其他基于互联网的数据，仍然有很多方法可以改进预测。比如，有时你无法获得可靠的历史数据，你要推出一款不同于以往任何游戏的全新游戏，或者你无法获知竞争对手的销售数据；而有时，我们也讨论过，未来并不像过去，平稳的经济指标会突然剧烈波动，或者不断上涨的房价会突然下跌，在这些情况下，基于历史数据的预测方法可能会表现不佳。所以，当历史数据不可获取或提供不了多少信息时，了解人们的实时状态（比如人们的搜索内容反映出来的信息）可能会给你带来宝贵的优势。

总的来说，互联网为量化－反应策略的实施提供了便利，这对于商界、科学界和政府来说都是一件振奋人心的事情。但是要记住，量化－反应策略的原理并不局限于互联网相关的技术，Zara 这家非网络公司就是一个很好的例子。关键在于，人们日益增长的量化世界的能力将会改变规划的传统思维模式。与其预测人们的反应，并绞尽脑汁设法引导消费者对广告、产品或者政策做出反应，不如直接去量化他们对各种情况可能会做何反应，并做出应对。换句话说，从"预测和控制"到"量化和反应"的转变不仅是技术上的改变（虽然技术也需要改变），而且是心理上的转变。**只有当我们承认自己预测未来的能力并不可靠时，我们才能开启一扇探索未来的大门。**[16]

不只是量化，还要多实验

但是，在很多情况下，仅仅提高我们量化事物的能力，并不能告诉我们到底需要知道什么。比如，我的一个同事提到了他与美国一家大公司的首席财务官的谈话，那个首席财务官透露说，前一年他所在的公司在"品牌广告"上花了大概 4 亿美元。这种品牌广告并不是针对产品和服务的广告，仅仅是针对品牌而已，那么，这笔钱效果如何呢？我同事说，那位首席财务官都怀疑是否应该花这么多钱在品牌广告上。让我们想想，首席财务官的意思并不是说这 4 亿美元没有任何效果，而是说他不知道这笔资金产生了多大的影响。在他看来，如果没有在品牌广告上花一分钱，公司的业绩可能没什么两样，但也可能会遭遇一场灾难，他也不确定。

现在看来，4 亿美元似乎是一笔不小的数目，但实际上，这只是沧海一粟。美国企业每年在营销上投入的资金大约为 5 000 亿美元，而且其他公司的首席财务官和这个首席财务官应该大致相同，或许这个人更诚实，但他们应该都不能确定自己公司的营销资金究竟产生了多大效果。所以，我们也该对所有 5 000 亿美元提出同样的问题。这些资金对消费者行为到底有多大的影响呢？有人知道吗？当被问及这些问题时，广告商们经常会援引百货商店巨头约翰·沃纳梅克（John Wanamaker）的话来回答："我花在广告上的钱有一半是浪费的，我只是不知道是哪一半。"这句话回答得很恰当，总会引人发笑。很多人不能理解的是，沃纳梅克在将近一个世纪之前就说了这句话，那时大约是爱因斯坦发表广义相对论的时期，而自沃纳梅克时代以来，科学技术经历了前所未有的发展，青霉素、原子弹、DNA、激光、太空飞行、超级计算机、互联网等新概念或新事物出现了。但是，为什么沃纳梅克的困惑在如今还与当时一样重要呢？

这当然不是因为广告商的量化能力没有进步。凭借自己的销售数据库、尼尔森和康姆斯克公司（comScore）等第三方评级机构，以及网络点击数据，广告商能比沃纳梅克测量更多的变量，而且要精确得多。事实上，广告界实际拥有的数据比他们能够处理的要多得多，但真正的问题在于，广告商想要知道他们的广告是否会促进销量增长，然而他们衡量的却总是两者之间的相关性。

当然，在理论上，我们都"知道"相关性和因果关系不同，但在实践中，我们却总把它们混淆。比如，如果我们节食一段时间，发现自己的体重减少了，就很容易得出结论：节食会促使体重下降。但是，当人们节食时，往往也会在生活中的其他方面做出改变，比如增加锻炼和睡眠，注意饮食等。这些变化或者它们的组合都有可能和节食一样引发体重的减少。但是，由于人们关注的是节食，而不是其他变化，所以会认为体重减轻是节食的功劳。同样，在每次广告活动的实行过程中，很多其他因素也在同时变化。比如，广告商通常会根据他们的预期销售量制定未来一年的广告预算，或者在节假日等购物高峰期增加广告支出。这两种策略都会产生同样的效果：无论广告是否会产生效果，销售量和广告看起来都是相关的。但就像节食一样，企业关注的是广告效果，所以如果之后销售量或其他相关指标增长了，他们往往会认为，这正是广告的作用，而非其他因素的影响。[17]

一般来说，区分相关性和因果关系是非常棘手的，但至少在理论上有一个简单的判断方法——进行一次实验。在这个实验中，我们对某些对象采取某种处理（无论是节食，还是广告），而对其他对象不进行处理。我们将前者称为实验组，后者称为控制组。如果在实验组中，我们关注的指标（比如体重、销售量等）比在控制组中变化显著，那我们可以得出结论，这种处理可能会导致相应结果的发生；反之我们就不能这么说。在医学领域中，一种药物若想得到美国食品药品管理局（Food and Drug Administration，简称 FDA）的批准，必须先进行人体试验。试验中有一部分人被随机分配接受药物治疗，另一部分人则不使用任何药物或只使用安慰剂。只有比起不用药物的人，使用药物的人的相关症状明显改善时，制药公司才能宣称这种药物是有效的。

同样的方法也应该应用于广告之中。如果不进行实验，人们基本上不可能确定广告和销量之间的因果关系，也不能衡量出营销活动的实际投资收益。比如，某公司在发布新产品的同时举办了广告宣传活动，产品十分热销。很明显，人们可以根据广告资金的投入和产品销售额来计算广告的投资回报率，广告商通常也是这么做的。但是，如果这款产品本来就不错，即使没有广告宣传，它也能卖得很好呢？那显然，钱就白花了。或者，如果进行另一场不同的广告宣传活动，能以同样的成本产生两倍的销售额呢？那么我们也可以得出结论，相对来说，这次广告宣传活动的投资收益不佳，尽管它是"有效"的。[18]

此外，如果不进行实验，若想衡量出广告效果有多少是由受众的倾向导致的，也将非常困难。比如，人们经常会注意到，比起在其他网页上显示的广告，搜索广告（就是在你的搜索结果页面右边出现的赞助商链接）的效果要好得多，这是为什么呢？主要是因为你所看到的赞助商链接在很大程度上取决于你刚刚搜索的内容。比如，搜索"Visa 卡"的人很可能会看到信用卡供应商的广告，而搜索"肉毒杆菌治疗"的人可能会看到皮肤科医生的广告。但人们更感兴趣的是，那些广告商究竟提供了什么呢？如果有人点击了 Visa 卡的广告，随后注册办理了一张 Visa 卡，这一结果并不全在于广告的作用，原因很简单，无论点不点广告，这位消费者都可能去办理 Visa 卡。

　　似乎大家都知道这一点，但很多人理解得并不正确。[19] 事实上，广告商通常会多付一些钱来吸引他们认为最可能购买其产品的顾客——因为这些顾客在过去曾购买过他们的产品（比如，帮宝适纸尿裤），或者他们曾购买过同类产品（比如，帮宝适竞争对手的产品），又或许他们很快就会有此类需求（比如，马上要有第一个孩子的年轻夫妇）。这种针对性广告往往被认为是一种科学的方法。但是，这些消费者中还是会有一大部分人无论看没看见广告都会购买这些产品。如此说来，在这些人身上的广告投入和在那些看了广告也不感兴趣的人身上的广告投入一样是白费的。这样看来，唯一起作用的广告就是那些影响了边缘消费者的广告，这些人如果看见了广告就会购买产品，如果没有看到就不会购买。确定广告对边缘消费者作用的唯一方法就是进行一项实验，在这项实验中，每个人是否会看到广告都将是随机的。

现场实验，一个内嵌的持续性试错过程

　　然而，上述随机实验并不为大众所接受，主要原因是，这类实验在实践中很难进行。比如，在高速公路旁竖一块广告牌，或在杂志上登一个广告，你一般很难知道谁会看见这些广告，甚至消费者也往往意识不到自己看见了广告。此外，这些广告的效果也很难衡量，消费者可能会在几天甚至几星期后才去购买，到那时，看到广告和购买行为之间的联系已经不明显了。因此，这种实验不受欢迎也是合情合理的。

如何检验投入的广告是否真的带来了收益？

我在雅虎公司的三个同事戴维·赖利（David Reiley）、泰勒·施莱纳（Taylor Schreiner）和兰德尔·刘易斯（Randall Lewis）进行了一场开创性的"现场实验"（field experiment），从而使该难题的解决有了新的进展。这场实验的被试是一家大型零售商的 160 万名客户，他们同时也是雅虎的活跃用户。

为了进行这场实验，赖利和公司随机分配了 130 万用户到实验组，当这些人登录网站后，他们将会看到该零售商的广告；同时，剩下的 30 万用户被分配到控制组中，即使他们和实验组访问完全相同的页面，也不会看到这些广告。由于研究者对实验组和控制组的划分是完全随机的，所以这两组人之间行为的差异必定是由广告引起的。而所有参与实验的人都在零售商的数据库中，所以根据他们在广告活动结束后几周内的实际购买行为，就可以衡量出广告的效果。[20]

研究人员利用这种方法估算得出，广告产生的短期额外收入大约是广告成本的 4 倍，而且长期来看可能会更高。于是，他们得出结论，这场广告活动确实是有效的。这个结果对雅虎和零售商来说显然都是个好消息。但他们也发现，几乎所有受到影响的受众都是老年消费者，也就是说，这些广告对于 40 岁以下的人来说几乎没有效果。乍一看，这一结果似乎不太好，但换个角度思考一下，发现某事行不通也是解决问题的第一步。比如，广告商可以尝试各种方法来吸引年轻人，包括不同的格式、风格，甚至采取不同的奖励手段和优惠方式，有效的方法很可能存在其中，此时采用系统的方法把它们找出来就非常有意义了。

但若所有尝试都没有效果，那也许是这个品牌对特定的人群没有吸引力，或者这些人对在线广告本就没兴趣。既然如此，广告商起码可以停止向这些人群投放广告，从而腾挪出更多资源集中在那些可能会受广告影响的人群身上。所以，提高营销效果的唯一方法，首先就是要知道什么有效与什么无效。因此，我们不应该把广告实验当成一种要么产生"答案"，要么没有答案的一次性实验，而应该把它看作一个内嵌在所有广告中的持续学习过程的一部分。[21]

现在，越来越多的研究人员认为，这种理念不仅适用于广告，也适用于各种线上或线下的商业战略和政策规划。比如，在《麻省理工斯隆管理评论》（*MIT Sloan Management Review*）的一篇文章中，麻省理工学院教授埃里克·布林约尔松（Erik Brynjolfsson）和迈克尔·施拉格（Michael Schrage）认为，追踪库存、销售和其他业务指数（无论是搜索页面的链接布局、商店货架的产品摆放，还是邮件推送的细节展示）的新技术的出现，开创了一个商业对照实验的新时代。布林约尔松和施拉格还引用了哈拉斯娱乐公司的首席执行官加里·洛夫曼（Gary Loveman）的话："只有在两种情况下，哈拉斯娱乐公司才会解雇员工，要么是从公司偷东西，要么是在商业实验中没有设置合适的对照组。"可能让你感到不安的是，赌场经营者已经在基于科学的商业实践方面处于领先地位。不过，其他企业也能从这种将实验控制纳入常规管理的思维模式中获益。[22]

在更传统的经济和政治领域，现场实验也开始流行起来。比如，麻省理工学院贫困行动实验室（MIT Poverty Action Lab）的研究人员已经进行了100多次现场实验，以测试各种援助政策的效果，这些政策主要集中在公共卫生、教育、储蓄和信贷领域。也有政治学家测试了广告和电话拉票对选民投票的影响，以及报纸对政治舆论的影响。劳动经济学家也进行了大量现场实验，以测试不同薪酬方案的有效性，以及薪酬反馈对绩效的影响。研究人员提出的通常都是非常具体的问题，比如，援助机构应该为人们免费发放蚊帐还是应该收费呢？员工对固定工资和绩效工资的反应会如何呢？为人们提供储蓄计划是否可以帮助他们增加储蓄呢？但即使是如此具体的问题，其答案也会对管理者和规划者有所帮助。当然，现场实验也可以是大规模的。例如，公共政策分析师兰德尔·奥图尔（Randal O'Toole）曾提倡对美国国家公园管理局（National Park Service）进行现场实验，他提出将不同的国家公园管理方法随机应用于不同的公园，比如黄石国家公园、优胜美地国家公园、冰川国家公园，以此来测试哪种管理方法的效果最好。[23]

应用"局部知识"，棘手问题的解决思路

　　现场实验潜力巨大，但其使用频率远远没有达到应有的水平，因为有时候实验并不总是行得通。比如，一家公司不可能轻易重塑一部分品牌，或者只针对部分消费者重塑自身的品牌。[24] 对于这类决策，现场实验可能就帮不上忙了，但这些决定仍然需要做出。学者和研究者能就因果关系的细节进行深入讨论固然很好，但政治家和商业领袖通常需要在不确定的情况下采取行动。在这种情况下，首要规则就是不要过于追求完美，别让它阻碍我们做事，就像我当海军时教官经常提醒我们的那样：**有时，就算有个糟糕的计划也总比没有计划强。**

　　这话很有道理。实际上，在很多情况下，一个人能做的就是选择一个看上去最有可能成功的方案，并付诸行动。但是，由于规划者手握权力，

且决策必须由他们做出，因此他们对自己直觉的信心十足，这种自信往往会导致灾难性的后果。正如我在引言中提到的，19 世纪末 20 世纪初，工程师、建筑师、科学家和政府技术官僚都乐观地认为，社会问题可以照搬自然科学和工程问题的解决方法。但是，政治学家詹姆斯·斯科特指出，这种乐观情绪基于的是一种错误观念，即规划者的直觉和人类长期积累的自然科学知识一样精确可靠。

斯科特认为，这种"高度现代主义"观念的主要缺陷在于，它忽视了与作用环境相关的局部知识的重要性，而倾向于建立僵化的因果关系思维模式。正如斯科特所说，将一般规律应用到复杂的世界中，"会导致实践失败、社会幻灭或者很可能两者兼具"。斯科特认为，若想解决这个问题，就需要"制订出能够应用广泛的实践技能和后天知识的计划，以应对不断变化的自然和人文环境"。另外，这类知识很难被精确地归纳成通用的规则，"原因是，应用这些知识的环境非常复杂且不可复制，所以我们无法应用理性决策的一般制定程序"。**也就是说，制订计划时依赖的知识必须建立在具体应用环境的基础上。**[25]

事实上，斯科特这种支持"局部知识"的观点，多年前在经济学家弗雷德里希·哈耶克（Friedrich Hayek）的一篇名为《知识在社会中的运用》（*The Use of Knowledge in Society*）的著名论文中也提到过。哈耶克认为，计划在本质上就是整合知识的问题，若想知道需要配置什么资源，以及配置的地方，就需要知道每个人相对于他人来说需要多少资源。但是，哈耶克也认为，一个规划者无论有多聪明、初衷有多好，他也无法将一个数亿人组成的大经济体中的所有知识整合在一起。然而，市场在没有任何监督和指导的情况下，却能每天完成所有信息的整合。比如，如果某人发现了用铁可以获取更多利润，那么相比其他人，这个人会愿意花更多钱来买铁。这样一来，由于铁的总需求上升了，在其他条件不变的情况下，铁的价格也会上升。因此，使用效率较低的人，买的铁会越来越少，而使用效率较高的人则会买得越来越多。我们不需要知道铁的价格为什么会上涨，也不需要知道是什么人突然想买更多的铁。事实上，我们不需要知道关于这个过程的任何信息，市场中"看不见的手"会自动地把世界上有限的铁资源分配给能充分利用它的人。

哈耶克的这篇文章经常被自由市场的支持者用来证明政府制定的解决方案往往比基于市场的方案差。在某些情况下，这个结论是正确的。例如，致力于减少碳排放的"总量管制和交易制度"采用的就是这一论证。该政策不是由政府来规定企业应该如何减少碳排放量，而是通过简单地"限制"单个经济体可排放的总量，为碳排放量设定成本，然后由企业自行决定最佳应对之策。比如，一些企业会想办法减少能耗，另一些企业将转而使用替代能源，还有一些企业将寻求净化现有排放物的方法。结果是，一些企业宁愿从愿意减排的企业那里购买碳排放额度，购买的价格则取决于整体供需情况，就像在其他市场中一样。[26]

像总量管制和交易制度这类基于市场的机制，似乎确实比集权化官僚制的解决方法更可能成功。但基于市场的机制并不是利用局部知识的唯一途径，也不一定是最佳途径。例如，反对总量管制和交易制度的批评人士称，碳排放信用市场很可能会催生各种各样复杂的衍生品，比如 2008 年使金融体系陷入崩溃的衍生品，其结果可能会破坏制定政策的初衷。批评人士认为，一种稳妥的方法是只通过征税来增加碳排放的成本，这样既可以刺激企业减少排放，也可以给企业自行决定如何最好地减少碳排放的灵活性，而且也没有市场带来的成本开销和复杂性。

利用局部知识的另一种非市场方法是有奖竞赛，这种方法在政府和基金会中越来越受欢迎。有奖竞赛并不会将资源提前分配给预先选定的接受者，而是采用逆向资助机制——每个人都可以参与解决问题，但只有实现既定目标的解决方案才能获得奖励。近年来，有奖竞赛吸引了越来越多的关注，因为它可以利用相对较少的资金发掘出惊人的创造力。比如，美国国防部高级研究计划局（Defense Advanced Research Projects Agency，简称DARPA）仅仅提供几百万美元的奖金，就能集合几十所大学研究实验室的创造力，建造出自动驾驶汽车，这比起等量工作需要的传统研究经费少多了。同样，奖金为 1 000 万美元的安萨里 X 大奖（Ansari X Prize）吸引了价值超过 1 亿美元的研发工作，用于建造可循环使用的航天器。视频租赁公司奈飞仅以 100 万美元的奖金，就吸引了世界上最有才华的计算机科学家帮助其改进电影推荐算法。

此外，像 Innocentive 等诸多"开放式创新"的公司在工程学、计算机科学、数学、化学、生命科学、物理学和商业等领域也举办了数百个有奖竞赛。受这些例子的启发，政府部门也在考虑，能否用有奖竞赛来解决棘手的政策问题呢？例如，多年前，奥巴马政府的"力争上游"政策在整个教育体系里掀起了轩然大波。该政策实际上是美国各州之间针对公共教育资源开展的有奖竞赛，竞赛依据各州必须提交的教育计划来分配公共教育资源，这些计划将在不同维度上对各州进行评分，包括学生成绩考核、教师责任制，以及劳动合同改革等。围绕力争上游政策的争议在于，该政策将教师质量作为学生成绩的主要决定因素，并把标准化考试作为衡量学生成绩的唯一方式。尽管这些争议都有道理，但力争上游政策依然是一项有趣的实验，理由很简单，就像总量管制与交易制度一样，该政策只在最高层面制定了解决方案，而把具体实施细节交给了各州自己。[27]

自助法，从实际事件中提炼的有效解决法

基于市场的解决方法和有奖竞赛都是不错的主意，但它们并不是官僚机构利用局部知识的唯一途径。人们发现，在困境重重的体系中，通常都会有一些个人或群体找到解决问题的可行方法，营销专家奇普·希思（Chip Heath）和丹·希思（Dan Heath）在《瞬变》（Switch）中将这些人或者群体称为"亮点"（bright spots），这个发现也引发了另外一种完全不同的方法——亮点研究法。该方法由塔夫茨大学（Tufts University）的营养学教授玛丽安·蔡特林（Marian Zeitlin）最先提出。蔡特林注意到，针对贫困地区儿童营养的多项研究都发现，在任何地区都有营养状态较好的孩子。蔡特林向这些孩子的母亲了解了她们的成功之道，她们是如何做的，给孩子吃了什么，以及什么时候吃等。之后蔡特林认识到，她可以帮助其他母亲更好地照顾她们的孩子，方法很简单，就是将其社区中已有的成功方法传授给她们。随后，亮点法被成功地应用到发展中国家，甚至是美国。在美国，为了减少细菌感染，少数医院使用的某种洗手方式被推广到了全美的医院中。[28]

亮点法与政治学家查尔斯·萨贝尔（Charles Sabel）提出的"自助法"（boots trapping）非常类似，如今自助法在经济发展领域也开始流行起来。自助法根据丰田生产系统建模，该系统不仅被广泛应用于汽车公司，而且在各行各业都广受欢迎。丰田生产系统的基本思想是，生产系统应该按照"准时化"的原则设计，这样可以确保当系统的某个部分发生故障时，整个系统都必须停下来，直到问题得到解决。乍一看，这似乎不是个好主意（它曾经一度让丰田差点儿陷入灭顶之灾），但该系统的优点在于，它可以迫使各部门迅速果断地解决问题，还能促使他们追踪问题的"根源"，这一过程往往需要越过导致问题的直接原因，去弄清楚系统某个部

分的故障是如何导致其他部分失效的。另外，准时化原则还会迫使他们要么寻找现有的解决方法，要么根据相关活动对方法进行调整，这一过程被称为标杆管理法（bench marking）。确定故障点、追踪根本原因、寻找常规做法之外的解决方法，这三个步骤结合在一起，可以使组织从以集中管理方式提出复杂问题的解决方法，转变为在广泛的合作者网络中寻找解决方法。[29]

与亮点法类似，自助法强调的也是局部问题的具体解决方法，并努力从实际发生的事情中提炼出有效解决方法。但自助法比亮点法更进一步，它不仅可以找出哪些方法是有效的，还能确定在移除了某些故障、解除了某些限制或解决了系统中其他地方的问题的情况下，哪些方法可能会起作用。但是，自助法还存在一个潜在的缺点，它要求员工积极主动，能在出现问题时积极去解决。所以，人们有理由怀疑，这种在竞争激烈的工业环境下诞生的模式，能否适用于世界经济发展和公共政策领域中呢？但萨贝尔指出，现在已经有了很多成功的例子，比如巴西西诺斯谷（Sinos Vally）的鞋类生产商、阿根廷门多萨（Mendoza）的葡萄酒种植商，以及巴基斯坦锡亚尔科特（Sialkot）的足球制造商等，它们都是利用自助法蓬勃发展起来的，很难说它们都是偶然情况。[30]

从"规划者"到"搜索者"

亮点法和自助法的共同之处在于，它们都要求规划者转换思维方式，这是问题的重中之重。首先，规划者必须认识到，无论问题是什么——是在贫困村庄改善饮食健康、降低医院的感染率，还是提高当地产业的竞争力，很可能有些人已经有了部分解决方法，并愿意与他人分享。其次，当规划者意识到他们不需要亲自找出每个问题的解决方法之后，可以将自己的资源用于寻找现有的解决方法，并将这些方法普及开来。[31]

实际上，这也是斯科特和哈耶克等思想家得出的教训，他们提出的方法同样主张政策制定者应该围绕当地人的知识水平和行为动机来制订计划，而不是仅仅依靠政策制定者的自身情况。也就是说规划者应该学着像发展经济学家威廉·伊斯特利所说的"搜索者"（searchers）那样行事，伊斯特利指出：

> 规划者认为自己已经知道了答案，他认为贫穷只是一个技术工程问题，他能够解决这个问题。搜索者则承认自己事先不知道答案，他认为贫穷是政治、社会、历史、制度和技术等诸多因素造成的复杂问题，并希望通过不断试错找到答案。规划者认为，局外人的知识足以找到解决方法，而搜索者认为，只有局内人才具备足够的知识找出解决方法，而且大部分方法都是从内部产生的[32]。

虽然这些规划方法在表面上看起来各不相同，但实际上，这些方法和明茨伯格的应急战略、佩雷蒂的鲱鱼策略、众包策略、现场实验一样，都是量化－反应策略的变体。有时被量化的是本地人的详细信息，有时则是鼠标点击量或搜索词；有时仅仅收集数据就够了，有时则必须进行随机实验；有时恰当的应对之策是将资源从一个项目、主题或广告活动转移到另一个上，有时则需要进一步完善其他人的"土方法"。

事实上，有多少等待解决的问题，就有多少使用量化－反应策略的不同方法，而且没有任何一种方法能一通百通。但这些方法的共同之处在于，它们都要求规划者，无论是试图减轻全球贫困状况的政府规划者，还是打算为客户策划一项新营销活动的广告策划人，摒弃那些仅凭直觉和经验就能制订计划的自负想法。换句话说，**计划的失败不是因为规划者忽视了常识，而恰恰是因为他们依据自己的常识来推断那些与自己不同的人的行为。**

这个陷阱似乎很容易避开，但事实并非如此。**每当我们思考为什么事情的结果会是这样，或者为什么人们要这么做时，我们总能想到貌似合理的答案。**有时我们甚至会被自己的答案说服，这样无论我们做出什么预测或解释，它们看上去就都合情合理了。我们还总是觉得，自己非常清楚别人会对某个新产品、政客竞选演讲或者新税法做何反应。我们会说，"这个产品不可能成功，因为人们根本不喜欢这种东西"，或者"他言语中的欺骗成分太明显了，没人会上他的当"，或者"这样的税收会削弱人们努力工作和投资的积极性"。我们无法抑制这些情不自禁产生的直觉，就像我们不能抑制自己的心脏跳动一样。因此，我们能做的就是，当涉及规划商业战略、政府政策、营销活动或网站设计等问题时，尽量少依赖常识，多依赖可量化的东西。

但是，仅靠量化还不足以防止我们误入歧途，在某些无法量化的更具哲学意味的社会问题上（比如如何问责，如何归功），常识性推理还是会误导我们。在这种情况下，我们会不由自主地凭借常识性直觉想出那些"明显"的答案。但是，我们同样可以怀疑这些答案，转而寻找因理解了常识的局限而有所改良的方法来思考这个世界的问题。

试错的三大方法

1. 运用现场实验法：我们不应该把实验当成一种要么产生"答案"，要么"没有答案"的一次性实验，而应该把它看作一个内嵌在所有事物中的持续学习过程的一部分。

2. 运用至关重要的局部知识法："高度现代主义"观念的主要缺陷在于，它忽视了与作用环境相关的局部知识的重要性，而倾向于建立僵化的因果关系思维模式。制订计划时依赖的知识必须建立在具体应用环境的基础上。

3. 运用非常规的解决方法——自助法：这个方法不仅可以找出哪些方法是有效的，还能确定在移除了某些故障、解除了某些限制或者解决了系统中其他地方的问题的情况下，哪些方法可能起作用。

8 常识让你追求结果，但你应该系统思考

一个公正的社会并不是从道德中立的角度来裁决个人争端的社会，而是会促进关于"恰当的道德观点应该是什么"的讨论的社会。

2001 年 8 月 4 日，星期六，约瑟夫·格雷（Joseph Gray）度过了愉快的一天。格雷是一位在纽约市警察局工作了 15 年的老警官。那天早上，他在布鲁克林的第 72 区值完夜班后，决定和几位同事在警察局附近喝几杯啤酒。快到中午时，几杯啤酒已经变成了几瓶啤酒，他们中的几个人决定去附近的狂野西部酒吧吃午饭。格雷警官欣然同行，他整个下午一直到晚上都待在酒吧里，甚至在朋友都走后也一直待在那儿。这有些令人费解，因为那天晚些时候格雷还要值夜班。或许，他想在换班前几个小时到岗，然后再睡一觉吧。不管怎样，当格雷晃晃悠悠地坐进他那辆深红色的福特稳达汽车里时，已经喝了 12 ～ 18 杯啤酒了。对一个驾驶员来说，这些酒足以使他血液内的酒精含量超过法定上限的两倍。

接下来发生了什么，格雷事后完全回忆不起来了。案件记录显示，格雷警官沿着第三大道向北行驶，在高瓦纳斯高架桥下闯了红灯。这肯定不对，但也不算什么大问题。在以往星期六的晚上，他都能顺利开车到达史丹顿岛（Staten Island），在回警局前去接一个早些时候一起喝酒的同事。但这天晚上，他就没这么走运了。同样不走运的还有 24 岁的玛丽亚·埃雷拉（Maria Herrera）和她 16 岁的妹妹迪尔西亚·佩娜（Dilcia Peña），以及玛丽亚 4 岁的儿子安迪（Andy），他们当时正要穿过第 46 大街路口，格雷警官全速撞上三人，导致他们当场死亡。安迪的尸体在车的前挡泥板上被拖了近半个街区，车才停下。目击者称，当格雷从车上下来时，目光呆滞，言语不清，还不停地问："他们为什么要过马路？"但噩梦并没有就此结束，原来玛丽亚当时已经怀孕 8 个多月了，她未出生的孩子里卡多（Ricardo）在路德医疗中心经剖腹产出生，医生竭尽全力仍没能救回这个弱小的生命。在他母亲死后的 12 个小时，里卡多也随之而去，留下了他父亲维克多·埃雷拉（Victor Herrera）孤身一人。

事故发生约两年后，约瑟夫·格雷被州最高法院以 4 项二级过失杀人罪判处 15 年监禁。格雷请求法官宽恕，声称自己"一生从未做过故意伤害他人之事"，100 多名支持者集体写信给法庭证明格雷的为人。但法官安妮·费尔德曼（Anne Feldman）丝毫不为所动，她指出，醉酒驾驶一辆重达半吨的汽车上路，"就相当于在满是人的房间里挥舞一把上膛的手枪"。埃雷拉所在社区的 4 000 名居民联名签署了一份请愿书，要求法院对格雷从重处罚，显然法官和他们的观点一致。还有很多人认为格雷被判得太轻了，当然维克多·埃雷拉也这么认为。他在法庭上说："约瑟夫·格雷，15 年真是太便宜你了。你总有一天会出狱，那时你还能看见你的家人，而我呢，我什么都没有了，是你毁了我的一切。"[1]

即使在多年后读到这个故事，我们仍然能感受到受害者家属的悲愤之情。正如埃雷拉对一名记者所说，上帝赐予了他梦寐以求的美好家庭，之后，一个鲁莽的醉酒司机一下子把他拥有的一切全部夺走了。这肯定非常痛苦，埃雷拉完全有理由憎恨毁了他生活的格雷。然而，当我了解到事情的后续影响——警察局外的抗议，邻里和政界的谴责，整个社区受到的冲击，当然还有最后的判决时，我忍不住想，如果格雷晚点从酒馆出来，事情会是怎样的呢？当然事故就不会发生了，玛丽亚和她的妹妹以及儿子也会顺利走过路口。几星期后，里卡多会出生，他们会幸福地生活下去。而对于那个夏天的晚上在第三大道超速乱窜的汽车，他们也不会多注意什么。格雷则会在史丹顿岛接上他的同事，然后他的同事可能坚持由他来开回布鲁克林。格雷可能会受到上司的训斥，也可能侥幸逃脱惩罚。无论如何，他第二天就能回到家里，回到妻子和三个孩子的身边，继续过着安静而平凡的生活。

我们常常忽略偶然性对结果的决定性作用

好吧，我知道你在想什么，即使格雷醉酒驾车不一定导致事故的发生，但也确实增加了事故发生的可能性，所以对他的行为进行惩罚也是合情合理的。但如果是这样，类似的犯罪事件一直都在上演。每天都会有人醉酒驾车，有些人醉得和那晚的格雷一样，有些人开起车来也不管不顾。但大多数人不会被逮捕，即使被逮捕了也很少被送进监狱，像格雷一样被看作怪物和杀人犯、遭到法律严惩和公众谴责的更是少之又少。那么，为什么格雷的行为看上去比其他人的恶劣很多呢？如果格雷晚一分钟离开酒吧，或者那时前方正好是绿灯；如果玛丽亚他们一行人过马路之前耽搁了一下，或者看见车开过来就放慢脚步避让，那么事故就可能不会发生。但是，无论你认为格雷的行为有多么该遭受谴责，有多么罪大恶极，其行为的恶劣程度都和事故没有发生时是一样的。即使你赞同费尔德曼法官的观点，认为醉酒开车上路的人是母亲和孩子的潜在杀手，那你也不可能以他们可能会撞死行人为由，抓住所有酒后驾车或开车发短信、打电话的司机并判他们 15 年监禁。

结果的性质应该至关重要，这也与人们的常识性观点一致。如果某事造成了巨大伤害，那当事人就该承担重大责任；相反，如果没有造成伤害，我们就倾向于从宽处理。结果好的话就皆大欢喜，不是吗？也许是，也许不是。准确来说，我并不是在讨论格雷是否受到了公正的审判，或者他是否应该在监狱里待 15 年；我也不是说所有醉驾司机都应该被当作杀人凶手对待。我想说的是，由于受到结果的严重影响，我们对正义的常识性认知必然会使我们陷入逻辑难题之中。一方面，如果一个人杀死了 4 名无辜之人，法律还无法予以严惩，这实在令人愤慨；而另一方面，把每一个正派诚实、偶尔喝多了点酒开车回家的人都当作罪犯或杀人犯看待，好像有些说不过去。除了命运之手哆嗦了一下以外，这两种情况并没有什么不同。

这很可能就是我们在日常生活中不得不面对的矛盾。长期以来，致力于组织研究的社会学家一直认为，在组织甚至社会中，人们其实很少遵守那些规范行为的正式规则，事实上，这些规则也不可能得到全面的执行。人们之间相互作用的实际情况实在太过混乱和模糊，我们根本不可能用任何事先规定好的制度规则去管控它们。因此，有关生活的事情最好留给个人去处理，让人们各自利用常识来判断在某种情况下什么是合理且可以接受的。在大多数情况下，个人常识是行得通的，没有监管机构或法院的插手，问题得到解决，人们也从错误中吸取了教训。但当违规行为特别严重时，就必须使用相关规则让违规者受到正式严肃的处理。正如我刚刚讨论的，单看某个案例，这些规则的使用可能有些武断，甚至不公平，而那些恰好被后果殃及的人自然会想："为什么是我呢？"但是，这些规则有着一个更大的社会目标，就是对可接受的行为做出统一限制。人们不需要尽力处理好每个案例，而是只要以惩罚的威慑作用来阻止某些反社会行为就足以使社会正常运转了。[2]

从社会学的角度来看，这很有道理。即使一些不负责任的人侥幸躲过惩罚，社会仍然会时不时地对违规者予以处罚，以儆效尤，而惩罚的标准依据造成的伤害轻重来定。对于这个问题，社会学观点和常识性观点给出的解决方法恰好是一致的，但这并不意味着它们理念一致，或者说它们总会达成一致。社会学观点并不认为常识性观点强调结果而非过程的做法是对的，它只是认为，为了达到某些社会目的，这个错误可以容忍。事实上，著名法学家奥利弗·温德尔·霍姆斯（Oliver Wendell Holmes）也曾用同样的理由来捍卫言论自由，并不是因为他在为个人权利而战，而是因为他相信，如果人人都能表达自己的意见，将有助于建立一个充满活力和创造力，可以实现自我约束的社会。[3]

所以，即使我们忽略格雷这样的案例提出的逻辑难题，只当它是为实现一个可治理社会付出的可以接受的代价，但也并不意味着我们应该忽视偶然性对结果的决定性作用。然而，我们确实很容易忽视它，无论是审判某项罪行、权衡一个人的职业生涯、评估一件艺术作品、分析一项商业战略，还是衡量一些公共政策，我们在决策过程中总会受到已知结果的严重影响，即使这个结果在很大程度上是由偶然因素导致的。

否定组织中的光环效应

这个问题与管理学家菲尔·罗森维（Phil Rosenzweig）所说的光环效应有关。在社会心理学中，光环效应指的是，我们倾向于把对某个人某个特征的评价（比如长得高或者长得好看）延伸到对这个人其他不相关的特征（比如他们的智力或性格）的评价上。例如，一个人长得好看并不意味着头脑聪明，但在实验中，被试却一致认为长得好看的人比不好看的人聪明，即使他们没有任何判断智力的根据。约翰·亚当斯（John Adams）曾调侃说，乔治·华盛顿（George Washington）之所以被认为是领导者的不二人选，是因为他总是房间里最高的人，这样看来也不无道理。[4]

罗森维认为，当我们对公司战略、领导力或执行力进行所谓的理性评估时，也会出现同样的趋势。我们总是认为，成功的公司往往拥有高瞻远瞩的战略、强大的领导力和良好的执行力，而表现不佳的公司则被认为存在战略错误、领导力差或执行力弱的缺点。但罗森维指出，那些表现随着时间大幅波动的公司也会获得截然不同的评价，即使该公司一直奉行完全相同的战略，以同样的方式执行，领导层也毫无变动。还记得思科系统公司的例子吗？短短几年间，思科系统公司就从互联网时代的模范变成了一个让人们引以为戒的例子。同样，安然公司在 2001 年崩盘的前 6 年间，还被《财富》杂志誉为"美国最具创新精神的公司"。而连锁的廉价服装店 Steve & Barry's 在宣布破产的几个月前，还被《纽约时报》称为"改变行业游戏规则的公司"。罗森维总结说，在这些例子中，我们对公司的评价标准更多地取决于我们认为它们现在是否成功，而不是它们实际做的事情。[5]

说句公道话，安然公司的成功在一定程度上是靠欺骗获得的。如果多了解一些真实发生的事情的话，外部人士可能会更加谨慎。掌握更好的信息也

光环效应
Halo Effect
一种影响人际知觉的因素，一种在人际知觉中所形成的以点概面或以偏概全的主观印象。

能让人们认识到 Steve & Barry's 以及思科系统公司存在的潜在问题。但罗森维指出，仅靠获取更好的信息并不能避免光环效应。例如，在一项早期实验中，几组参与者被要求对一家虚拟公司进行财务分析。之后，实验人员会对他们的表现进行打分，每个小组还需要对自己的团队在凝聚力、沟通和积极性等方面的表现进行自我评估。不出所料，相比得分较低的小组来说，得分较高的小组成员一致认为自己的团队更具凝聚力，也更具积极性。但是，这些自我评价的问题在于，实验人员对各个小组的表现打分是随机的——高分和低分小组的表现没有任何区别。也就是说，并不是出色运作的团队展现出了良好的表现，而是表现好的表象产生了团队运作出色的假象。要知道，这些评价并不是由缺乏内部信息的外部观察者做出的，而是由团队成员自己得出的。这样看来，光环效应颠覆了关于表现的传统观点：不是导致结果的过程的质量决定了我们对结果的评估，而是观察到的结果的性质决定了我们对过程的评估。[6]

否定光环效应非常困难，如果人们不能根据结果来评价过程，那又该根据什么呢？事实上，并不是说利用结果评价过程有什么错误，而是说用单一的结果来评价过程并不可靠。例如，如果我们能对不同计划进行多次尝试，就能通过持续关注它们的成败来直接确定这些计划的优劣。但如果**我们对一种计划只能尝试一次，那么避免光环效应的最佳方法就是，集中精力评估和改进我们正在做的事情**。之前讨论过的情景分析和战略灵活性等规划方法，可以帮助组织发现存在问题的假设，避免明显的错误，而预测市场和民意调查则可以利用参与者的集体智慧，在结果出来之前评估出计划的好坏。此外，第 7 章中提到的众包策略、现场实验和自助法可以帮助组织机构认识到哪些计划有效以及哪些无效，并进行动态调整。通过改进我们制订计划和实施计划的方式，这些方法可以帮助我们提高成功率，但它们无法确保一定能成功。因此，**我们需要记住，一个良好的计划**

可能会失败，一个糟糕的计划也可能会成功，这只是机遇罢了，所以在判断计划好坏的时候，我们既要考虑到其本身的优劣，也要考虑到已知的结果。[7]

摈弃个人成功中的运气成分

即便在评估个人表现时，人们也很容易受到光环效应的影响，目前人们对金融界的高薪酬的愤怒就是一个例子。要知道，人们愤怒的根源不是银行家的薪水高（因为我们一直对此心知肚明），而是他们拿着如此高的薪水，表现还那么糟糕。毫无疑问，所谓的"为失败买单"尤其让我们气愤。实际上，这只是"绩效薪酬"这个概念存在的更深层次问题的表现，这个问题与光环效应密切相关。比如，2009年，也就是金融危机爆发之后的一年，那些为雇主赚到钱的金融从业者完全有资格获得巨额奖金。难道他们不该得到奖金吗？毕竟，把事情搞砸了的不是他们，为什么要为别人的愚蠢行为受罚呢？正如美国国际集团（American International Group，简称AIG）的一位奖金获得者所言："我是赚到了奖金，但我与美国国际集团发生的所有坏事没有任何关系。"[8]此外，从务实的角度考虑，如果帮公司赚到钱的员工没有得到相应的报酬，他们完全可能会跳槽到其他公司。这位获奖的美国国际集团员工还指出："公司需要我们留下，因为我们能给他们赚不少钱，而我们也可以把这些业务带到公司的竞争对手那里，或者逐渐减少盈利，如果他们愿意。"这些话听上去好像很有道理，但很可能只是光环效应所致。尽管媒体和公众痛斥了那些过去业绩糟糕的银行家，而那些获得不错报酬的银行家似乎确实应该获得奖金。但就我们所知，这两群银行家可能做的是完全相同的事情。

再想象这样一种思维实验。假设每年你都会抛一枚硬币，如果正面朝上，你将会度过"美好"的一年，如果反面朝上，你就将会面临"糟糕"的一年。假设糟糕的一年是真的糟糕透顶，你将给雇主带来巨额损失，但在好的一年中，你赚取的利润也会相当可观。我们严格地按照绩效支付薪酬，在坏年景中，你将一无所获，而且没有任何"作弊"手段，比如允许有固定的奖金或者重新定价的股票期权等；但在好年景中，你将得到一笔丰厚的奖金，比如 1 000 万美元。乍一看，这种安排似乎很公平，只有在业绩好时才能获得报酬。但仔细考虑一下就会发现，从长远来看，你为雇主赚得的收益基本上被你造成的损失抵消了，但你的年均薪酬却高达 500 万美元。想必在美国国际集团工作的那个人并不认为他是在抛硬币，因此他会认为我的类比从根本上来说就是错误的。他认为自己是靠能力、经验和努力获得了成功，而非运气，比如成功地避开了同事犯的决策失误。但是，他的同事们在一两年前获得巨额利润时恰恰也是这么说的，最后不也成了泡影吗？那么，为什么我们现在应该相信他的话，之前却不相信他同事的话呢？更关键的是，是否能建立只奖励真实业绩的绩效薪酬方案呢？

一种日益流行的方法是，雇主先暂扣几年奖金，之后再发放。这种方法认为，如果员工的业绩真的像抛硬币那么随机，那根据多年的表现支付酬金，应该能排除掉一部分随机性的影响。举个例子来说，如果我持有一些风险资产，该资产的价值今年涨势迅猛而明年又会大跌，若我的奖金是基于我三年内的业绩，那我将得不到任何奖金。这种想法比较合理，但房地产泡沫说明，有时候错误的假设在几年内看上去都是有效的。因此，尽管延长付酬时间的方法减少了运气对结果的决定作用，但却不能完全消除运气的影响。除了以较长时间内的平均表现衡量业绩以外，另一种区分个人能力和运气的方法是将个人业绩与同行的业绩进行比较，得出其相对业绩。这就意味着，对于一个从事某类资产交易（比如利率互换）的交易员来说，只有当他的业绩排名超过该行业的所有交易员时，他才能获得奖金。换句话说，如果某市场或行业的所有从业人员都在赚钱，那么我们就应该怀疑业绩受一种长期趋势作用的影响，而非个人能力影响。

延长奖金发放时间与将个人绩效与同行业绩挂钩的想法都值得考虑，但它们可能仍然无法解决区分运气与个人能力的深层次问题。以比尔·米勒（Bill Miller）为例，他是一位传奇的共同基金管理者，他所管理的价值信托基金连续 15 年超过了标准普尔 500 指数，这是其他任何共同基金管理者都无法企及的成就。在那段时间里，米勒的成功似乎是能力超过运气的典型代表，他的表现确实连续 15 年超过了同行。投资分析师迈克尔·莫布森（Michael Mauboussin）曾指出，如果每个人的业绩都与抛硬币一样随机，那么从基金的历史表现看来，这种连胜发生的概率是非常小的。[9] 因此，在米勒的连胜结束之后，很难再去质疑他是不是作弊了。但是，在 2006—2008 年的三年间，也就是米勒的连胜纪录结束之后不久，他的表现糟糕到足以抵消之前的大部分收益，也将他的 10 年平均水平拉低至标准普尔 500 指数之下。那么，米勒究竟是一位运气不好的精明投资者，还是恰恰相反，其水平一般，策略存在缺陷，只是碰巧在很长一段时间里奏效了呢？问题是，单从他的投资记录来看根本无法判断。雷纳在解释商业战略时曾说，就像索尼和松下的录像机之战一样，投资战略可以连续数年成功或失败，原因和能力无关，只关乎运气。当然，这看起来不像是运气的作用，但我们不知道该如何解释，成功并不仅仅是光环效应的另一种表现。

为了确保人们不受光环效应的影响，我们需要采用一种完全不同的指标来衡量业绩——一种直接评估个人能力，而不是通过结果来推断业绩的指标，因为这些结果可能会受到个人控制之外的力量作用。在米勒连胜结束之后，人们经常将他与乔·迪马吉奥（Joe DiMaggio）进行比较，后者在 1941 年棒球赛季中创下了著名的连续 56 场安打的记录。表面看来，他们的连胜很相似，但我们也知道，迪马吉奥的职业安打率是 0.324 6，在棒球运动员的整体排名中位居第 44 位，但在他连胜期间的安打率却达到了惊人的 0.409。[10] 所以，尽管迪马吉奥的连胜有一些运气因素，但他的球技也使得他比其他球员更"幸运"。[11]

那么，有没有一个类似安打率的指标来衡量其他不同行业中的表现呢？不幸的是，在体育界之外，这样的统计工具构建起来并不容易。[12] 原因在于，体育赛事的结果通常可以在近乎相同的条件下重复很多次，一个棒球选手在一个赛季中可能有 600 次击打，在其职业生涯中可能有数千次，可以说，其中每次都是对球员个人能力的独立测试。即使对于一些难以直接衡量却可以帮助球队获胜的不常使用的技能，比如职业篮球中的对位打法，我们也可以通过每个赛季的近百场比赛，观察到球员对球队和比赛结果的作用。[13] 这样看来，对于基金管理者来说，是否超过当年标准普尔 500 指数之类的成绩就相当于棒球中的安打率。而连续多年表现出色的基金管理者也确实在击败标准普尔 500 指数方面的表现超过平均水平，就像有很高安打率的棒球球员一样。但根据这个标准，在 40 年的职业生涯中，基金管理者总共只有 40 次"击球"机会，这么少的数据根本不足以有把握地衡量出他们的真正水平。[14]

打破马太效应：能力是能力，成功是成功

从很多方面看来，金融业领域的例子都比较简单，因为像标准普尔 500 指数这样的指标至少提供了一个可以衡量个人投资者表现的统一标准。但

是，在商业、政治或娱乐领域，对于如何衡量个人
能力的问题，人们达成的共识就非常少了，对各种
指标的尝试和试验更是少之又少。最重要的是，连
续的成就通常不是能力的独立表现，它并不像网球
明星罗杰·费德勒（Roger Federer）在网球比赛中
那样，每次大满贯都是相互独立的。有人可能会说，
费德勒的名声可以震慑对手，给他带来心理上的优
势，或者比赛的抽签规则不会让顶级种子选手在比
赛的前几轮就开始厮杀，这些都可以看作费德勒从
之前的成功中获得的优势。然而，每当费德勒走进
球场时，他都如同是第一次打职业网球。人们不会
因为他过去经常获胜，就让他多发一个球，或可以
不听裁判的判罚，或者给他更多的照顾，这些操作
绝对都是不公平的。同样，在 NBA（美国职业篮球
联赛）比赛中，如果在 7 场比赛的第二场开始时给
赢得第一场比赛的球队额外加 10 分，那简直太离
谱了。也就是说，在体育赛事中，我们极为重视公
平，并尽可能使得每项对个人能力的测试都是相互
独立的。

　　但是，在生活中更多的是社会学家罗伯特·默
顿（Robert Merton）所称的"马太效应"。一开始
它是指富者越富、贫者越贫，但默顿认为，这条规
则更适用于成功。也就是说，个人职业生涯早期取
得的成功，会给他带来一定的结构性优势，使其在
之后更容易获得成功，不论其自身能力如何。例如

马太效应
Matthew Effect
指好的越好、坏的
越坏、多的越多、
少的越少的一种现
象。该术语常为经
济学界所借用，反
映贫者越贫、富者
越富、赢家通吃的
经济学中收入分配
不公的现象。

在科学领域，比起去了二三线大学工作的同行来说，那些在顶尖研究院校中工作的青年科学家的教学负担往往更轻，招到的研究生更优秀，获得资助或发表论文的机会也更大。这样就会导致，在同一领域中，工作初期水平相当的两个人，在 5 ～ 10 年之后，他们的成功程度可能会有天壤之别，这只不过是他们工作单位的不同导致的。接下来，情况会变得越发不公平，成功的科学家往往能在参与的事情中获得大部分荣誉，比如，当他们和一些不知名的研究生合著论文时，即使这些研究生完成了大部分工作或者提供了关键思路，荣誉也大都是成功的科学家的。换句话说，一旦一个人被视为了"明星"，他不仅能吸引到更多的资源和更优秀的合作者，进而完成超出其能力范围的工作，而且往往能收获其不应获得的名誉。[15]

默顿写的是科研领域的马太效应，而社会学家丹尼尔·里格尼（Daniel Rigney）在他的新书《马太效应》（*The Matthew Effect*）中指出，该效应也同样适用于很多其他行业。成功可以给你带来声望和认可，这反过来又会给你带来更多的成功机会，让你获得更多实现成功的资源，使你接下来的成功更有可能被人关注到并归功于你。将这种累积优势的影响与人的天赋或努力区分开来非常困难，而大量研究发现，无论开始选择了潜力多么相似的人，随着时间推移，他们的命运都会出现巨大的不同，这与默顿的理论是一致的。例如，众所周知，在经济萎靡时期毕业的大学生，其平均收入要明显低于经济发达时期的大学毕业生。这个现象本身听起来并不令人意外，但关键是，这种差异并不仅仅在经济衰退的几年里存在，而且还会累积影响几十年。由于一个人毕业的时间显然与其个人能力没有任何关系，所以这些持续存在的影响有力地证明了马太效应无处不在。[16]

我们通常不愿意承认世界是如此运作的。在这个精英化的社会中，我们更愿意相信，成功的人一定比不那么成功的人更具才华，或者工作更努力，至少他们更好地利用了机会。当我们试图解释为什么有些书成为畅销书，为什么有些人变得富有或成功时，常识总是让我们认为，这些结果是由他们的自身品质决定的。畅销书一定有什么出色的地方，否则人们就不会买了；富有之人必定拥有某些过人之处，否则他就不会赚那么多钱了。但光环效应和马太效应告诉我们，这些常识性的解释具有很大的误导性。确实，无能之人中有很少人能把事情做好，才华横溢之人中也有极少人会彻底失败，但我们很少遇到这样的极端情况。对大多数普通人来说，随机性和累积优势并存，两者的结合意味着人们既可能取得成功，也可能遭遇失败，或者得到不好不坏的结果。但是，由于每个人的情况都是独一无二的，所以我们总能说服自己，我们看到的结果在某种程度上是他们独有特性的产物。

当然，这并不是说人、产品、想法或公司的品质或能力完全相同，也不是说我们不该相信品质会带来成功。它告诉我们的是：**衡量才能应该根据才能本身的特性**。我们不需要知道罗杰·费德勒的排名，才承认他是一位伟大的网球运动员，只要看他打几场球就知道了。同样，如果认识比尔·米勒的每个人都认为他是一个特别聪明、有想法的投资者，那他可能的确如此。米勒自己也强调，像他 15 年连胜的纪录，既是时间的积淀，也是他能力的体现。[17] 当然，他的能力也不能根据他在该行业中累积的成功来衡量，可能哪次不走运就会使他前功尽弃。所以，尽管听起来有些令人失望，但我们评估米勒的能力的最佳方式可能就是观察他的投资过程本身。[18] 我们最后得出的结论可能与他的历史业绩有关，也可能没有任何关系，而且几乎可以肯定的是，这种评估方式很难执行。社会衡量成功的标准大多是奖项、财富、花哨的头衔等指标，但是，每当我们发现自己在用这些指标来衡量某人的能力，而不是对其真正的能力进行评估时，就该怀疑自己是在自欺欺人。换句话说，愤世嫉俗者总是在问，如果你真的很聪明，那你为什么还会没有钱呢？但这种观点有着误导性，原因不仅在于，至少有些聪明之人在意的是物质财富之外的收获，而且还因为：**能力是能力，成功是成功，后者并不总能反映出前者。**[19]

是拯救公司的神话，还是被过誉的领导者

如果把能力与成功分开比较困难，那么当业绩不是根据个人行为（比如投资银行家的投资组合）来衡量，而是根据整个组织的行为来衡量时，若想分清楚能力和成功就更加困难了。为了让大家明白这个道理，让我们先抛开银行家不谈，问一个有点老套的问题：苹果公司的成功在多大程度上归功于其创始人史蒂夫·乔布斯呢？传统观点认为，他的功劳很大，这种观点不无道理。1976 年，在硅谷的一个车库里，乔布斯和史蒂夫·沃兹尼亚克（Steve Wozniak）创立了苹果公司，20 世纪 90 年代后期，乔布斯重新回到苹果公司，推出了 iMac、iPod、iPhone 等一系列热门产品，公司的命运经历了戏剧般的复苏。到 2009 年年底，苹果公司过去 6 年的业绩比整个股市和业界同行高出了 150%；2010 年 5 月，苹果公司超越微软，成为全球市值最高的科技公司。据报道，乔布斯在这段时间里既没有领薪水，也没有拿现金分红，他的全部薪酬都在苹果公司的股票中。[20]

这个故事令人信服，苹果公司的成就显著，不可能都是偶然吧。但是，由于苹果公司的辉煌历史只有这么一次，所以我们也不能确定自己是否受到了光环效应的影响。例如，我们在第 6 章讨论过，iPod 采用的策略中就有很多可能导致失败的因素，iPhone 也是如此。微软前 CEO 史蒂夫·鲍尔默（Steve Ballmer）曾对苹果公司的策略嗤之以鼻——消费者要

花费 500 美元购买一部 iPhone，还必须与美国电话电报公司（American Telephone & Telegraph，简称 AT&T）签订两年的合同，得到的手机还没有键盘。现在看来，鲍尔默简直太傻了，但实际上，他指出的问题相当合理。虽然这两种产品现在看来都像是天才之作，但这仅仅是因为它们成功了。如果它们的销售情况不佳，我们就不会讨论乔布斯的英明战略和领导力了，因为它们根本没有用。相反，我们会转而讨论乔布斯的傲慢以及对市场需求的不屑。与所有根据已知的结果判断某个策略好坏的解释一样，传统观念对于苹果公司成功的解释也很容易受到光环效应的影响。

除了光环效应以外，关于苹果公司的传统观点还存在着另一个潜在的问题，就是我们往往倾向于把整个公司的成功归因于一人，而忽视了公司中还有着成千上万名优秀的工程师、设计师和管理者。有些观点认为，乔布斯是苹果公司取得成功不可取代的缔造者，和所有常识性解释一样，这些观点也很有道理。一方面是因为乔布斯 1986—1996 年在外独立 10 年，等他回归苹果公司之后，公司运营情况才开始好转；另一方面是因为，乔布斯以要求严苛出名，他对创新、设计和工程一直精益求精，这就使他的领导方式似乎成了苹果公司走向成功的关键因素。此外，像苹果这样的大型公司需要通过一种方法来协调众人朝着共同目标努力，而这一协调工作似乎需要一个强大的领导者完成。由于领导者的角色从定义上来看是独一无二的，因此，将公司的成功主要归功于领导者也是合情合理的。

乔布斯或许就是苹果公司不可或缺的领导者，但即便他确实如此，也只是一个特例。哈佛商学院教授、社会学家拉凯什·库拉纳（Rakjesh Khurana）在《寻找企业的拯救者》（*Searching for a Corporate Savior*）中指出，公司的业绩很少受 CEO 行为的影响，而更多的是由行业总体情况或整体经济环境等个人领导者无法控制的外部因素决定的。[21] 与我们在第

3 章中讨论过的枢纽和影响者类似，库拉纳总结道，传统的成功解释之所以基于领导者的带领作用，并不是因为有证据支持着该观点，而是因为，如果不借助这样一个人，我们就无法直观地理解一个复杂庞大的实体究竟是如何运作的。库拉纳解释道，我们往往会将公司的成功归功于一个强大个体的作用，这是心理偏见和文化信仰共同作用的结果，特别是在像美国这样的推崇个人成就的文化中。媒体也倾向于采用以人为中心的简单叙述来总结公司的成功，而不是基于社会、经济和政治力量的抽象解释。因此，我们也往往容易接受这种强调特殊个体对复杂组织和事件的影响的解释，同时我们也受到这种解释的巨大影响。[22]

　　强化这种观念是选择公司领导者的一种特殊方式。常规市场中有着大量的买家和卖家，价格透明，可替代性强，而 CEO 市场则不同，人选稀少，而且其中不少人在社交或业务上已经有过往来，交易几乎都是在公众监督之外完成的。结果就像是一个"自我应验"的预言。公司董事会、分析人员和媒体都认为，只有某些关键人物才能做出"正确"决定，因此，他们一开始只会考虑几个这样的人。这种人为造成的人选稀缺反过来又会给获选者带来极其丰厚的薪酬，这样，就成了"市场"而非一群志趣相投的人更重视"获选者"的证据。最终，如果公司成功了，那么显然就是选择了"正确"的领导者；如果公司没有成功，那就是董事会做了错误的决定，他们需要再选出新的领导者。有时，"失败"的 CEO 还会带着巨额遣散费离开，这种情况往往会引起大家的关注。但是，在库拉纳看来，人们对这种情况的愤怒正是人们认为一家公司的业绩可以归功于一个人，甚至是 CEO 的能力的体现。如果公司董事会并不认为 CEO 是不可替代的，并在挑选 CEO 时扩大考虑的范围，那么在一开始，CEO 候选者就很难要出天价薪酬了。[23]

公正社会，将偶然性降到最低

我们如何区分能力和运气？如何区分个体贡献和集体表现？无论我们是否能回答上述问题，它们都会启发我们去思考社会的公平和正义的问题。政治哲学家罗伯特·诺齐克（Robert Nozick）和约翰·罗尔斯（John Rawls）曾就"公正社会的构成"进行过一场著名的辩论，这场辩论用另一种"语言"提出了社会公正的问题。诺齐克是一位自由主义者，他相信在本质上没有人有权能夺走一个人通过努力而获得的他应得的东西，即使这可能会使我们忍受社会中的诸多不平等待遇。罗尔斯则问道，如果我们事先不知道自己处于什么样的社会和经济等级地位，那我们会选择生活在哪种社会中呢？罗尔斯推断，相比于一小部分人极为富有、大多数人非常贫穷的社会，任何理性之人都会选择一个更平等的社会，在这个社会中，最差的情况也还过得去。因为在前一个社会中，成为富人的概率非常小。[24]

诺齐克认为，在很大程度上，罗尔斯的论证有悖于常理是因为它至少将个人成就部分归功于社会，而不是自身的努力。诺齐克指出，如果一个人凭借自己的才能和勤奋获得的成果不属于他自己，那么他实际上是在违背自己的意愿，被迫为他人工作，因此他并没有"自我"。所以，税收和其他所有旨在重新分配财富的制度在道德上都等同于奴隶制，无论它给人们带来了多少好处，这都是不能接受的。很多人支持诺齐克的观点，不仅因为它为低税率提供了哲学依据。通过推理在假想的"自然状态"下什么是公平的，诺齐克的观点迎合了人们关于个人成败的常识性观点。也就是说，在自然状态下，如果某人投入时间和精力建造了一艘独木舟来捕鱼，那么没有人有权从他那里拿走独木舟，即使这意味着没有独木舟的人会受苦甚至死亡。换句话说，个人结果只是自身努力和能力的产物。

在自然状态下，诺齐克的观点可能是对的。但罗尔斯看法的关键在于，我们并不是生活在这样一个"自然状态"的世界中，而是生活在一个高度发达的社会中，在这样的社会里，那些碰巧拥有某些特性或遇到合适机会的人会获得巨额回报。例如，在美国，两个技能同样纯熟、训练有素的运动员：一个是世界级体操运动员，另一个是世界级篮球运动员，在没有特别功过的情况下，他们享有的名声和财富可能大不相同。同样，两个天资差不多的孩子——一个出生在生活富裕、受过良好教育、社会声望显赫的家庭中，另一个出生在境况贫穷、教育程度低、没什么社会关系的家庭中，他们的人生可能有着完全不同的前景。[25] 即使在职业生涯早期随机出现的机遇差异，也会通过马太效应累积，对一个人的一生产生巨大影响。罗尔斯认为，由于这些不平等的出现在本质上是随机的，无论是出身、天赋导致，还是机遇使然，所以一个公平的社会就是能把这些偶然因素的负面影响降到最低的社会。

人们总是误认为，罗尔斯的观点就是主张任何形式的不平等都是不可取的，但其实，罗尔斯并不是这个意思。他赞同人们通过勤奋工作和发挥自身才能，做得比同行更好，这无疑对整个社会都有益，这与自由主义者的观念一致。因此，在罗尔斯的世界中，人们可以自由地做自己想做的事情，他们完全有权根据规则获得他们能得到的任何东西。如果规则规定篮球运动员比体操运动员挣得多，或者投资银行家比教师挣得多，那就顺其自然吧。罗尔斯认为，规则本身就是为了满足社会而非个人目的而制定的。也就是说，银行家有权与雇主讨价还价，但他们没有权利建立一个金融行业比其他行业都赚钱的经济体系。

这种观点衍生出的一个反直觉的结果是，不应该在个人层面上确定个人报酬。也就是说，如果银行家的薪酬确实过高，我们并不该通过监管个人薪酬来解决（金融行业本身就是这么主张的），而应该要让银行业整体的盈利能力下降，比如通过限制银行和对冲基金的杠杆率，或者迫使所谓的场外衍生品在公开交易市场中交易这些手段。当然，金融行业可能会辩解说，杠杆交易和定制产品不仅对客户有好处，对更广泛的经济以及金融业都有利。这些说法虽然是为自己考虑的，但也有些道理。如果经济体系整体的风险增加，导致经济成本超过了这些所谓的收益时，那么社会改变规则也就不是不公平的行为了。但我们可以考虑，对社会来说，让银行业成为一个利润较低的行业究竟是好事还是坏事，这也正是人们该讨论的内容，而不是争论某人值不值得拿 1 000 万美元奖金之类的问题。在自然状态下，自由主义者没有必要争论关于公平的问题，因为在自然状态下，没人能得到 1 000 万美元的奖金。

同样，所谓的"财富再分配"的反对者错误地认为，现有的分配是事物的自然状态，对该状态的任何改变都是不自然的，因此在道德上就是不可取的。在现实中，每次财富分配都反映了社会做出的一系列特定选择：对某些技能的定价比其他技能高；对某些活动征税或限制，而对其他活动给予补贴和鼓励；严格执行某些规则，却把其他规则束之高阁，或在精神上违背它们。所有这些选择对于每个人的财富所得来说影响重大，被披露的政府对学生贷款机构和跨国石油公司或明或暗的补贴就是一个例子[26]。

然而，这些选择都不是"自然"生成的，它们既是经济理性或社会期许的产物，也是历史偶然、政治权宜之计或公司游说的结果。如果一些政治人物（比如总统或国会成员）试图改变其中的某些选择，比如将税收负担从工人阶级转移到富人阶级，将征收所得税变为征收消费税，或者取消对各个行业的补贴，那么他们自然可以站在自己的角度上考虑这些改变是否有益。但是，如果仅仅因为财富分配本身在原则上是错的就反对改变，就不合理了。

对抗系统性风险，每一个社会成员的责任

关于社会能向其成员提出哪些正当要求的讨论也与问责制有关。例如，很多文章提到，是否一开始就不该允许那些导致了严重系统性风险的银行和其他金融公司存在呢？[27] 这些讨论大多围绕着到底是金融机构的规模、关联性，还是其他特性，决定着由金融机构的失败导致的其他经济部门的风险大小。如果我们希望更好地了解如何量化系统性风险，并想通过严密的监管来限制风险，就必须解决这些问题。但是，我们可能无法消除金融体系的系统性风险，也不能确保任何复杂互联的系统都具备健壮性和稳定性。例如，输电网络通常能在单条输电线路或单个发电机失效的情况下正常运作，但有时候一个看似无关紧要的故障却可能波及整个系统，导致数百个发电站瘫痪，影响数百万用户，近年来美国、欧洲各国、巴西就多次发生过此类事件。[28] 同样，人类最复杂的工程发明，比如核反应堆、商用飞机、航天飞机，都是根据最高安全标准设计的，但有时它们也会出现严重的故障。即使是能够承受各种物理故障的互联网，也非常容易受到各种非物理风险的影响，比如垃圾邮件、网络蠕虫、僵尸网络或拒绝服务攻击等。事实上，一旦系统达到了一定程度的复杂性，就没有办法可以规避故障的发生。[29] 若确实如此，那我们不仅需要利用更好的工具来研究系统性风险，还需要寻求更好的方法来应对系统性故障，毕竟故障无法避免。

比如，让我们看看银行业对奥巴马政府时期的一项税收提议做出的反应，该提议主张对某些交易利润征税，以补偿纳税人的救市资金。在银行家看来，他们已经偿还了这笔资金，还支付了利息，所以政府不该再对他们提更多要求了。但是，如果 2009 年银行业没有获得数千亿美元的政府资金，他们就无法直接或间接地从中受益，那么银行业的盈利情况将会如

何呢？我们永远无法得知，因为我们没有进行这个实验。但我们可以推测，美国国际集团很有可能不复存在，它的众多交易对手，包括高盛集团在内，将会有数百亿美元的资金缺口，而这笔资金本该经由美国国际集团流入这些公司；花旗集团可能已经倒闭，美林、贝尔斯登和雷曼兄弟也可能已经解散，而不是与其他银行进行合并。

总而言之，如果未得到政府注资，银行业可能已经损失了数百亿美元，而不是像现实中那样赚得数百亿美元；成千上万名银行家将面临失业，而不是像现实中那样获得巨额奖金。现在再设想一下，2008 年秋天，高盛集团、摩根大通集团、花旗集团的领导者面临着两种选择——"系统性支持"的世界和"自由主义"世界，选择前者他们将得到政府支持，选择后者他们将面临孤立无援的境地。让我们先暂且忽略银行业将对其他经济造成的破坏，问问银行界，为了避免倒闭，愿意在未来让出多少收入呢？这也是一个假设性问题，但考虑到银行业尚且自身难保，所以似乎可以肯定，银行家会同意拿出超过其直接贷款的账面价值的金额。

所以说，银行家及其同行反而把自己描述成政府干预的受害者，这是非常虚伪的，一个显而易见的原因是，除了直接贷款之外，银行业还受益于政府的慷慨援助。[30] 但真正的原因还是银行界前后立场的不一致。当经济形势一片大好时，银行界希望自己被视为独立的风险承担者，有权享受自己辛苦工作的全部成果；而当危机出现时，它们又希望自己被视为一个庞大系统中的关键因素，它们的失败关乎整个系统的成败。因为银行业过于庞大、相互关联性太强或是出于其他原因，后一种说法可能是对的，但这并不重要。真正的问题是，它们要么是自由主义者，自负盈亏；要么是罗尔斯主义者，要向照拂它们的系统付费。它们不应该为了自己的利益随意转变立场和原则。

没有一个人可以置身社会系统之外

在《公正》（*Justice*）一书中，哲学家迈克尔·桑德尔（Michael Sandel）提出了类似的观点。他认为所有关于公平和正义的问题都必须根据人与人之间相互依赖的程度来判定，其中最明显的就是朋友、家人、同事、同学这些关系网络，还有我们的社区、国家、民族，甚至是遥远的祖先的联系。我们会为"自己人"取得的成就感到自豪，会保护他们不受外来侵略，必要时还会施以援手。我们认为，正是因为我们和他们有关系，所以应该无条件地忠于他们，并希望他们有所回报。因此，不难想到，社交网络之所以会在我们的生活中起到关键作用，是因为它将我们与资源联系在了一起，给我们提供信息和支持，并促进交易在相互信任和尊重的基础上发生。由于我们已深深植根于社交网络之中，所以很难想象自己会置身于社会关系之外[31]。

到目前为止，这种观点似乎毋庸置疑。就连宣称"社会不存在"的撒切尔夫人也承认，家庭和个人同等重要。但桑德尔认为，社交网络的重要性对个人自由的概念有一种反直觉的影响。无论我们想考虑什么，都不是完全自由的，当然我们也不会想是完全自由的。这些紧密的联系在赋予我们生活意义的同时，也约束着我们，但正是通过这些约束，我们的生活才有了意义。在桑德尔看来，只通过与一些假想的自然状态类比来理解公平是没有意义的，而仅从个人自由的角度来解释公平或正义更没有意义，这两种方式都不能准确地反映我们实际生活的世界。无论我们愿意与否，我们的正义观都要处理好个人与社会之间的紧张关系，当然，这说起来容易做起来难。桑德尔认为，一个人不应该只为自己是一个美国人而自豪，却不为美国的奴隶制历史而感到羞耻。自由主义者可能会辩称，是他们的祖先做了那些应受谴责的事，而不是他们，所以他们没什么可道歉的。但可以肯定的是，这些人也为自己的祖先感到自豪，因为他们宁愿生活在这个国家而不是其他国家。在桑德尔看来，一个人不能在需要的时候就认祖归宗，而在不需要的时候又和祖先撇清关系。要么你就是大家庭的一部分，与大家荣辱与共；要么你不是，就什么也得不到。

桑德尔指出，我们的个人行为已经深深融入了社交网络之中，这一观点不仅影响了关于公平和正义的争论，也对品行和美德问题产生了影响。事实上，桑德尔认为，在没有评估好相互矛盾的观点的道德地位之前，人们就无法确定什么才算是公平。反过来，这又要求我们理解社会制度的道德目的。例如，如果不先确定婚姻的意义，我们就无法判定同性婚姻到底是对还是错；如果不先知道大学的办学目的，我们就不能判断某所大学的录取标准是否公正；如果不先搞清楚银行业应为社会做些什么，我们就不能确定银行家的薪酬是否合理。这样看来，桑德尔的观点与亚里士多德的古典哲学不谋而合，**亚里士多德也认为，若想探讨正义这个问题，就需要对事物的目的进行分析**。但是，与亚里士多德不同的是，桑德尔并不赞同在社会体系之外确定目的的观点。相反，他认为目的必须由社会成员共同决定。因此，桑德尔得出结论：**一个公正的社会并不是从道德中立的角度来裁决个人争端的社会，而是会促进关于"恰当的道德观点应该是什么"的讨论的社会**。桑德尔也承认，这可能是一件永远没尽头的麻烦事，但也别无他法。

桑德尔的观点中有一点特别有趣，至少对社会学家来说是如此，那就是人们究竟有多社会化呢？例如，长期以来，社会学家一直认为，只有在环环相扣的关系网络中（这一概念被称为"嵌入性"），人们才能正确理解个体行为的意义[32]。桑德尔进一步指出，我们用于评判公平的价值观，必然是社会的产物，这个主张反映了社会学家在 20 世纪 60 年代首先提出的一个观点，即社会现实是社会本身构造出来的，而不是外部世界交给我们的。[33] 因此，桑德尔观点的一个重要含义就是，政治哲学的基本问题同时也是社会学问题。

那么我们该如何回答这些问题呢？当然，像桑德尔那样思考是一种方法，这也是社会学家解答这些问题时普遍使用的方法。但是，仅仅依靠直觉来思考这些问题也存在着局限性。我们可以认为，那些导致了系统性风险的银行就应该为这些风险负责，比如，让它们购买"系统性风险"保险，或要求它们增加资本储备，很多人也提出了这样的观点。但是，如果我们没有充分地理解系统性风险，就无法衡量出某种行为造成了多少系统性风险，也就不知道应该对此采取何种程度的惩罚。同样，指出我们在评估过程中过于强调结果，或者过于看重"特殊之人"对结果的作用是一回事，但是，想要提出更好的绩效衡量标准，以及更好地理解公司、市场和社会等复杂社会系统实际上是如何运作的，就完全是另一回事了。换句话说，思考这些问题固然重要，但同样重要的是多解决问题而不是仅仅停留在争论这些问题上。从这一点来讲，我们有必要问问，社会科学能为我们提供什么？

思考"成功与运气"时应该避开的两大效应

1. 光环效应：它颠覆了关于能力表现的传统观点——不是导致结果的过程的质量决定了对结果的评估，而是观察到的结果的性质决定了我们对过程的评估。如果我们对一种计划只能尝试一次，那么避免光环效应的最佳方法就是集中精力评估和改进我们正在做的事情。我们需要采用一种完全不同的指标来衡量业绩——一种直接评估个人能力，而不是通过结果来推断业绩的指标，因为这些结果可能受到个人控制之外的力量的作用。

2. 马太效应：成功可以给你带来声望和认可，这反过来又会给你带来更多的成功机会，让你获得更多实现成功的资源，使得你接下来的成功更有可能被人关注到并归功于你。社会衡量成功的标准大多为奖项、财富、花哨的头衔等指标，但是，每当我们发现自己在用这些指标来衡量某人的能力，而不是根据其真正的能力来评估时，我们就该怀疑自己是在自欺欺人。因为，能力是能力，成功是成功，后者并不总能反映出前者。

反常识思维，复杂世界的终极应对工具

科学的真正本质并不是要展现出什么特定的形式，而是按照理论、观察和实验的科学程序逐步揭开世界的奥秘。

1732 年，当亚历山大·蒲柏（Alexander Pope）发表《人论》时，我们对世界的理解与今天还大不相同。《人论》写成于艾萨克·牛顿的著作《自然哲学的数学原理》出版之后几十年，当时学者们还沉浸在牛顿的惊人概念中，即地球上日常事物的运动和天体的运动遵循着同样的规律。事实上，他们仍在思考"任何形式的物理规律都能写成数学方程"这一想法，这些方程式可以以极高的精度预测事物未来的行为，无论是明天的涨潮时间还是彗星的回归周期。我们可以想到，当谜一样的宇宙突然被一个人的思想征服时，那一定是一个奇妙的时刻。正如蒲柏所写：

　　　　自然和自然的规律隐没在黑暗中，

　　　　神说，让牛顿去吧！万物遂成光明。[1]

　　在接下来的三个世纪里，人类的知识以不可阻挡之势迅速增长，并解决了世界上的众多奥秘，而且成就显著。我们有可以追溯至宇宙大爆炸时期的宇宙理论，也有可以穿越星系的天文望远镜；我们已经向太阳系之外发射了太空探测器，也登上了月球；我们制造出了可以夷平整座城市的炸弹，也制造出了可以精准地穿过一扇窗户的导弹；我们对地球进行了精确的测量，理解了其内部运作原理；我们设计和建造出了无数建筑物和桥梁，改变了河流、山脉，甚至是海岸线的形状；我们的时钟可以以十亿分之一秒为单位计时；我们的计算机用不了人类写完一个字的时间就能检索完人类写过的所有字。在自然科学领域，我们可以"让天使在针尖上跳舞"。

　　很显然，社会科学的发展相对有些落后了，但是，根据这样的观察很容易得出错误的结论。一位物理学家同事的抱怨让我想到了这个问题。这位同事说，他最近读了很多社会学方面的图书，并发现社会学的问题在于，这里面没有任何和这位物理学家习以为常的物理学规律一样通用且准确的关于人类行为的规律。他认为，社会学就是无数特例的集合，某人在某时出于某种原因做了一些事，还有人在其他时间出于其他原因做了其他事。作为物理学家，他觉得这种毫无规律的行为简直令人抓狂。毕竟，我们很难想象，如果没有了牛顿那些适用于各种时空的规律，物理学领域的巨大进步会如何发生。因此，规律是科学成功不可或缺的因素，事实上，规律已经与科学本身的概念紧密地联系在了一起。

　　这个同事认为，既然社会学家无法提出任何可以称之为规律的东西，就说明社会科学根本不该被当作科学。

常识导致的社会科学的误区

以物理学的标准来评判社会学的做法由来已久，最早可以追溯到 19 世纪的哲学家奥古斯特·孔德（Auguste Comte），他是人们公认的社会学之父。孔德甚至将社会学称为社会物理学，还设想社会学将与数学、天文学、物理学、化学和生物学一起，被称为描述现实的六大基本科学。孔德认为，社会学是所有人类经验的"总体理论"，它涵盖了所有其他科学，并将它们进一步扩展，用于解释文化、制度、经济、政治和其他一切事物，这正是我的那位物理学同事寻找的一般理论。孔德从未详细阐述过这一理论，但他的实证主义哲学，即认为社会学中的实物和力可以像物理学中的实物和力一样被描述与分析，从而为之后所有的重大理论奠定基础。

在孔德之后，最早提出此类理论的学者之一是与达尔文同时代的哲学家赫伯特·斯宾塞（Herbert Spencer）。斯宾塞指出，社会可以被理解为一种有机体，其中个体是细胞，而机构则是器官，社会发展则由一些类似自然选择的过程驱动。事实上，是斯宾塞而不是达尔文创造了"适者生存"这个词。但是，斯宾塞的这一想法很快就因太过天真而被否定了。他的基本哲学主张，即社会之所以会遵从特定的组织方式，是为了发挥某种整体功能，与孔德的实证主义不谋而合。这一主张影响了埃米尔·杜尔凯姆（Émile Durkheim）等社会学家，而杜尔凯姆至今仍被认为是社会学领域的伟大人物之一。

直到 20 世纪中叶，在哈佛大学社会学家塔尔科特·帕森斯（Talcott Parsons）的著作中，才出现了伟大理论的典范。帕森斯提出了著名的"结构功能主义"（structural functionalism）理论。他认为，社会机构是由相互作用的角色组成的网络构成，而这些角色是由受理性目的驱动的个体所扮演。与此同时，个体行为还受到社会规范、法律和其他体制的制约，这些体制内嵌于个体所在的机构之中。[2]帕森斯对不同种类的行为所能满足的各种功能，以及这些行为所处的不同社会和文化格局进行了详细的分类，这相当于描述了整个社会。该理论确实是社会学的"宏伟大厦"，帕森斯也被认为是历史上最伟大的社会理论学家之一。但就像之前的斯宾塞和孔德一样，帕森斯的"一般理论"刚刚提出，评论家们就把它批判得一无是处：这套理论只是说"人们做某件事是因为他们想这么做"，这根本称不上是一个理论，只是一套"概念和定义"，它过于复杂，没人能理解。[3]

几年后，回顾帕森斯理论的"败局"，社会学家罗伯特·默顿得出结论说，社会学家太急于模仿物理学家的理论性成功了。默顿并不是说"物理学家引人嫉妒"这点不好，正如他所说："许多社会学家将物理学领域的成就作为评价自身的标准，他们想和物理学'大哥'比试比试，也想独当一面。但显然，他们既没有'大哥'那样强壮的身板，也没有那样强悍的冲劲儿。一些社会学家灰心丧气，开始质疑，'难道社会学只有建立了完整的体系才能成为一门真正的科学吗？'"默顿对此非常赞同，但他提醒说："这种观点忽略了一个事实，那就是20世纪的物理学和20世纪的社会学之间相差了数十亿小时持续的、训练有素的累积研究时间。"在物理学领域，只有在哥白尼、第谷和其他很多人进行了几个世纪的艰苦观测之后，像开普勒这样的天文学家才找到了可以解释前人数据的数学规律，再后来才出现像牛顿这样的天才将这些规律归纳简化为真正的定律。相比之下，默顿描述的社会学家却是反其道而行之，他们先提出了整个思想体系，然后才开始考虑自己需要对什么进行探究。[4]默顿感叹道："也许，社会学还没有为它自己的'爱因斯坦'做好准备，因为它还没有找到开普勒，更不用说牛顿、皮埃尔·西蒙·拉普拉斯、约西亚·威拉德·吉布斯、詹姆斯·麦克斯韦或者马克斯·普朗克了。"[5]

　　因此，默顿并没有执着于探索某种宏大理论或是人类行为的普遍规律，而是主张社会学家应该专注于发展"中层理论"。这一理论需要足够普适，可以解释孤立现象之外的现象，同时又要足够具体，可以说明一些具体实用的东西。例如，"相对剥夺论"指出，只有当人们的困苦程度超过身边的人时，他们才会感到痛苦。所以，如果你的房子意外被烧毁，那么你可能会悲痛欲绝，但如果你所在的城市被一场大地震摧毁，你的邻居中死了上百人，那么你就会庆幸自己还活着。相对剥夺论并不是一个完全通用的理论，它只是用来预测人们对逆境的反应，也能广泛地应用于对逆境的感知。类似地，"角色集合论"强调，不仅每个人扮演着多重角色（比如在学校是一位老师，在家里是一位父亲，在周末的垒球队中是一位接球手等），而且每个角色本身也是各种关系的集合（比如师生关系、同事关系、上下级关系等）。同样，这个理论比较具体，它并没有提到市场、政府或社会世界的其他重要特征，但又比较普遍，适用于各行各业的人。[6]

　　学界通常认为，默顿对中层理论的提倡非常明智，但它并没有打消人们探索宏大理论的热情。事实上，在默顿的观点发表仅一年之后，经济学家约翰·海萨尼（John Harsanyi，因博弈论方面的工作获得 1994 年诺贝尔经济学奖）就提出，理性选择理论可以提供一种一般理论，而这种一般理论正是默顿指出的非常不成熟的理论。于是，另一个循环又开始了，理性选择理论学家认为他们的工作可以媲美牛顿力学，而评论家则对此大肆批评，就像理性选择理论学家之前驳斥帕森斯的理论那样。[7]越来越多的人认识到，与它的前辈一样，理性选择理论也不能提供关于人类行为的一般理论，但这种认识还是没有把社会科学从对物理学的"嫉妒"中拉出来。[8]

与之相反，如果我的那位物理学家同事的抱怨可以参考，那么我们可以知道，即使社会学家最终厌倦了普适万物的宏大理论，还有整整一代的物理学家等着填补空缺呢。[9]

考虑到人类行为的复杂性，这种研究社会科学的方法似乎有些荒唐。我们在第 1 章中讨论过，个体行为极为复杂，它受到几十种心理偏见的影响，其中很多偏见我们都意识不到，它们发挥作用的方式我们也尚未得知。第 2 章也指出，当个体相互作用时，无论你对他们的了解有多么深入，其集体行为也可能无法简单地根据个体的特性和动机预测出来。真正的社会不仅涉及个人和群体，还有一系列令人眼花缭乱的市场、政府、公司和其他我们自己建立的机构，其实际复杂性就更高了。那为什么还有人认为，他们能用一套规则来解释这一切呢？

原因是社会学家也是人，他们也会和规划者、政治家、营销专家和商业战略专家犯同样的错误——他们都会低估要解决的问题的难度。同样，像规划者、政治家等人一样，无论对宏大理论的探索失败了多少次，总有些新人认为问题不可能这么难——毕竟，"这又不是火箭科学"。换句话说，如果社会学需要提供的理论大多类似于常识，这不仅仅是因为一旦你知道了答案，一切人类行为就显而易见了，问题还在于，社会学家和其他人一样，也会参与到社会生活中，所以他们认为自己稍加思考就能理解人们的行为。因此，不难想到，许多社会科学立场的解释都有着共同的弱点，即事后诸葛亮、代表性个体、特殊之人、用相关性代替因果性等，这些弱点在我们的常识性解释中也随处可见。

反常识实验，测量不可量化之事

60 多年前，拉扎斯菲尔德的同事塞缪尔·斯托弗（Samuel Stouffer）指出，社会学家应对这个问题的一个方法是，尽量少依赖常识，多培养反常识[10]。但在社会学中，真正想摆脱常识推理可没这么简单。难点主要在于，在社会科学发展史上的大部分时间，我们根本不能像衡量物理和生物现象中的要素那样衡量社会现象中的各个元素。我们前面也提到，社会现象由大量相互作用、相互影响的人组成，同时，人们还与他们构成的组织和政府有着联系，而这些都很难直接观察到，更不用说放入实验室研究了。[11]

但是，随着社会的发展，一些社会科学的历史局限性可能因此会得以突破。目前，诸如电子邮件、手机、即时通信等通信技术可以暗中追踪数十亿人之间的社交网络以及信息流动。像 Facebook、Twitter、维基百科、《魔兽世界》这样的在线社区通过开创新型社交活动并加以记录，促进了人们之间的互动。像亚马逊土耳其机器人这样的众包网站被广泛地用作"虚拟实验室"，研究人员可以在此进行心理和行为实验[12]。此外，网络搜索、在线媒体和电子商务也在不断加深我们对世界各地人们的想法和行为的理解。现今的技术可以让我们观察到数亿人的行为和互动，这也引发了关于个人权利和隐私的严重问题，因此我们必须谨慎行事。[13] 与此同时，这些技术也显示出巨大的科学潜力，使我们第一次能真实可靠地观察到大型群体，乃至整个社会的即时行为。

例如，第 2 章讨论的"音乐实验室"实验涉及近三万名参与者，该实验揭示出了社会影响对成功的决定性作用。50 年前，当社会心理学家第一次针对影响和群体决策进行开创性的实验研究时，他们也可以想到这种实验，但直到最近，此类实验才得以实施，原因仅仅是之前实验室中无法放下这么多人。同样，第 3 章讨论的"影响者"的研究是为了回答一个遗留多年的问题——特殊个体是否会引发信息传播。为了回答这个问题，我们需要在两个月期间跟踪整个 Twitter 上超过 7 000 万个 URL 的传播；而在像 Twitter、Facebook 这样的社交网络服务出现之前，如此大规模、高精度的研究根本不可能实现。[14]

之前讨论过的其他实验，比如第 3 章的小世界实验，在互联网时代之前是完全有可能实施的，但实验规模却无法达到现在的水平。例如，米尔格拉姆的原始实验使用的是信件，并且只通过 300 个人传递给在波士顿的一个目标对象；而我和同事在 2002 年进行的实验则是基于电子邮件，我们让 6 万多人将信息发送给分布在 13 个国家中的 18 个目标。在传递过程中，信息链经过了 160 多个国家。因此，尽管有种种局限，这个实验仍然是对小世界假说的一个世界级规模的简单实验。同样，在第 7 章中提到的戴维·赖利等人进行的关于广告有效性的现场实验，在设计上也与之前进行的实验非常相似，但它涉及了 160 万参与者，实验规模较之前大了很多倍。这个实验能成功就足以令人瞩目，而且它在科学研究上也具有重要意义——因为广告的真实效果可能非常小，这种情况下，就需要大量样本来将这种效果从"噪声"中提取出来。[15]

物不以类聚，人不以群分

还有一种直到最近才得以开展的研究，涉及社会生活中处处可见的一种模式，它在社会学中被称为同质性原则（homophily principle），即所谓的"物以类聚，人以群分"。几十年来，社会学家发现，朋友、配偶、同事、熟人之间在很多特征上都比陌生人之间更为相似，比如种族、年龄、性别、收入、受教育程度，甚至是对某些事物的态度。但这些相似之处从何而来呢？乍一看，答案似乎很明显：人们更可能与相似之人建立联系，因为无论对错，他们更愿意与"同道中人"共度时光。但是，这种常识性解释忽略的是，人们只能从他们实际遇到的人中选择朋友，而他们实际遇到的人在很大程度上取决于一起工作或同属一个组织的人，或经熟人介绍认识的人。社会学家的研究表明，许多小范围的社会环境组成成员在种族、性别、年龄和受教育程度方面都是高度相似的。因此，**我们看到的相似之处很可能与我们的心理偏好没有多大关系，而只是世界给我们带来的有限机会所致。**[16]

此类问题的解决非常重要，它会影响我们处理一些有争议问题的方式，比如种族隔离问题、平权运动问题等。但是，用数据来处理问题又非常困难，若想厘清各种因果关系，就需要长期追踪和观察个体、网络和群体的变化[17]，纵观历史，人们一直无法获取此类数据，但电子邮件等通信技术的出现可能会改变这一切。在大多数情况下，电子邮件往来代表了真实的关系，因此，我们可以将其作为观察潜在的社会网络的一种方式。此外，由于电子邮件服务器可以轻松记录数千人，甚至上百万人长时间的邮件往来，所以我们可以详尽地重现大型关系网络的演化过程。利用这些信息，再加上公司、大学和其他组织定期采集的成员信息，我们就可以将完整的图景大致勾勒出来。

我和一位研究生古奥吉·科斯涅茨（Gueorgi Kossinets）就用这种方法研究了一所大学里的学生、教师和行政人员之间发生同质化的原因。和之前的研究一样，我们发现熟人，也就是定期互发邮件的人，在年龄、性别、学术专业等一系列方面的相似性比陌生人高得多。我们还发现，比起没有任何相似之处的陌生人来说，那些相似的陌生人在未来更有可能建立联系，这与我们的常识观点一致。但是我们还发现，那些关系已经很亲近

的人，无论是因为有着共同的朋友还是同属一个群体，他们都比关系没那
么亲近的朋友更相似，而且一旦我们考虑到关系亲近的影响时，相似个体
之间的大多数连接倾向就会消失不见。我们得出的结论是，尽管社团中的
个体确实表现出了与相似之人建立联系的偏好，但这种偏好相对较弱，它
会随着时间的推移，通过连续多轮的选择不断增强，从而形成我们观察到
的网络中较强的连接偏好。[18]

　　互联网有助于解决的另一个同质性问题是，无论是选择还是环境所
致，人们都越来越倾向于和志趣相投的邻居和熟人联系。这也是长期困
扰政治学家和社会学家的问题。如果确实如此，那这种趋势其实是有问题
的，因为同质的社会圈子会导致社会分裂的问题变得越来越严重。在这样
的社会中，意见分歧可能会引发政治冲突，而不是平等的意见交流。但这
种趋势真的存在吗？政治学家普遍认为，现今，美国国会的两极化程度达
到了历史顶峰，媒体两极分化也很严重。但在对普通人两极分化的研究
中，我们却得出了相互矛盾的结论：一些研究发现，普通人的两极分化程
度显著提高；而另一些研究则指出，几十年来，普通人之间同质化的水平
变化并不大。[19]出现这些矛盾的结果可能是因为，人们认为他们和朋友的
相似程度远远大于他们的实际相似度。因此，大多数两极分化可能只是人
们的感觉，而非真实存在。虽然在理论上检验这个假设很简单，但实际操
作起来非常困难。比如，为了检验朋友之间是否像他们自己认为的那样一
致，我们需要就每一个兴趣点询问每一对朋友（假设为 A 和 B），A 是如
何看待这个问题的，B 又如何看，A 觉得 B 会作何想法等。这种针对大量
兴趣问题和多对朋友的调查极为耗时耗力，特别是还要让每个受访者列出
朋友的名字，然后进行追踪调查。[20]

　　在 Facebook 上，这项工作相对来说就简单多了。因为每个人的朋友都

是公开的，我们甚至可以通过计算共同好友的数量来区分不同朋友之间的亲密程度。[21] 2007 年，Facebook 推出了第三方开发者平台，该平台允许第三方在 Facebook 底层网络上运行自己开发的应用程序。2008 年年初，我在雅虎的同事沙拉德·戈尔（Sharad Goel）和温特·梅森花了几个星期的时间开发出了一款名叫"朋友印象"（Friend Sense）的应用程序。这款应用程序可以就一系列社会和经济问题采集人们的看法，以及他们认为自己的朋友对这些问题的看法。按照 Facebook 的标准，"朋友印象"只是一个小小的成功——注册用户约有 1 500 人，产生了近 10 万条回复。但按照网络调查的标准来看，这个规模就相当大了。要是使用传统的调查方法，这种规模的研究至少要花上几年时间来计划、筹款与实行，成本将近几十万美元（主要支付给调查员）。在 Facebook 上，我们只花了几千美元打广告，在几周内就得到了数据。

我们发现，正如同质性原则预测的那样，朋友之间确实比陌生人之间的相似性更高，而且那些联系紧密和自称可以一起讨论政治问题的朋友比普通熟人更相似。但无论亲密与否，朋友之间的实际相似程度并没有他们认为的那么高。特别是，我们的受访者很少会猜到自己的朋友，甚至是可以讨论政治问题的亲密朋友，在某个问题上与自己的观点相悖。我们从"朋友印象"的用户那里收集到的一系列报告也证明了这些结论。这些用户常因自己的朋友和至亲对自己抱有的看法感到失望："他们怎么能认为我是那么想的呢？"还有不少受访者反映说，他们在被问及他们自认为很了解的人的问题时，却发现自己根本不知道答案，即便这个问题应该是那种受过教育、积极参与政治的朋友之间应该讨论的话题。[22]

如果以政治问题为话题，只能稍微提高一点儿我们检测自己何时与朋友意见不同的能力，那我们该以讨论什么问题为标准来衡量和朋友之间的相似性呢？更确切地说，如果不知道朋友对某个问题的真实看法，那么我们应该如何去猜测？通过一系列补充和分析，我们总结出，当我们不确定朋友的想法时（虽然我们通常不愿承认自己不知道朋友会怎么想），在一定程度上，我们会根据之前对朋友的简单印象来猜测其观点，比如，"我的朋友们大多是左翼自由派的，所以他们很可能会支持左翼自由主义的观点"，有时我们还会将自己的观点"映射"到他们身上[23]。后一发现非常重要，因为自拉扎斯菲尔德起，社会学家和营销专家一直认为，政治观点的改变更多地取决于人们口头讨论的影响，而不是受人们在大众媒体上看到或听到的内容影响。但如果事实证明，当人们考虑朋友的观点时，他们看到的其实只是自身观点在朋友身上的反映，那我们将不得不考虑，人们究竟会受到多大的影响呢？遗憾的是，"朋友印象"的设计初衷并不是用来回答与社会影响相关的问题的，但是，已经有其他研究人员开始在 Facebook 上进行影响力方面的实验研究，所以，我们不久之后就可能会得到更好的答案。[24]

　　用网络数据来代替"真实"社会关系也存在着各种问题，无论这些数据来源于电子邮件，还是 Facebook。比如，我们如何判断 Facebook 上的联系意味着何种关系类型，或者两个人之间的交流有多少是通过电子邮件进行的？我可能在一天内会给同事发很多封电子邮件，而给我妈妈却一周只发一两封，但这一观察结果并不能说明这些关系的性质和重要程度。可能我会用电子邮件进行一些互动，但其他交流我更喜欢通过短信、Facebook 或直接见面来实现。即使我们与不同的人交流时用了相同的方式，这些交流也可能有着不同的意义。所以，仅从交流频率来看，我们只能推断出存在某种特定关系，却无法得知应该首先关注哪些关系。比如，如果想了解团队的工作效率，我们最需要关注的是同事之间的关系；而对于其他目的来说，比如想要了解宗教或政治信仰，工作关系可能就不太相关了。想要知道某个谣言是如何快速传播的，我们需要重点关注最近几天联系的人，而对于那些只能通过信任网络传播的信息，重点可能就是那些持续数年的关系了。[25]

类似这样尚未解决的问题还有很多，这些问题使我们无法从网络数据（无论我们能获得多少数据）中得出更多有意义的社会学推论。单凭数据量大可解决不了一切。但是，随着人们对观测数据获取能力的突飞猛进和可进行实验规模的空前发展，社会学家可以期待这样一个社会学世界的出现：在这个世界里，人们可以衡量、理解甚至预测一些形式的群体行为，就像其他领域的科学家早已习惯的那样。

一切并非显而易见

我们尚不清楚这些新技术将引领社会科学走向何处，但可能不会是孔德和帕森斯等社会学家梦想的那种简单普遍的法则，因为社会可能并不受此类法则的控制。与何时何地都同样发挥作用的重力不同，同质性的出现一部分源于心理偏好，另一部分则源于结构限制；与定义明确的质量和加速度不同，社会影响有时候是集中的，有时候又是分散的，而成功则受个人选择、社会约束和随机因素的共同作用；与可以精确地分析其作用的物理学中的力不同，人类行为的表现受外在激励与内在动机之间复杂的相互作用的驱动；与有没有我们都会照常运作的物理现实不同，社会"现实"离不开人们的感知，而这种感知既受我们自己心理偏见的影响，也受外部种种特性的影响。

换句话说，社会远比物理世界复杂，我们越是了解它，它就越是复杂。这导致了我们可能永远无法拥有像物理学那样精确、普适的社会学规律。但是没关系，虽然物理学凭借一些极为普遍的法则取得了巨大的成功，这并不意味着这是科学发展的唯一道路。生物学目前也没有普遍的规律，但生物学家仍然取得了长足的进步。所以，科学的真正本质并不是要展现出什么特定的形式，而是按照理论、观察和实验的科学程序逐步揭开世界的奥秘。当然，这些程序并不是为了发现某种规律，而是要找出解决问题的方法。因此，如果我们不再纠结于寻找社会科学中的一般规律，而是把关注点放在解决实际问题上，或许更有可能取得进展。

我们有望解决何种问题呢？更确切地说，这又回到了我在前言中提出的问题，社会学家有望解决哪些普通人解决不了的问题呢？诚然，任何会思考的人都能通过反省搞清楚：我们受到了亲朋好友观点的影响，事情发生的背景很重要，所有事情都是相关的。当然，即便没有社会科学的帮助，这些人也能知道，认知很重要，或者人们关心的不仅仅是钱。同样，人们稍加思考也会知道，成功至少在一定程度上是运气所致，预言可以自我实现，即使是完美的计划也常常受到意外因素的影响。任何会思考的人也会知道，未来无法预测，过去的付出并不能确保未来的回报。人们也会知道，人是有偏见的，有时甚至是不理智的，政治体系中充斥着低效和矛盾，有倾向的说法有时胜过事实，简单的故事会掩盖复杂的真相。人们可能知道，或者至少听说过很多次以至于都相信了，每个人通过"六度分隔"就能与其他任何人相识。总而言之，当讨论到人类行为时，社会学家发现的东西，无论是多么难以理解的结论，会思考的人可能早就认为那是显而易见的事情了。

然而，这些显而易见的事情是如何被整合到一起的，我们并不清楚。比如，虽然我们知道人们之间相互影响，热门电影、书籍和歌曲比普通作品要成功得多，但我们不知道，作用在个体层面的社会影响是如何在整个市场中推动不平等和不可预测性出现的。同样，我们也知道社交网络中的人往往会聚集在相对同质的群体中，但我们却无法通过观察推断出，这些模式是心理偏好所致还是受结构性约束的影响；我们也不知道，是否正是由于这种局部聚集，个体可以在大规模网络中通过短短几步就能接触到遥远的陌生人。在某种程度上，我们承认未来不可预测，但我们不知道，通过更仔细地考虑各种可能性，这种不可预测性可以被消除多少；我们也不知道，这些不可预测性中有多少和掷骰子一样是内在随机的。我们更不清楚，可预测性和不可预测性之间的平衡会如何改变我们为应对未来意外事件所制定的战略，或者会如何改变我们对观察到的结果做出的各种解释。

正是在解决这些问题的过程中，社会科学才有望超越仅凭常识和直觉就能达到的高度，取得真正的进步。此外，随着这些难题得到解决，我们还可能发现类似的机制在很多问题中都发挥着作用，这或许能指引我们发现默顿在20世纪60年代想过的那种"中层理论"。通过研究文化市场中的社会影响，我们能了解到经济激励和个人业绩之间的关系，那我们还能知道些什么呢？比如，我们曾研究发现，人们在政治态度上的实际相似性与自认为的相似性之间存在区别，那我们如何将这一发现与社交网络中的同质化现象联系起来呢？这些发现又能告诉我们关于社会影响和集体行为的什么信息呢？我们如何将网络搜索、社会影响、决策制定、激励与业绩、认知、两极化与不平等、社会公正、经济政策等社会科学中的"大"问题联系在一起呢？

我们能否解决上述问题，目前尚不知晓，但基本可以肯定的是，社会学家和其他社会科学家感兴趣的一些问题是永远不可能被精确地量化的。因此，无论互联网和其他新技术如何影响这些领域，社会学家的传统工具（文献研究、现场调查、理论模型和深刻反思）将继续发挥重要作用。同样，无论我们掌握了多少基本科学知识，那些最复杂、最紧迫的现实问题，比如如何在社会正义问题上达成共识，或如何设计出某种制度以解决不确定性的问题，也一定不能用工程方法来"解决"。对于这样的问题，我们仍然可以寻求一些更有效的解决方法，比如，第 7 章中提到的自助法、现场实验，或者约翰·罗尔斯和迈克尔·桑德尔等政治哲学家一直提倡的民主协商法。但准确的因果关系可能永远让人捉摸不透。

我们可能需要同时使用所有我们掌握的方法和资源，尝试自上而下地理解人们的行为方式以及世界的运行方式。这个工作量很大。默顿在 40 年前就指出，我们之前已经先后在物理学、生物学和医学领域做过类似的事情。60 多年前，随着 DNA 的发现而开始的基因组革命，从事这方面研究的组织或个人承诺会提供更多的医疗手段，而它实际能做到的并没有这么多，但这并没有阻碍我们投入大量资源继续进行医学研究。[26] 那为什么用于理解城市贫困、经济发展或公共教育等社会问题的科学这么不受重视呢？这不合常理啊。我们也不能再口口声声地说是因为缺少必要的研究工具。正如望远镜的发明彻底改变了天文学研究一样，通过测量不可量化之物，手机、网络、互联网通信等方面的技术变革也有可能彻底改变我们对自身的理解以及我们交流的方式。默顿所言极是，社会科学还没有找到自己的开普勒。300 年前，亚历山大·蒲柏曾指出，研究人类的关键不在上帝手中，而在于我们自己。如今，我们终于发现了自己的望远镜[27]，那就让革命开始吧……

致 谢

　　《反常识》这本书虽然写了 3 年多的时间，但在
我的脑海里却酝酿了 6 年之久。写书的这段时间里，
我有幸在一些出色的机构中工作，遇到了很多难忘
的人。我由衷地感谢大家，特别值得一提的是以下
诸位。

　　首先，我非常感谢雅虎公司在过去 3 年里为
我们提供的激励和支持并存的研究环境。在当今
这个时代，居然还有一家美国大公司选择投资一
个致力于基础科学的研究机构，这实在令人惊讶。
但没错，这恰恰是雅虎研究院的使命。我们 100
多位研究型科学家也为公司做出了巨大贡献。在
工作中，包括在写这本书的过程中所体会到的自
由度和灵活性，对我而言都意义非凡，这要归功
于我们的研究主管普拉巴卡·拉加万（Prabhakar
Raghavan）的领导。我还要感谢普雷斯顿·麦卡菲
（Preston McAfee）和罗恩·布拉奇曼（Ron Brachman），
他们给了我支持和鼓励；感谢我的同事沙拉德·戈
尔、丹·戈尔茨坦、杰克·霍夫曼、塞巴斯蒂安·拉

哈伊（Sebastien Lahaei）、温特·梅森、戴维·彭诺克、戴维·赖利、丹·里弗斯（Dan Reeves）和锡德·苏瑞（Sid Suri），从他们那里我学到了很多。我还遇到了一群既可以与之激烈争论又可以愉快共事的人，在这里我也要感谢他们。

加入雅虎公司之前，我在哥伦比亚大学的社会学系度过了几年，那也是对我影响巨大的几年。感谢哥伦比亚大学社会学系在我没有社会学学位时就聘用了我，耐心地容忍我对社会学的浅薄认识，并毫无保留地指导与教育我。现在，我不能说自己已经成为一位"真正"的社会学家，但已经进步了很多。我还要特别感谢彼得·贝尔曼（Peter Bearman）、乔纳森·科尔（Jonathan Cole）、迈克尔·克罗（Michael Crow）、杰弗里·萨克斯（Jeffrey Sachs）、戴维·斯塔克（David Stark）和哈里森·怀特（Harrison White），感谢他们多年来的支持和建议，还有我的学生和合作者，彼得·道兹、古奥吉·科斯涅茨、罗比·穆罕默德和马修·萨尔加尼克。我也很感谢已故的罗伯特·默顿，他是哥伦比亚大学社会学史上的一位杰出学者，在我研究生涯的早期，他给了我莫大的鼓励，而他留下来的工作也不断激励着我。

在哥伦比亚大学的那些年，我的研究得到了美国国家科学基金会、詹姆斯·麦克唐纳基金会（James S. McDonnell Foundation）和美盛基金（Legg Mason Funds）的支持，彼得·贝尔曼领导的社会和经济政策研究所还给我提供了宝贵的行政支持和办公空间。没有他们，《反常识》这本书中的大部分研究将无法实现。之后，我有幸成为牛津大学纳菲尔德学院和圣塔菲研究所（我的智库之家）的访问学者。2007 年，纳菲尔德学院为我安排了两个月的假期；2008 年和 2009 年夏天，我在圣塔菲研究所度过了几周的假期，没有这些重要的假期，我是不可能从日常工作中抽出身来完成这样长的一个写作项目的。在这里，我要感谢纳菲尔德学院的彼得·赫斯特罗姆（Peter Hedstrom），以及圣塔菲研究所的杰弗里·韦斯特（Geoffrey West）和克里斯·伍德（Chris Wood），感谢他们为我的访问提供的支持和帮助。

最后，我要感谢那些帮助这本书出版的人。感谢皇冠出版社的编辑罗杰·肖勒（Roger Scholl），他不仅为我加油鼓劲，还为我指明方向，在漫长的编辑过程中，他经常帮助我重拾写作的热情，也让我避开了很多自己挖的陷阱。感谢我在威廉·莫里斯经纪公司（William Morris Endeavor）的代理人苏珊妮·格鲁克（Suzanne Gluck）和埃里克·卢普尔（Eric Lupfer），在我整合最初的观点时，他们为我提供了巨大的帮助，还在我的写作过程中提供了宝贵意见。感谢沙拉德·戈尔、丹·戈尔茨坦、维多利亚·约翰逊（Victoria Johnson）、迈克尔·莫布森、汤姆·麦卡锡（Tom McCarthy）、斯科特·佩吉（Scott Page）和查克·萨贝尔（Chuck Sabel），他们在阅读本书初稿的过程中指出了很多错误和疏漏。感谢我的朋友和家人，他们忍受了我多年来对这本书的牢骚抱怨，感谢他们的宽容和忍耐。虽然我并不是最擅长解释是非纠纷的人，但我希望，当你读完这本书之后，一切都会变得清晰明了，甚至显而易见……

前言　常识思维 vs 反常识思维，一切并非显而易见

1　约翰·格里宾对贝克尔的评论可见 Gribbin（1998）。

2　关于"小世界网络"的描述见 Watts（1999）。

3　最近一项关于现代金融、战争和政策的复杂性的研究可见 Segal（2010）。

4　关于贝利·哈奇森提案的报道可见 Mervis（2006），关于参议员科伯恩提案的报道可见 Glenn（2009）。

5　Lazarsfeld (1949).

6　关于"这不是火箭科学"的例子可见 Frist, et al.（2010）。

7　司机实验的结果可见 Svenson（1981）；其他错觉优势实例可见 Hoorens（1993），Klar and Giladi（1999），Dunning, et al（1989），Zuckerman and Jost（2001）；领导力实验的结果可见 Alicke and ovorun（2005）。

引言　常识思维常常让我们犯错

1　米尔格拉姆的服从权威实验可见 Milgram（1969）；他的生平和研究可见 Blass（2009）。

2　米尔格拉姆的发现刊登于 1974 年《今日心理学》（*Psychology Today*）采访中，转载见 Blass（2009）。地铁实验的原始报告可见 Milgram and Sabini（1983），转载见 Milgram（1992）。30 年后，两名《纽约时报》

的记者重复了米尔格拉姆的实验，关于乘客的困惑，甚至是愤怒，以及米尔格拉姆他们自己的极度不适，两位记者报告了近乎一致的结果，报告结果可见 Luo（2004）和 Ramirez and Medina（2004）。

3 尽管社会学入门教科书中都提到了常识的本质和限制，约一半的教科书中都有对常识的引用，但社会学期刊却很少研究这个话题。详见 Mathisen（1989）。不同社会学家的观点可见 Taylor（1947）、Stouffer（1947）、Lazarsfeld（1949）、Black（1979）、Boudon（1988）、Mathisen（1989）、Bengston and Hazzard（1990）、Dobbin（1994）、Klein（2006）。与社会学家相比，经济学家就更不关心常识问题了，但关于社会与直觉的有趣讨论可见 Andreozzi（2004）。

4 Geertz (1975, p.6).

5 Taylor (1947, p. 1).

6 哲学对于"常识值多少关注"的问题总是摇摆不定，所以哲学家经常思考常识对于理解世界的作用。简而言之，这个问题与经验本身的基本可靠性密切相关，也就是说，何时可以接受何事是自然而然的，那么什么时候必须质疑自己的感觉呢？一个极端的例子是，激进的怀疑论者认为，所有的经验实际上都经过了大脑的筛选，所以没有什么事情可以理所当然地代表客观事实。另一个极端的代表是像现实主义学派的托马斯·里德（Thomas Reid）这样的哲学家，他们认为自然哲学应该"随遇而安"。 19世纪初，美国的实用主义哲学派提出了一个折中立场。以威廉·詹姆斯（William James）和查尔斯·桑德斯·皮尔斯（Charles Saunders Peirce）为主的哲学家强调，应该把科学的抽象知识和普通经验结合起来，但他们也认为，所谓的常识，大都应该用怀疑的眼光看待，详见 James（1909）。常识在哲学中的研究史可见 Rescher（2005）和 Mathisen（1989）。

7 应该注意的是，常识推理也有类似一般原则的备份系统。因此，在面对之前从未遇到过的意外情况时，如果处理某些特定情况的常识规则不起

作用，我们并不会束手无措，而是会简单地参考更一般的指导规则。但
是，试图将这种备份系统正规化的研究从未成功过，尤其在人工智能研
究方面，详见 Dennett（1984）。因此，尽管备份系统确实会起作用，但
它并不像科学和数学的逻辑结构一样。

8 关于常识和人工智能的讨论可见 Minsky（2006）。

9 对于跨文化最后通牒博弈的研究描述见 Henrich, et al.（2001）。对于工业
化国家最后通牒博弈结果的综述可见 Camerer, Loewenstein, Rabin（2003）。

10 可参见 Collins（2007）。常识扎根于文化中，这就导致了它所认为的"事
实"，也就是那些对客观现实的原本描述往往是基于社会文化领域内其
他无关特征的价值判断。例如，考虑一下"警察对严重犯罪案件更上心"
这个观点。对这一问题的实证研究发现，他们确实是这样，与常识一
致。但社会学家唐纳德·布莱克（Donald Black）反对说，在一些情况中，
受害者可能在报案时就把自己的遭遇说得很严重。这样看来，犯罪案件
的严重性不仅取决于其内在性质——抢劫、入室盗窃还是袭击等，也取
决于那些涉及其中的人的情况。正如布莱克所说，这些人往往生活在富
人区，受过高等教育。由于严重的案件往往会吸引警察的注意，所以他
们对事实的简单描述实际上是对严重性的价值判断，而这反过来又取决
于其他似乎与事实无关的特征，比如社会和经济不平等性等。关于事实
和价值结合的讨论可参见 Black（1979）。布莱克用稍微不同的说法提出
了类似的观点，并指出像身高、智商这样的关于个体属性的事实陈述属
于相关性判断，这些判断反过来又取决于社会结构（例如，在一种情况
下某个人是"高"的，但在另一种情况下他可能就是"矮"的；数学或
阅读能力不好的人可能被认为是智力障碍者，而不擅长画画的人却不会
被这样认为 ），详见 Becker（1998）。有人则提出了一个更普遍的理论，
描述了主观惯例、实践和信仰是如何在社会建构的过程中被具化为"事
实"的，详见 Berger and Luckman（1966）。

11 Geertz (1975).

12 "不锁门之人"的故事可参见 Wadler（2010）。

13 格尔茨的论述可参见 Geertz（1975）。人们对意见分歧的回应，以及未能达成共识的理论解释可参见 Sethi and Yildiz（2009）。

14 美国人对同性婚姻观念演化的调查结果可见 Gelman, Lax, Phillips（2010）。

15 在美国，像政客、专家、党内官员这样的专业政治人士，往往持有坚定的自由派或保守派立场，因此，美国国会在自由 - 保守主义的划分上更高度分化，详见 Layman, et al.（2006）。关于个人政治信仰如何相互关联的研究可见 Baldassari and Gelman（2008）。关于政治信仰和投票行为的普遍误解的讨论可见 Gelman, et al.（2008）。

16 Le Corbusier (1923, p. 61).

17 Scott (1998).

18 关于经济发展计划失败的讨论，尤其是非洲的例子，请参见 Easterly（2006）。关于外国的援助对非洲产生的负面影响的观点，可参见 Moyo（2009），作者 Moyo 认为，援助实际上伤害了非洲。相反，也存在正面观点，可参见 Sachs（2006）。

19 Jacobs (1961, p. 4).

20 Venkatesh (2002).

21 关于增加测试和学校选择等常识政策实际上对公共教育不利的描述见 Ravitch（2010）。关于医疗保健成本和潜在替代模式的分析见 Cohn（2007）和 Reid（2009）。关于林业管理、城市规划和其他政府计划以及监管失败的例子见 O'Toole（2007）。关于政府监管产生的意想不到的后果见 Howard（1997）。关于国家建设和政治干预的有趣言论见 Easterly（2006）。对美国外交政策的另一种观点可见 Gelb（2009）。

22 金融危机代价的讨论可见 Barbera（2009）和 Cassidy（2009）。战略规划方法和失败的概述可见 Mintzberg（2000）和 Raynor（2007）。传媒巨头的不可靠性可见 Knee, Greenwald, Seave（2009）。关于引发了金融危机的投资银行领导者的内部账户问题可见 McDonald and Robinson（2009）和 Sorkin（2009）。关于美国在线（AOL）和时代华纳公司错误并购的描述可见 Arango（2010）。关于花旗集团注定失败的发展，可参见 Brooker（2010）。

23 并非所有的公司或政府计划都以失败告终。回顾过去几个世纪，世界上大部分人的生活条件都得到了改善，这表明，即使是大而臃肿的政治体制，有时也能把事情做好。那么，我们怎么知道，即使常识其实并不擅长解决复杂的社会问题，但有时它的失败率并不比其他方法高呢？如果说只是因为没有系统地尝试收集计划成功和失败相对概率的数据，我们无法知道答案的话，据我所知并不是这样。此外，即使这样的尝试已被提出，该问题仍然不能解决，因为如果没有其他"反常识"方法做比较，得出基于常识的计划成功率也毫无意义。因此，对于常识推理，更精确的评论方式并不是说它是"好"还是"坏"，而是得到足够多的实例说明常识推理导致了重要计划的失败，从而思考如何才能做得更好。

24 各个时代的金融危机详见 Mackay（1932）、Kindleberger（1978）、Reinhart and Rogoff（2009）。

25 哲学中已有一些重叠的观点，它们一开始就对我所说的常识产生了怀疑。其中一种是罗尔斯所说的政治自由，详见 Rawls（1993），还有与之密切相关的协商民主，详见 Bohman（1998）和 Bohman and Rehg（1997）。可以这样理解，协商民主规定了一种政治制度，用其为所有成员提供程序正义，而不事先假定任何特定观点（无论是关于宗教、道德，还是其他）是正确的。换句话说，整个协商的原则是假定常识不可信，从而将目标从确定什么是"正确"的转向设计政治体制上，它不会让任何一种观点凌驾于其他观点之上。尽管这一观点与我在本书中提出的对常识的批评完全一致，但是我的侧重点有所不同。这种协商只是假设常识具有不相容性，并试图建立起有效的政治体制，而我更关心的是在常识推理中出现的特定类型的错误。不过，我会在第 8 章关于公平和正义的讨论中提及这个工作。哲学对于常识的第二种怀疑的观点是詹姆斯和杜威的实用主义，可参见 James（1909）。实用主义者认为，常识中的错误阻碍了有效行动，因此要想解决问题，必须大胆质疑和修改常识。这种实用主义反过来会影响政治体制的建立，其中一些会在第 7 章中介绍，它们通过系统地质疑和修改惯例迅速地适应无法预测到的变化。因此，这一观点与我们提出的对常识的批评是一致的，但是，和协商一样，它也可以在没有明确得出特定认知偏见的情况下实现。然而，我认为，关于常识推理存在的固有偏见的讨论，是对协商和实用主义的有用补充，它实际上为体制和程序提供了另一种论据，而且不需要依赖常识推理发挥作用。

1　用常识解释个体行为产生的误区

1　器官捐献率的研究参见 Johnson and Goldstein（2003）。请注意，表示同意的概率和最终的器官捐献率并不相同，最终概率还取决于其他因素，比如家人的同意等。实际上，最终捐献率要小得多，但结果仍然引人注目。

2　原始引用可见 Duesenberry（1960），贝克尔本人也非常赞同该评论，可见 Becker and Murphy（2000, p. 22）。

3　关于合作与惩罚相互作用的研究可见 Fehr and Fischbacher（2003）、Fehr and Gachter（2000 and 2002）、Bowles, et al.（2003）和 Gurerk, et al.（2006）。

4　过去 20 年里，社会学中关于理性选择理论的争论一直不断，从双方观点都涉及的早期工作 [见 Coleman and Fararo（1992）] 开始，在《美国社会学》杂志（*American Journal of Sociology*）和《社会学方法及研究》（*Sociological Methods and Research*）等期刊上继续进行。同一时期，政治学中也上演了一场类似的辩论，详见 Green and Shapiro's（1994）。该辩论由文章《理性选择理论的病态》（*Pathologies of Rational Choice Theory*）的发表而引发。关于一些理性选择的支持者的回应可见 Friedman（1996）。其他有趣的评论可见 Elster（1993, 2009）、Goldthorpe（1998）、cFadden（1999）和 Whitford（2002）。

5 用理性选择理论来解释行为的例子可见 Harsanyi（1969）、Becker（1976）、Buchanan（1989）、Farmer（1992）、Coleman（1993）、Kiser and Hechter（1998）和 Cox（1999）。

6 魔鬼经济学可见 Levitt and Dubner（2005）。其他例子可见 Landsburg（1993 and 2007）、Harford（2006）和 Frank（2007）。

7 社会学的创立者之一马克斯·韦伯（Max Weber）将理性行为定义为可理解的行为，而理性选择理论之父詹姆斯·科尔曼（James Coleman）也写道："理性行为是指可理解行为这一概念，我们不需要怀疑。"还有一个有趣的观点，即我们并不清楚应该如何评论不合理或非理性的行为，除非我们首先对理性行为的概念有所了解。这样，即使这个概念不能解释所有的行为，也该给理性行为所谓的"特权"，详见 Goldthorpe（1998）。

8 对"为战争牺牲自己"的经济分析可见 Berman（2009）。对医疗行业激励措施的讨论可见 Leonhardt（2009）。

9 更多关于默认选项的讨论和例子可参见 Goldstein, et al.（2008）和 Thaler and Sunstein（2008）。

10 心理学文献的主要结果可见 Gilovich, Griffin, Kahneman（2002）和 Gigerenzer, et al.(1999）。关于行为经济学的观点可见 Camerer, Loewenstein, Rabin（2003）。除了这些学术文献外，很多书籍也涵盖了大部分相同的领域，例如 Gilbert（2006）、Ariely（2008）、Marcus（2008）和 Gigerenzer（2007）。

11 关于酒水销售的研究可见 North, et al.（1997）。关于饮料调研实验的研究可见 Berger and Fitzsimons（2008）。关于网购沙发的研究可见 Mandel

and Johnson（2002）。其他刺激因素的例子可见 Bargh, et al.（1996）。

12 有关锚定和挑战的研究和例子可见 Chapman and Johnson（1994）、Ariely, et al.（2003）以及 Tversky and Kahneman（1974）。

13 关于偏好逆转等所谓的构造性偏好研究可见 Payne, Bettman, Johnson（1992）。

14 可参见关于"可得性偏差"的讨论——Tversky and Kahneman（1974），关于吉尔伯特所称的"现代主义"——Gilbert（2006），"流畅"的重要性的讨论——Bargh and Chartrand（1999）和 Schwarz（2004）。

15 证实性偏见可参见 Nickerson（1998）。在评估消费品的过程中产生的证实性偏见可见 Bond, et al.（2007）。证实性偏见和动机性推理的讨论可见 Marcus（2008）。这两种偏见都与认知失调现象［参见 Festinger（1957）和 Harmon-Jones and Mills（1999）］密切相关，该现象指的是人们总是试图通过有选择地关注支持一种观点或怀疑另一种观点的信息，来调和相互矛盾的观点（比如"我刚买的那辆车有些超出预算"和"我刚买的车太棒了"）。

16 Dennett (1984).

17 哲学家杰瑞·福多 (Jerry Fodor) 曾说，框架问题的关键在于计算的"局部"特征，即接受给定参数和条件，然后在输入上应用某种操作产生输出，至少目前的理解是这样的。例如，在理性选择理论的情况下，效用函数可以获得"参数和条件"，而"操作"则是一些优化过程。但是我们可以想到，还存在一些其他条件和操作，包括启发法、习惯等其他非理性的解决方法。关键是，无论你想实现什么样的计算，都必须从一些相关因素的假设开始，而且决策无法用同样方法（也就是"局部"方法）得出。例如，如果人们想要通过一些关于相关因素的独立假设解决问题，那将得到同一问题（计算的相关内容是什么）的不同版本，只少了一个步骤而已。当然，我们可以继续迭代这个过程，并期望它在某个明确的点上终止。事实上，人们总可以这么做，方法就是将已知世界的每个内容和概念都包含在可能的相关因素之中，这样从定义上看似乎是一个全局问题。但不幸的是，这种方法只会让计算过程更加棘手。

18 关于玩《危险边缘》游戏的计算机可见 Thompson（2010）。

19 大脑会以多种方式扭曲我们对过去事情的记忆和对未来事情的预测，这方面的讨论可见 Gilbert（2006）。即使是社会科学家也会犯这类错误：只要他们没有直接证据，就会带入自己的动机、观点和意图，参见 Becker（1998）。关于记忆方面的工作可参见 Schacter（2001）和 Marcus（2008）。很多实验者对自己过去的行为和经历回忆错误的例子参见 Bernard, et al.（1984）。更多关于高估了预期幸福或低估了预期失望的例子可见 Ariely（2008）。关于在线配对的结果可见 Norton, Frost, Ariely（2007）。

20 关于基于绩效的薪酬的讨论可参见 Hall and Liebman（1997）和 Murphy（1998）。

21 "土耳其机器人"以 19 世纪因打败拿破仑而成名的国际象棋机器人命名。当然，原来的土耳其机器人打败拿破仑只是一个骗局，实际上是有人躲在里面所为，这就是问题的关键。"土耳其机器人"网站上的任务，人们很容易完成，但对于计算机来说却很困难，这种现象被亚马逊创始人杰夫·贝佐斯（Jeff Bezos）称为"人工智能"。对"土耳其机器人"的早期报道可见 Howe（2006）。关于贝佐斯的"人工智能"可参见 Pontin（2007）。

22 经济激励实验可见 Mason and Watts（2009）。

23 总体而言，女性收入只有男性的 75%，但是这种"收入差距"很大程度上可以从女性做出的不同选择中得到解释，例如，她们会选择低收入职业，或者需要从工作中抽出时间照顾家庭等。排除这些因素，同等条件下工作的男性和女性约有 9% 的差距，可见 Bernard（2010）。

24 多任务处理的研究可见 Prendergast（1999）、Holmstrom and Milgrom（1991）和 Baker（1992）。关于激励的"抑制"作用的研究可见 Gneezy, et al.（2009）。对经济激励的评论可见 Herzberg（1987）、Kohn（1993）和 Pink（2009）。

25 Levitt and Dubner (2005, p. 20).

26《不让一个孩子掉队法案》的意外后果可见 Saldovnik, et al.（2007）。关于"教育分流"在不影响整体教学质量的前提下提高了学生及格率的具体讨论可见 Booher-Jennings（2005, 2006）。关于衡量和奖励业绩的普遍讨论可见 Meyer（2002）。

27 政治家的故事可参见 Rampell（2010）。

28 这一观点由唐纳德·格林（Donald Green）和伊恩·夏皮罗（Ian Shapiro）提出，他们认为，从有意识的计算到文化惯性，一切都可能符合理性选择理论的一些观点。我们的分歧仅仅是语义上的，而理性选择理论的范畴不断扩大，它包含了人类学、社会学和社会心理学中每个看似合理的命题，详见 Green and Shapiro（2005）。

2 用常识解释集体行为产生的误区

1 关于游客的统计数据可见 Riding（2005）。

2 Clark (1973, p. 150).

3 Sassoon (2001).

4 关于《哈利·波特》的文章可见 Tucker（1999）。关于 Facebook 分析的细节可见 Nielsen（2009）。关于电影的报道可见 Barnes（2009）。

5 关于消费者行为减少的报道可见 Goodman（2009）。关于循环论证的类似观点可见 Bruce Mayhew（1980）和 Frank Dobbin（1994）。

6 很久之前，物理学家菲利普·安德森 (Philip Anderson) 在一篇名为《量变引起质变》的论文中提出了这一点，详见 Anderson（1972）。

7 撒切尔夫人首次提出该说法可见 Keay（1987）。

8 "个人主义方法论"的定义通常可以追溯到 20 世纪早期奥地利经济学家约瑟夫·熊彼特（Joseph Schumpeter）的著作中，详见 Joseph Schumpeter（1909）。但是，这个想法在更早之前，至少在霍布斯的作品中就出现了。它深受启蒙运动思想家的欢迎。对这些思想家来说，个人主义的行为和他们正在研究的理性行为理论非常契合。个人主义方法论的起源讨论，以及对其逻辑基础的批评可见 Lukes（1968）和 Hodgson（2007）。

9 这里我做了一些简化。尽管最初的商业周期模型确实假设了一个"代表性个体"，但之前提出的模型都采用了多个"个体"，其中每个代表了不同经济部门，详见 Plosser（1989）。然而，这些模型中出现了同样的基本问题，这些"个体"并不是真正的人，有时甚至不是公司，它们关注着其他人和公司的行为，代表全部人做出选择。

10 对"代表性个体"的批评中，最著名的是经济学家阿兰·科曼（Alan Kirman）在 1992 年所做的批评。然而，虽然这些评论广为人知，却对社会科学的实践影响不大，这也说明了要解决该问题并不容易。

11 即使是理性选择理论家（他们也是个人主义方法论的继承者），在实践中也将效用最大化的原则应用于家庭、公司、工会、精英、政府部门等"社会角色"，就像对待个体一样。理性选择模型中使用"代表性个体"的例子可见 Becker（1976）、Coleman and Fararo（1992）、Kiser and Hechter（1998）和 Cox（1999）。

12 关于暴动模型详见 Granovetter（1978）。

13 社会影响的起源详见 Cialdini（2001）和 Cialdini and Goldstein（2004）。

14 累积优势模型的例子可见 Ijiri and Simon（1975）、Adler（1985）、Arthur（1989）、De Vany and Walls（1996）和 De Vany（2004）。

15 在实验室中研究军队的问题可见 Zelditch（1969）。应该注意的是，实验在社会学中并不陌生。例如,"网络交换"是社会学的一个领域,在该领域,实验室中进行的研究非常常见,但是这些研究一般只包含 4 ～ 5 个个体,参见 Cook, et al.(1983)和 Cook, et al.(1993)。行为经济学、政治学和社会学中的合作研究也用到了实验,但是其中包含的个体同样很少,详见 Fehr and Fischbacher(2003)。

16 "音乐实验室"的实验描述可见 Salganik, Dodds, Watts(2006)。

17 "音乐实验室"的更多背景资料,以及后续实验的细节可见 Salganik and Watts(2009b; 2009a)。

3 用常识解释意见领袖影响力产生的误区

1 电影《社交网络》(*The Social Network*)于 2010 年上映,它讲述了 Facebook 建立的故事。

2 社交网络分析的历史可见 Freeman(2004)。网络科学文献总结可见 Newman(2003)、Watts(2004)、Jackson(2008) 和 Kleinberg and Easley(2010)。

3 微软公司的即时通信网络的研究可见 Leskovec and Horvitz(2008)。

4 Jacobs (1961, pp. 134–35).

5 "六度分隔"指的是"小世界问题",但这个词并不是米尔格拉姆发明的。1990 年,戏剧作家约翰·格尔(John Guare)写了一部同名戏剧。令人感到奇怪的是,他把这个短语的起源归功于意大利发明家、无线电报技术开发者伽利尔摩·马可尼(Guglielmo Marconi)。据报道,马可尼曾说,在电报连接的世界中,每个人都可以和其他人经过六度分隔连接起来。根据网上的大量引用,马可尼应该是在 1909 年的诺贝尔奖演讲中提出了这一主张。不过,演讲本身并没有提及这个概念,我也没能在其他地方找到马可尼的引用来源。无论这个词的起源是什么,不可否认的是,米尔格拉姆是第一个提出证明的人。

6 许多批评人士指出，米尔格拉姆的研究结果并不像其显示的那样具有决定性，详见 Kleinfeld（2002）。特别是 300 条信息链中有 1/3 开始于波士顿，还有 1/3 从奥马哈的股票投资者开始，他们只要找到股票经纪人就可以将信息传给实验的目标对象——波士顿的一名股票经纪人那里，所以结果就不那么惊人了，因为这些信息链都可以联系到他。因此对于小世界网络假说来说，最有力的证据是在奥马哈随机挑选的 96 条信息链，其中只有 17 条信息链到达了目标对象。考虑到这些不确定性，在衡量像服装商雅各布斯这样的人的作用时，人们就该慎重了，因为他很可能是统计上的巧合。事实上，米尔格拉姆自己也指出了这一点，但他只声称："通过普通个体的信息链的聚集是小世界网络的重要特征，它应该在理论上得到解释。"

7 Gladwell（1999）.

8 的确，朋友的多少取决于你对"友谊"的定义。这个概念一直都很模糊，在社交网络的时代更是如此。如今你甚至可以和不认识的人"交朋友"。这就导致，我们所说的"真正的"友谊已经变得很难与"熟人"区分开来；而"熟人"又与"单向认识"（即，我听说过你，但你不认识我）难以区分。尽管 MySpace 上有些人有上百万的"朋友"，但一旦我们应用最宽泛的"友谊"定义，比如每个人都知道对方的名字，那这个数字会立马下降到几百人或几千人。有趣的是，自 20 世纪 80 年代末首次研究以来，这个范围一直保持着惊人的一致，详见 McCormick, et al.（2008）Bernard, et al.（1989, 1991）和 Zheng, et al.（2006）。

9 在小世界网络实验中，关于信息链长度还有很多微妙问题，这使得研究者困惑，我们能从证据中得出什么，又不能得出什么呢？实验的细节可见 Dodds, Muhamad, Watts（2003）。对证据的讨论以及对信息链长度的详细分析可见 Goel, Muhamad, Watts（2009）。

10 关于社交网络的搜索能力可见 Watts and Strogatz（1998）、Kleinberg（2000a; 2000b）、Watts, Dodds, Newman（2002）、Watts（2003, ch. 5）、

Dodds, Muhamad, Watts（2003）和 Adamic and Adar（2005）。

11 影响者通常被称为"意见领袖"或"有影响力的人"，也经常被称为"电子影响者""专家""枢纽""连接者""阿尔法妈妈"，甚至是"激情派"。这些标签并非都是说同样的事情，但它们的基本想法一致，即一小部分特殊个体对众多普通人的决策、观念和消费习惯具有重要的影响，影响者的相关标签可见 Katz and Lazarsfeld（1955）、Merton（1968）、Weimann（1994）、Keller and Berry（2003）、Rand（2004）、Burson-Marsteller（2001）、Rosen（2000）和 Gladwell（2000）。艾德·凯勒和迈克尔·贝里声称："1/10 的美国人告诉另外 9/10 的人如何投票，去哪儿吃饭，以及购买什么商品。"他们的结论是："很少有重要的趋势早期能不经过影响者的传播进入主流，而影响者可以阻止潜在趋势的流行。"详见 Keller and Berry（2003）。市场调研公司博雅公共关系 (Burson-Marsteller) 表示同意上述观点，该公司声称："影响者的强大作用可以成就或毁掉一个品牌，管理、化解企业或消费者问题，使我们对事件发展有更深入的了解。"似乎人们需要做的就是找到这些人，并影响他们。因此，影响者已成为当今营销人员的"圣杯"，详见 Rand（2004）。

12 原始引用可见 Gladwell（2000, pp. 19–21）。

13 Keller and Berry (2003, p. 15).

14 见 Christakis and Fowler (2009)、Salganik, et al. (2006) 和 Stephen (2009)。

15 事实上，即使是这样，你也不能确定。如果 A 和 B 是朋友，他们可能是因为品位相似，或者看了相同的电视节目，所以接触到了类似信息，因此，看起来像会产生影响的东西可能只是同质性罢了。所以，如果每当 A 的朋友做了和 A 一样的决定，我们就将其归因于 A 的影响，可能会因此高估了 A 的影响力。关于相似性与影响力的问题可参见 Aral（2009）、Anagostopoulos, et al.（2008）、Bakshy, et al.（2009）、Cohen-Cole and Fletcher（2008b, 2008a）、Shuliti and Thomas（2010）和 Lyons（2010）。

16 关于衡量影响力难度的讨论，以及对个人影响力和意见领袖的全面介绍可见 Katz and Lazarsfeld（1955）。关于衡量影响力的代替因素可见 Weimann（1994）。

17 社交网络中的传播问题可见 Watts（2003）和 Christakis and Fowler（2009）。

18 关于影响和传染之间的联系，格拉德威尔的"社会潮流"类比表达得最为明确，也有其他关于影响者的文献解释了类似联系，详见 Everett Rogers（1995），其中指出："意见领袖的行为对于决定一个系统中创新的采用率非常重要。事实上，S形扩散曲线的产生是因为，一旦意见领袖采取了创新的方法并告知他人，单位时间里使用者的数量将急剧增长。"凯勒和贝里也提出了类似的观点，他们声称："有影响力的人就像国家的中央处理单元一样。他们认识很多人，并可以在短时间里与很多人接触。他们具有强大的乘数效应。他们想让别人了解什么东西，就可以迅速在网络上广泛传播。"详见 Keller and Berry（2003）。

19 模型的细节可见 Watts and Dodds（2007）。

20 原始巴斯模型可见 Bass（1969）。

21 Gladwell (2000, p. 19).

22 很多人认为，这个结果说明了"影响者不存在"。但这可不是我们说的。首先，我之前也提到过，影响者的类型有很多，即使我们想全部列举出来也不现实，当然我们也不打算这么做。事实上，我们的模型的全部意义在于，先假设有影响者存在，然后观察他们对于普通人的影响有多大。对于我们的论文的另一个误解是，宣称我们曾说"影响者并不重要"，但这也不是我们说的，我们只是发现影响者不太可能发挥个别人物法则的作用。无论如何定义影响者，我们是否能够以某种方式识别和利用他们，仍然是一个悬而未决的问题。

23 见 Adar and Adamic (2005)、Sun, Rosenn, Marlow, Lento (2009)、Bakshy, Karrer, Adamic (2009) 和 Aral, et al. (2009)。

24 Twitter 实验详见 Bakshy, et al（2010）。

25 关于金·卡戴珊一万美元推文的趣闻可见 Sorkin（2009）。

4　用常识解释历史事件产生的误区

1 一些社会学家甚至明确指出，历史应该是一门系统的学科，有着自己的规则和方法，详见 Kiser and Hechter（1998）。同时，历史学家对历史学科的科学地位更是谨慎。尽管如此，他们还是忍不住将自己的实验与自然科学家的类比，详见 Gaddis（2002）。

2 参见斯科特所称的"墨提斯"（希腊语中"智慧"的意思），即经验丰富的专业人士的特征，如正式的决策程序、非正式的经验法则、训练有素的本能，可参见 Scott（1998）。

3 关于渐进决定论和事后偏差现象可见 Baruch Fischhoff（1982）。哲学家和心理学家并不认为我们的心理偏见有多强烈。人们经常会进行反事实思考，例如，想象如果没有发生某些先行事件，事情是如何解决的，详见 Roese and Olson（1996）。这种思考表明，关于因果关系的常识性观点是有条件的，而不是绝对的。因此，说明这个问题的正确方式是，相对于反事实结果来说，我们往往会夸大已发生事情的可能性；而在我看来，思考反事实结果就足够了。

4 关于"2605"航班的整个事故和相关分析可参见 Dawes（2002, Chapter 7）。

5 更多关于校园枪击案的内容可见 Dawes（2002）和 Harding, et al.（2002）。

6 Gladwell (2000, p. 33).

7 关于威尔斯亲王医院和淘大花园的非典疫情暴发事件可见 Tomlinson and Cockram（2003）。此外，研究者还提出了很多理论模型，可见 Small, et al.（2004）、Bassetti, et al.（2005）和 Masuda, et al.（2004）。

8 Berlin (1997, p. 449).

9　关于这个问题的论述还可见 Gaddis（2002）。

10　丹托的完整论述可见 Danto（1965）。

11　思科系统公司的整个故事可见 Rosenzweig（2007）。

12　Gaddis（2002）.

13　该研究的细节可见 Lombrozo（2007）。应该注意的是，当用简单的术语告诉实验对象不同解释的相对概率时，他们实际上会选择更复杂的解释。然而，在真实世界的情况中，这种明确的信息非常少。

14　Tversky and Kahneman（1983）.

15　关于故事能提供信心的证据可见 Lombrozo（2006, 2007）和 Dawes（2002）。事实上，关于更有力地证明"人类的认知能力在没有故事的情况下就会退化"的描述见 Dawes（1999）。

16　例如，对简单解释的偏爱深深植根于科学哲学之中。著名的"奥卡姆剃刀定律"［以 14 世纪英国逻辑学家奥卡姆（William of Occam）的名字命名］认为，"如无必要，勿增实体"。也就是说，当简单理论够用时，就没有必要采用复杂的理论。大多数科学家都对奥卡姆剃刀定律心怀崇敬，比如阿尔伯特·爱因斯坦曾指出，一个理论"应该尽可能简单，而不是更简单"。而科学的历史也似乎证明了这种崇敬是对的，因为它用更简单、优雅的公式代替了复杂笨拙的想法。也许科学史不太被认可的原因是，它最初也充满了简单优雅的公式，随着经验证据的不断增加，它变得越来越复杂笨拙。事实上，科学方法追求解释力的能力才是它的真正力量所在，即使这会以理论的优雅和精简为代价。

17　关于柏林对科学和历史差异的全面分析，以及无法以科学的形象重塑历史的观点可参见 Berlin（1960）。

18　关于对概括风险的警告以及这样做的例子可见 Gaddis（2002）。

19　George Santayana（1905）.

5　从常识思维到反常识思维

1　Rosenbloom (2009)。

2　Tetlock (2005)。

3　关于斯奈尔的分析和很多有趣的例子可见 Schnaars（1989）。关于专家对未来的糟糕预测，更多证据可见 Sherden（1998）。对政治革命（特别是 1989 年民主德国崩溃）的不可预测性讨论可见 Kuran（1991）和 Lohmann（1994）。关于美国国会预算办公室对医疗保险成本的预测可见 Gabel（2009）。

4　参见 Parish（2006），其中提到了很多在美国票房惨败的"预期大片"，尽管像《未来水世界》（*Waterworld*）等的电影后来通过外国票房收入、视频和 DVD 销售实现了盈利。关于一些灾难性的错误估计和媒体行业几近失败的故事可见 Seabrook（2000）和 Carter（2006）。关于布鲁姆斯伯里出版公司决定以 3 229 美元购买《哈利·波特》版权的有趣背景可见 Lawless（2005）。关于文化产业中其他作品的基本信息参见 Caves（2000）和 Bielby and Bielby（1994）。

5　2010 年初，谷歌的市值约为 1 600 亿美元，但是它的波动幅度高达 2 200 亿美元。对于这个和其他预测的详细描述可见 Makridakis, Hogarth, Gaba（2009）和 Taleb（2007）。关于美国长期资本管理公司的故事详见 Lowenstein（2000）。

6　牛顿的话引用自 Janiak（2004）。

7　拉普拉斯的话引用自 http://en.wikipedia.org/wiki/Laplace's-demon。

8　将所有过程划分为两类是对现实的过度简化，因为过程的复杂性并不是一个可以用数字表明的易于理解的特性，它也有点随意，因为并没有明确的定义指出，什么过程复杂到可以被称为复杂系统。洛克菲勒基金会副总裁瓦伦·韦弗（Warren Weaver）在一篇文章中指出，他所谓的无序复杂性和有序复杂性的区别，即前者为大量有独立实体的系统，如气体中的分子等。韦弗认为，可以用适用于简单系统的工具来处理无序复杂性，尽管这是以统计的方式而不是以确定性的方式做到的。而对于有序复杂性，他认为系统既不简单，也不受无序系统平均属性的影响。详见Weaver（1958）。也就是说，我的分类方法将简单系统和无序系统混为一谈，它们虽然不一样，但是从预测的角度来看它们是类似的，因此这种混淆并不会影响我的观点。

9　对简单系统和复杂系统预测的不同看法可见 Orrell（2007）。对复杂系统更一般的讨论可见 Gleick（1987）、Watts（2003）和 Mitchell（2009）。

10　当我说人们只能预测某件事发生的可能性时，其实不太严谨，谈论复杂系统预测的正确方法是，我们应该能够预测出结果分布的特性，这种分布代表了某类事件发生的可能性。例如，我们可以预测某天下雨的概率，主队获胜的概率，或者电影收入超过一定水平的概率。同样，我们可能会问，主队会以多少分获胜呢？电影的收入具体是多少呢？会在平均水平附近上下浮动多少呢？无论如何，这些预测都是关于"平均属性"的，它们可以代表对结果分布的某种统计预期。

11　对于掷骰子来说，情况更加糟糕：最好的结果就是预测 6 个面中每 1 个面向上的概率都是相等的（不到 17%）；而在现实生活中，可能的结果范围比掷骰子要大得多。例如，如果试着预测下一本畅销书，预测正确的概率达到 20% 就很好了。但 20% 的正确率就意味着 80% 是错误的，这听起来不太好。

12　可见 http://www.cimms.ou.edu/~doswell/probability/Probability.html。对于天气的长期预测可见 Orrell（2007），http://www.cimms.ou.edu/~doswell/probability/Probability.html。

13　具体来讲，"频率主义者"坚信，关于概率的陈述是指出现特定结果的相对比例，因此它只适用于抛硬币这样可以无限重复的事件。相反，"证据主义者"认为，概率应该被解释为一个人愿意接受某种赌博的可能性，无论它是否可以重复。

14 de Mesquita (2009).

15 塔勒布解释说："黑天鹅"一词来源于澳大利亚的欧洲殖民者，他们在现在的西澳大利亚看到黑天鹅之前，一直以为所有天鹅都是白色的。

16 关于巴士底狱事件的细节可见 Sewell（1996）。此外，值得注意的是，研究法国大革命的其他历史学家与休厄尔的界定范围截然不同。

17 塔勒布也提出了类似的观点，即要预测我们现在所说的互联网的发明，人们必须对互联网发明后的应用程序有大量的理解。塔勒布认为："要理解未来以实现预测，你就必须融入其中，如果你知道自己将要发现的东西，那基本上就算成功了。"详见 Taleb（2007）。

6 常识让你先预测，但你应该快速反应

1 有趣的是，《时代周刊》有一篇报道称，新一代扑克牌玩家可以通过数百万在线游戏数据的统计分析来赢得重要比赛。详见 Kadlec（2010）。

2 详见 Ayres（2008）。更多关于"超级数学天才"的例子可见 Mauboussin（2009）。

3 有关预测市场的详细信息可见 Arrow, et al.（2008）、Wolfers and Zitzewitz（2004）、Tziralis and Tatsiopoulos（2006）和 Sunstein（2005）。对群体智慧的全面概述可参见 Surowiecki（2004）。

4 关于操纵 Intrade 的例子可见 Rothschild and Wolfers（2008）。

5 伊恩·艾尔斯认为预测市场的相对表现是"预测分析中一个尚未解决的问题"。

6 准确地说，对于每种方法，我们都有不同的数据，比如，我们自己的民意调查只在 2008—2009 年的赛季进行，拉斯维加斯体育博彩市场则含有近

30 年的数据，而 Trade Sports 在 2008 年 11 月就关闭了，所以预测数据也到那时为止，因此，我们无法在任意给定时间区间内对所有 6 种方法进行比较，但我们可以比较多种方法，详见 Goel, Reeves, et al.（2010）。

7　在这个研究中，统计模型基于电影放映的场数以及上映前一周在雅虎搜索的人数建立，详见 Goel, Reeves, et al.（2010）。关于好莱坞股票交易所以及其他预测市场的介绍可见 Sunstein（2005）。

8　关于民意调查和艾奥瓦电子交易市场的比较详见 Erikson and Wlezien（2008）。

9　具有讽刺意味的是，专家的问题不是他们知道得太少，而在于他们知道得太多了。因此，他们比普通人更擅长将自己的各种猜测整合成复杂的合理化解释。这可以让专家们看上去更权威，但对提高准确率没有多大帮助。关于专家推理的细节可见 Payne, Bettman, Johnson（1992）。但是，什么也不知道也很糟糕。如果没有一点儿专业知识，你甚至不知道应该预测什么。例如，尽管泰特洛克关于专家预测的研究大部分集中在了专家糟糕的表现上（专家在自己的专业领域之外反而预测得比较准），但泰特洛克还发现，普通实验对象（在该研究中，大部分是大学本科生）的预测准确程度明显低于专家。因此，泰特洛克研究的结果并不是说，专家在预测方面的表现不如其他人好，而是说，那些对某问题只有常识认识，但不完全了解的人，其预测表现可以胜过那些了解充分的人。详见 Tetlock（2005）。

10　过去几年里，施皮洛斯·马克里达基斯（Spyros Makridakis）和他的同事进行了一系列研究，详见 Makridakis and Hibon（2000）、Makridakis, et al.（1979）、Makridakis, et al.（2009）。研究表明，在预测经济时间序列上，简单模型和复杂模型一样精确。另见 Armstrong（1985）。

11　关于简单线性模型的讨论，以及它在决策制定方面起的作用，可见 Dawes（1979）。

12　关于如何提高预测准确率，以及如何避开陷阱，可见 Mauboussin（2009,

Chapters 1 and 3)。

13 最简单的情况就是概率分布处于统计学家所说的静止状态，也就是说，事件的性质不随时间变化。在更一般的情况下，概率分布可以变化，只要其变化遵循一个可预测的趋势就可以，比如平均房价随时间稳步增加。在这两种情况下，过去都被认为是预测未来的可靠指标。

14 如果这些模型包含了更长一段时间的数据，不是 10 年，而是一个世纪或更久，那么模型可能会准确发现一个大型的全美房价分布概率。但在这段时间里，经济的其他方面也发生了变化，而我们对这些数据之间的相关程度尚不可知。事实上，这就是为什么银行决定只使用一段相对较短时间内的历史数据的原因。

15 完整内容可见 Raynor（2007, Chapter 2）。

16 事实上，索尼公司的确寻求过与松下公司的合作，但因松下公司的质量问题放弃了这个计划。因此，索尼公司选择了产品质量，而松下公司选择了低成本，这两种合理的策略都可能取得成功。

17 雷纳写道："索尼公司的 Betamax 录像机和迷你光碟播放器战略都有成功的因素，但都没有成功。它们失败的原因在于运气不好。索尼做出的战略选择完全合情合理，但结果却是错的。"

18 关于理性讨论可见 Brauers and Weber（1988）、Schoemaker（1991）、Perrottet（1996）和 Wright and Goodwin（2009）。情景规划也与"未来完美思维"非常相似，详见 Makridakis, Hogarth, Gaba（2009a）。

19 关于皮埃尔·瓦克在荷兰皇家壳牌公司的工作详见 Wack（1985a; 1985b）。

20 雷纳实际上把对战略不确定性的管理分为了三类：功能管理，即优化日常工作；业务管理，即重点执行现有战略；战略管理，即着重对战略不确定性的管理。详见 Raynor（2007）。

21 例如，2010 年一篇关于福特公司当时的 CEO 阿兰·穆拉利（Alan Mulally）

的文章称："福特公司不会再次改变方向，至少不会在穆拉利的领导下改变，他承诺，他和福特公司的 20 万名员工将不会动摇对未来汽车业的'看法'。'这就是战略的全部意义，'他说，'这个关于未来的看法会决定接下来的选择。最糟糕的事情就是没有看法，也没有做出决定。'"详见《纽约时报》（2010）。

22 这个例子的最初版本见 Beck(1983)，但我的讨论基于 Schoemaker(1991)。

23 更深层次的情景分析将会认识到这一短暂的石油开采高峰背后特殊因素（比如高油价，钻井的税收优惠，有利的利率等等）的共同作用，一个好的情景规划不仅仅是对收益高低的预测。

24 Raynor (2007, p. 37).

7 常识让你先规划，但你应该不断试错

1 关于 Zara 供应链管理的细节，可见《哈佛商业评论》的案例研究。更多细节可见 Kumar and Linguri（2006）。

2 值得注意的是，明茨伯格并没有把战略规划与运营规划混为一谈，后者注重的是对现有规划的短期优化。有些规划模型不适用于战略规划，却对运营规划非常有效，事实上，这些模型最初就是为了运营规划而开发的，而正是因为在这种背景下，明茨伯格认为它们的成功鼓励了规划者将模型重新用于战略规划。因此，问题不在于何种形式的规划无法实现，何种预测无法做出，而是有些类型的规划可以可靠地制定，而有些则不能，规划者需要分清楚它们。

3 有关雅虎这次的主页修改可见 Helft（2008）。

4 见 Kohavi, et al.（2010）和 Tang, et al.（2010）。

5 关于创业公司使用量化绩效指标取代设计本能的故事可见 Clifford（2009）。

6 关于佩雷蒂最初对鲱鱼策略的描述可参见 Alterman（2008）。关于如何

利用鲱鱼策略，围绕品牌建立社区，以及控制和洞悉之间的平衡，可参见 Dholakia and Vianello（2009）。

7　关于众包的讨论可见 Howe（2008, 2006）。关于在线新闻最新趋势的例子可见 Rice（2010）。

8　关于 BuzzFeed 的介绍可见对其创立者佩雷蒂的采访：http://bit.ly/9EAbjR。

9　关于众包策略的创新用途，可参见 http://blog.doloreslabs.com。

10　关于土耳其机器人的统计资料和内在动机，详见 Paolacci, et al（2010）。关于土耳其机器人的可靠性研究，可见 Kittur, et al.（2008）和 Snow, et al.（2008）。

11　流感病例研究详见 Polgreen, et al.（2008）和 Ginsberg, et al.（2008）。

12　Facebook 幸福指数可见 http://apps.facebook.com/usa-gnh，详见 Kramer（2010）。

13　Facebook 也有一个类似的服务，可以提供用户的状态更新汇总，Twitter 也是。一些评论指出，这些汇总表通常结果平平，如果它们涉及的只是特定群体，比如用户的朋友，那结果可能会有趣或有用得多。幸运的是，这样的修改比较容易实现，因此，"最火兴趣"等话题并不让人吃惊，结果平平这一事实也并不意味着反映大众兴趣本身是无趣的。

14　更多利用搜索趋势"预测现在"的例子可见 Choi and Varian（2008）。

15　利用网络搜索进行预测可见 Goel, et al.（2010, Lahaie, Hofman）。

16　关于市场规划问题，可见我和史蒂夫·哈斯克(Steve Hasker)几年前在《哈佛商业评论》中写的一篇关于营销计划的文章，详见 Watts and Hasker（2006）。

17　销售和广告之间的关系实际上是经济学家所说的内生性问题的经典范例，详见 Berndt（1991）。

18　事实上，有段时间这种控制实验在广告商中非常受欢迎，而一些营销人员，特别是在邮件推送领域中的营销人员现在仍在使用。伦纳德·罗迪士

（Leonard Lodish）及其同事进行了一系列广告实验，这些实验主要是在20世纪90年代早期使用分体有线电视进行的，可见 Abraham and Lodish（1990）、Lodish, et al.（1995）、Lodish, et al.（1995）和 Hu, et al.（2007）。邮件推送广告实验的例子可见 Bertrand, et al.（2010）。但奇怪的是，在广告活动、电视、口碑营销甚至品牌广告等方面，控制实验却从未流行起来，如今使用控制实验的更是少之又少，取而代之的是统计模型，也就是"营销组合模型"（http://en.wikipedia.org/wiki/Marketing_mix_modeling）。

19 例如哈佛商学院的一篇文章［可见 Abraham（2008）］，该文作者是康姆斯克公司的总裁兼首席执行官，他也是罗迪士在分体有线电视实验中的同事。

20 在整个实验过程中，研究人员使用第三方服务来匹配雅虎和零售商的 ID（身份识别码），而不接触用户身份，以此来保证用户的匿名性。详见 Lewis and Reiley（2009）。

21 更有效的广告对我们来说甚至可能更好，如果你只有在对零售商感兴趣的情况下才能看到相关广告，可能看见的相关广告会比较少，而且可能不会厌烦。

22 可见 Brynjolfsson and Schrage（2009）。长期以来，百货公司一直在测试产品的最佳摆放位置，对于同一种产品，测试人员在不同商店里尝试不同位置和价格的设置，以了解哪种安排使其最畅销。但现在，几乎所有实体产品都有唯一的条形码标签，而且很多还有嵌入式的 RFID（射频识别）芯片，通过它们可以追踪到库存变化，衡量出不同商店、地区、一天的不同时段以及一年的各个时期之间的变化，宾夕法尼亚大学沃顿商学院的马歇尔·费舍尔（Marshall Fisher）称之为"火箭科学"零售时代，详见 Fisher（2009）。类似观点见 Ariely（2008）。

23 关于麻省理工学院贫困行动实验室可见 http://www.povertyactionlab.org/。关于政治学家的现场实验可参见 Arceneaux and Nickerson（2009）和

Gerber, et al（2009）。关于劳动经济学家的现场实验可参见 Lazear（2000）和 Bandiera, Barankay, Rasul（2009）。国家公园的例子可见 O'Toole（2007）。在公共资源管理中的一个类似观点可见 Ostrom（1999），在该研究中，作者指出："所有的政策研究都必须被视为实验。"最后，其他现场实验的例子可见 Ayers（2007, chapter 3）。

24 道德方面的考虑也限制了实验方法的使用范围。例如，尽管教育部可以将学生随机分配到不同的学校，这也可能是了解哪种教育政策真正有效的最佳方式，但这样做会给分配到差学校的学生带来困难，所以是不道德的。如果你怀疑某件事是有害的，即使你不确定，你也不能强迫人们去做这件事，当然，你同样不能让他们拒绝某件可能有益的事情。所有的实验都应该如此，但这必然会限制发展援助机构随机分配人员和地区的措施，即使他们实际上可以这么做。

25 详细引用可见 Scott（1998）pp. 318, 313, 316。

26 总量管制和交易制度优点的讨论可见 Leonhardt（2010）。哈耶克的原论证可见 Hayeck（1945）。

27 对力争上游政策的一篇有趣报道可见 Brill（2010）。对于将标准化考试作为衡量学生表现和教师质量的标准的批评可见 Booher-Jennings（2005）和 Ravitch（2010）。

28 亮点的定义可见 Heath and Heath（2010），更多关于正向偏差方法的细节可见 Marsh, et al.（2004）。洗手的故事引自 Gawande（2008），在该工作中，Gawande 描述了在匹兹堡进行的一个初始实验，Gawande 告诫说，目前还不清楚这个初始实验的结果会持续多久，或者是否会推广到其他医院，但最近的一项控制实验表明他们可能确实会这么做，详见 Marra, et al.（2010）。

29 关于自助法的描述可见 Sabel（2007）。丰田"准时化"生产原则导致的灾难以及其复苏可见 Watts（2003, Chapter 9），原始描述可见 Nishiguchi

and Beaudet（2000）。关于丰田生产系统的原则是如何应用到美国各公司的，可见 Helper, MacDuffie, Sabel（2000）。

30　关于产业集群的成功要素可参见 Sabel（2007）。一系列案例研究可见 Giuliani, Rabellotti, van Dijk（2005）。关于政府尝试刺激创新的经验教训可见 Lerner（2009）。

31　当然，在推广局部方法的时候，必须注意它们适用的环境。一家医院的特定洗手方法并不一定在另一家医院起效，因为医院之间的资源、限制、问题、病人和流行的文化不同，我们并不清楚何时可以推广某种解决方法。事实上，正是这种不可预测性使得政府官员和管理人员开始对问题无从下手，但这应该是规划的重点所在。

32　Easterly (2006, p. 6).

8　常识让你追求结果，但你应该系统思考

1　埃雷拉随后起诉了纽约市，最终在 2006 年获得 150 万美元的赔偿款。另外三名涉事警官被开除，72 分局包括指挥官在内的 17 名警官都受到了处分。警察局长克里克（Kerik）对午夜轮班制度展开了调查，该制度显然存在监管不力和管理松懈的现象。市长朱利安尼（Giuliani）和下一任市长迈克尔·布隆伯格（Michael Bloomberg），以及州长帕塔基（Pataki）都参与了此案。关于未出生的里卡多的法律地位问题还导致了法医和地区检察官的争论，法医认为，里卡多并没有离开其母亲活着，因此不应被视为单独死亡，而检察官则不同意这种观点。从最初的事故报道到最终的诉讼完成，《纽约时报》就整件案件发表了近 40 篇文章。

2　关于理性的组织原则和真实社会组织的实际运作情况之间的关系可见 Meyer and Rowan（1977）、DiMaggio and Powell（1983）和 Dobbin（1994）。关于组织社会学"新制度主义"观点的全面论述可见 Powell and DiMaggio（1991）。

3　关于温德尔·霍姆斯相关推论的讨论可见 Menand（2001, pp. 429–33）。

4　心理学家埃德·桑代克（Ed Thorndike）是最早在心理评估中记载光环效应的人［引自 Thorndike（1920）］。有关光环效应的心理学文献综述，可见 Cooper（1981）。有关约翰·亚当斯的调侃可见 Higginbotham（2001）。

5　关于光环效应在商业中的例子可见 Rosenzweig（2007）。关于 Steve & Barry's 公司成功的精彩故事可见 Wilson（2008）。关于这些公司之后破产的故事可见 Sorkin（2008）。

6　关于归因错误的更多例子可见 Rosenzweig（2007）。关于罗森·茨维格讨论的实验细节可见 Staw（1975）。

7　为了说明这一点，让我们考虑一个简单的思维实验。我们要对"好"过程 G 和"坏"过程 B 进行比较，假设 G 过程的成功率为 60%，而 B 的成功率为 40%。如果你认为它们区别不大，那可以想象一下两个轮盘赌局，第一个轮盘 60% 是红色、40% 是黑色的，第二个轮盘 40% 是红色、60% 是黑色的，如果分别赌出现红色和黑色，你可以轻而易举地赚钱。同样地，如果在金融市场上，有 60% 的概率可以获得同等收益，有 40% 的概率损失同等金额，那么利用小赌注也可以轻松赚钱。但是我们现在的过程对应于公司战略或教育政策，而不是可以重复多次的轮盘赌博，这个实验只能进行一次，我们观察到了下面的概率：

$$P（G 成功，B 失败）=0.6 \times （1-0.4）=0.36;$$
$$P（B 成功，G 失败）=0.4 \times （1-0.6）=0.16;$$
$$P（G、B 同时成功）=0.6 \times 0.4=0.24;$$
$$P（G、B 同时失败）=（1-0.6）\times （1-0.4）=0.24。$$

也就是说，在大多数情况下，G 会和 B 一样好或比 B 更好，这和人们预料的一样。但同样地，大约只有 1/3 的情况是 G 成功，B 失败的结果。事实上，几乎在一半的情况下，两种过程的表现都一样好，或者一样差，而且在 1/6 情况下，B 会成功而 G 会失败。所以，有 2/3 的可能，当好过程和坏过程同时进行时，结果并不能准确反映出好过程的优势。

8　原始引用可见 Brill（2009）。

9　这个区别很重要，因为人们往往认为，即使基金管理者每年的成功是由抛硬币决定，只要有足够多的基金管理者，也会有不少人能连续多年获得成功。但抛硬币实际上是一个误导人的比喻，由于管理基金的表现是在收费后进行评估的，而且管理基金的总体投资组合不一定反映了标准普尔 500 指数，因此我们没有理由认为，任何一年里 50% 的基金都应该"击败市场"。事实上，实际百分比从 1997 年的 7.9% 到 2005 年的 67.1%，超过了米勒连胜 15 年的时间区间。考虑到这些成功率，米勒连胜的概率接近 1/2 300 000，详见 Mauboussin（2006）。

10　迪马吉奥的统计数据可见 http://www. baseball- almanac.com/fur: DiMaggio's Statistics。

11　模拟发现，56 场比赛连胜的可能性在 20% 到 50% 之间，有趣的是，他们也发现迪马吉奥并不是最有可能达成该成就的球员，因此他的连胜是球技和运气的结合。详见 Arbesman and Strogatz（2008）。如果击球率是恒定的，那么连胜应该更频繁发生，这表明连胜的球员在下一次比赛季更可能得分。尽管他们不赞同连胜的可能性，但两种模型的理念是一致的，即正确的衡量标准是击球率，而不是连胜本身。详见 McCotter（2008）。

12　当然，在体育界中，杰出人才的衡量标准也没有一个统一的意见。对于百米短跑运动员来说，高下立现；但是在棒球运动员中就没那么容易了，球迷们没完没了地争论着哪种统计数据更重要，是安打率、三振率，还是跑垒率、长打率。有人认为，比起安打率来说，三振率是衡量球员表现的一个更可靠的指标，详见 Mauboussin（2010）。无论正确的衡量标准是什么，重要的是，在相对可比的条件下，体育比赛提供了大量"试验"。

13 根据球员对球队比赛成绩的影响来衡量球员表现的例子可见 Lewis（2009）。

14 当然，我们可以观察他们每日或每周的业绩而不是年度业绩来增加数据量，但这样衡量起来会比年度业绩的衡量受到更多干扰因素的影响，所以并不会有什么帮助。

15 可见默顿的论文。关于如何根据随机过程解释不同企业盈利能力的讨论，可见 Denrell（2004）。

16 可见 Rigney（2010）。关于累积优势和不平等的文献综述可见 DiPrete and Eirich（2006）。关于大学毕业生收入的研究详见 Kahn（2010）。

17 有关米勒的引用可见 McDonald（2005）。

18 详见 Mauboussin（2010）。

19 讽刺的是，进一步消除前期成功对能力评价的影响的方法是直接衡量个人能力，但这样一来，光环效应也会变强。如果你衡量能力的标准是个人在某事上的表现，那就总会有人质疑该事到底能做得多好，或者应该首先考虑什么价值。但是，只要把个人的成就从其实体中（例如，一个人赢得了重要奖项，获得了巨大成就）抽象出来，评估个人表现的指标会逐渐被"光环"取代。一个成功的人其实就像一本畅销书或一个流行观念一样，人们认为它们表现出了适当的优点，此时成功就成了优点本身的替代。但更重要的是，这些优点不容易被质疑。如果一个人认为《蒙娜丽莎》是一件伟大的艺术品，因为它具有 X、Y、Z 的优点，那么知识渊博之人可以马上反驳他的标准，或者指出其他应该被视为伟大艺术品的例子。但如果有人认为《蒙娜丽莎》是一件伟大的艺术品，仅仅因为它很有名，那反对者可以提出任何反对意见，我们也可以理所当然地坚持说他一定忽略了某些要点。反对者可能认为《蒙娜丽莎》的特性并不是独一无二的，但我们总是怀疑他一定忽略了什么东西，因为如果艺术品不是非常特别的话，它就不会这么出名。

20 见 http://www.forbes.com/lists/2009/12/ best- boss- 09_ Steven- P- Jobs_
HEDB. html。

21 有时候，即使是领导者自己也承认这一点，但有趣的是，他们往往在事
情进展不顺的时候才这么想。例如，2010 年初，当四大投资银行的领导
者在美国国会作证时，他们并没有承担起对公司业绩的责任，而是声称
自己也是这场金融风暴的受害者。这次风暴对经济造成了严重破坏，但
是，在危机爆发前几年，当他们的公司轻松赚钱之时，这些领导者并没
有因为行业里每个人都在赚钱而拒绝自己的奖金，而他们也没有做什么
特别的事情。详见 Khurana（2002）。关于领导力起作用的实证结果可见
Wasserman, Anand, Nohira（2010）。

22 库拉纳曾说："强大的社会、文化和心理力量促使人们相信一些因果关
系的存在，比如公司领导者和公司业绩之间的因果关系。在美国，对个
人主义的文化偏见在很大程度上低估了社会、经济和政治力量对人类事
务的影响。因此，对战争、经济周期等复杂事件的解释忽视了它们背后
的真正力量。这种夸大个人对复杂事件影响力的过程受到了媒体的怂
恿，媒体将公众的注意力集中在领导者的个人能力上，而忽视了对事件
的严肃分析。"详见 Khurana（2002）。

23 库拉纳和其他批评者很快承认，他们的研究并不意味着任何人都可以成
为 CEO，或者 CEO 的表现无关紧要。例如，一个 CEO 肯定可以通过
做出糟糕或不负责任的决定，让巨额价值毁于一旦。由于避免做出错误
决定困难重重，所以即使是不错的表现也需要一定的经验、智慧和领导
力。当然，并不是任何人都能胜任这份工作，或者有素养或精力承担这
份工作。很多 CEO 都令人钦佩，他们在高压环境下长时间工作，承担着
重任。因此，公司董事会会对候选者进行选择，并对他们的能力和时间
适当进行补偿。但该观点认为，他们不该被选择，也不该受到补偿，因
为他们的个人表现对公司未来业绩的影响很弱。

24 罗尔斯和诺齐克的论点总结可见 Sandel（2009）。原始论点可见 Rawls（1971）和 Nozick（1974）。

25 可见关于代际社会流动性的实证证据，DiPrete（2002）。

26 见 Herszenhorn (2009) 和 Kocieniewski (2010)。

27 Watts (2009).

28 对于这种级联故障如 1996 年美国西部故障的详细讨论可见 Watts（2003, Chapter 1）。

29 关于复杂组织中的正常偶发故障可见 Perrow（1984）。对复杂系统"健壮又脆弱"的特性进行技术性的解释，详见 Carlson and Doyle（2002）。

30 关于高盛集团如何从多种形式的政府援助中获利的例子可见 Tabibi（2009）。

31 Sandel (2009).

32 Granovetter (1985).

33 引言注释中提到的协商民主，也与桑德尔的观点有关。

结语　反常识思维，复杂世界的终极应对工具

1 蒲柏《人论》的全文可在古腾堡计划的网站上获取，见 http://www.gutenberg.org/etext/2428。

2 帕森斯关于理性的概念受到了马克斯·韦伯的启发。有趣的是，韦伯并不是一位功能主义者，也不是一位实证主义者，而是属于社会学解释学派，他的理性概念体现在其观点中，即理性行为对分析师来说是可理解的。韦伯的工作很快得到了实证主义理论，特别是理性选择理论的支持。这说明，在包括社会科学在内的所有形式的科学中，实证主义的"欲望"有多强烈。帕森斯有时也被视为反实证主义者，但他的观点却被纳入社会行动的实证主义理论中。

3 对于帕森斯理论的评论可见 Mayhew（1980）、Harsanyi（1969）和 Coleman and Fararo（1992）。

4 许多社会学家，无论是在默顿之前还是之后，都对通过模仿自然科学的形式而不是其方法来复制自然科学成功的简单做法持批判态度。例如，早在 20 世纪 40 年代，与帕森斯同时代的亨廷顿·凯恩斯（Huntington Cairns）就写道："或许有的社会科学观可以促使我们相信，我们正处于一个分析阶段，在这个阶段中，我们可以肯定地选择出可以建立综合知识结构的基本概念，但我们并没有这样的社会科学观。"见 Cairns（1945）。出于同样的原因，针对理性选择理论的批评不绝于耳，见 Quadagno and Knapp（1992）和 Somers（1998）。

5 引用自 Merton（1968）。

6 中层理论的描述可见 Merton（1968a），包括相对剥夺论和角色集合论。

7 见 Harsanyi（1969）和 Diermeier（1996），其中都提到了牛顿，而政治学家唐纳德·格林和伊恩·夏皮罗则将理性选择理论称为"一个不断扩大的帐篷，其中囊括了人类学、社会学和社会心理学提出的每个似乎可信的命题"。详见 Green and Shapiro（2005）。

8 应该指出，理性选择理论的"成功"和"失败"备受争议，理性选择理论支持者声称，首先，将理性选择理论作为一种"理论"来进行评估是不公平的，人们应该将其作为一个理论集合，其统一性仅仅是根据它们强调目的性行为是社会结果的原因，而非偶然、盲目从众或是习惯，详见 Farmer（1992）、Kiser and Hechter（1998）和 Cox（1999）。也许这是对理性选择理论的正确描述，但这肯定不是像海萨尼这样的早期支持者希望看到的。事实上，海萨尼明确指出，帕森斯的理论根本不是一种"理论"，它缺乏从一系列公理中推导出结论的能力，或者正如他所说，"集体主义意义上的社会功能的概念产生了无法解决的关于定义和经验认同的问题"。因此，无论理性选择理论是否后来变成了更现实的东西，都不会改变它最初成为一种理论的使命，这样看来，它并不比之前的理论成功。

9　事实上，贝克尔在 1945 年就指出，自然科学家和社会科学家一样，容易高估自己构建人类行为预测模型的能力。

10　Stouffer (1947).

11　值得注意的是，并不是所有的社会学家都认为测量是他们要解决的问题。至少有一个学派认为，社会学理论应该帮助人们理解世界，并给予人们以论证的观点，而不该以预测或解决问题为目标，所以我们也不该一开始就用实际测试来评判它们。如果这种"解释性"的社会学观点是正确的，那么始于孔德的整个实证主义就是对社会科学本质的错误理解，这个错误从假定社会学是科学的一个分支开始［见 Boudon（1988）］。因此，社会学家最好放弃建立那些人们熟悉的物理理论中的规律，把重点放在发展"方法"和"框架"（即思考世界的方式）上，因为这可以让他们看到他们可能错过的东西，也可以让他们质疑别人认为理所当然的事情。实际上，在霍华德·贝克尔的《社会学家的窍门》一书中，提到的就是这种社会学方法。

12　Paolacci, et al. (2010).

13　隐私问题非常重要，它也引发了很多尚未解决的问题。首先，当人们被问到这个问题时，都会说他们非常注重维护自身隐私，但是他们实际可不是这么做的。许多人不仅在公共场合发布大量个人信息，还拒绝为那些提高其隐私水平的服务付费。这种支持和暴露偏好之间的脱节意味着，人们并不清楚自身行为的后果，也可能意味着"隐私"这一抽象问题并没有具体情况下的具体考量那么重要。其次，更麻烦的问题是，那些乐于公布与自己相关的特定信息的人们，他们肯定低估了第三方根据这些信息，以及由此推断出的他们不愿意透露的内容构建信息文件的能力。

14　关于开创性实验的研究详见 Sherif（1937）和 Asch（1953）。关于小群体和大群体的研究详见 Zelditch（1969）。其他关于追踪在线网络信息传播的例子可见 Adar and Adamic（2005）、Sun, et al.（2009）和 Bakshy and Adamic（2009）。

15　现在他们已经证明了这个概念，赖利和刘易斯正在进行一系列类似实验（涉及百货商店、电话提供商、金融服务公司等）来衡量不同领域（广告和信用卡的作用方式一样吗）、不同群体（是否年长的人比年轻人更容易受到影响），甚至不同广告布局和设计（蓝色背景和白色背景哪个效果好）之间存在的差异。

16　"同质性"的原始定义可见 Lazarsfeld and Merton（1954），最近对相关文献的研究可见 McPherson, et al.（2001）。关于结构性机会的重要性讨论可见 Feld（1981）和 McPherson and Smith-Lovin（1987）。

17　因为社会结构不仅影响着我们的选择，也受我们的选择所影响。例如，我们在不久的将来可能会遇到的人，在某种程度上是由我们现处的社会圈子和活动范围决定的。但长远来看，若我们想要接触什么人，我们也可以有选择地针对某些人做一些事。再例如，在商业领域中，"社交网络"的全部意义在于，人们需要让自己置身于一个可能遇到有趣之人的环境中。同样地，一些父母想让自己的孩子就读"合适"的学校，也和学校的教学质量没多大关系，重点在于孩子将结交的同学。当然，对所有人来说，进入哈佛大学，或者被邀请参加向往已久的社交聚会并不是一件容易的事。因此，从长远来看，你所在的社会地位不仅限制了你现在能认识的人，也决定着你未来的社会地位。关于个人偏好和社会结构哪个更重要的争论总会陷入"先有鸡还是先有蛋"的困境中，因此这个问题往往会被个人看法而不是数据解决。那些相信个人选择力量的人总是认为，社会结构仅仅是个人选择的结果；而那些相信结构力量的人则认为，选择的表象是假的。

18　另一个关于"同质性"的研究中报道了类似的发现，该研究使用的数据从 Facebook 处收集，详见 Wimmer and Lewis（2010）。

19 一些研究发现，两极分化正在加剧，详见 Abramowitz and Saunders（2008）和 Bishop（2008），而另一些研究则发现，美国人其实一致性更强，而且对于某个问题（如堕胎）的观点和对其他问题（如持枪权或移民）的观点并不相关，详见 Baldassari and Gelman（2008）、Gelman, et al.（2008）、DiMaggio, et al.（1996）和 Fiorina, et al.（2005）。

20 关于真实与感觉到的一致性的讨论可见 Baldassari and Bearman（2007）。尽管实验存在困难，但已经有研究者开展了一些开拓性的研究，最开始的研究者见 Laumann（1969），后来者见 Huckfeldt, et al.（2004）和 Huckfeldt and Sprague（1987）。

21 显然，Facebook 是个人朋友网络的一个不完善的体现：并非每个人都用 Facebook，所以一些亲密的朋友可能不在 Facebook 网络中，另外，许多所谓的"网友"在现实生活中也几乎不认识。而计算共同朋友数量有助于区分现实生活中真正的友谊和网络友谊，但这种方法也不完善，有时候就连 Facebook 上的普通熟人也可能有很多共同朋友。一个更好的方法是观察朋友之间的交流或其他行为（如点击某个新闻、评论、点赞等）的频繁程度，但是这些数据尚未对第三方开发者开放。

22 "朋友印象"研究详见 Goel, Mason, Watts（2010）。

23 在心理学中，"映射"是一个被广泛研究的现象，但我们在社交网络中很难衡量清楚，其原因与一般情况下网络研究遇到的问题是一样的。关于映射相关的文献综述，可见 Krueger and Clement（1994）、Krueger（2007）和 Robbins and Krueger（2005）。

24 可参见关于病毒式营销作用的研究，Aral, Muchnik, Sundararajan（2009）。

25 关于电子邮件数据的近期研究，可见 Tyler, et al.（2005）、Cortes, et al.（2003）、Kossinets and Watts（2006）、Malmgren, et al.（2009）、De Choudhury, et al.（2010）和 Clauset and Eagle（2007）。关于手机数据的

相关研究可见 Eagle, et al.（2007）和 Onnela, et al.（2007）。关于即时通信数据的研究可见 Leskovec and Horvitz（2008）。

26 研究癌症进展的一系列优秀文章可见《纽约时报》"四十年的战争"，可直接搜索"四十年的战争"或查看 http://bit.ly/c4bsc9。关于基金组革命的进展可见近期研究 Wade（2010）和 Pollack（2010）。

27 我在其他地方也有过类似论述，可见 Watts（2007），其他作者也发表过类似观点，见 Shneiderman（2008）和 Lazer, et al.（2009）。

未来，属于终身学习者

> 我这辈子遇到的聪明人（来自各行各业的聪明人）没有不每天阅读的——没有，一个都没有。巴菲特读书之多，我读书之多，可能会让你感到吃惊。孩子们都笑话我。他们觉得我是一本长了两条腿的书。
>
> ——查理·芒格

互联网改变了信息连接的方式；指数型技术在迅速颠覆着现有的商业世界；人工智能已经开始抢占人类的工作岗位……

未来，到底需要什么样的人才？

改变命运唯一的策略是你要变成终身学习者。未来世界将不再需要单一的技能型人才，而是需要具备完善的知识结构、极强逻辑思考力和高感知力的复合型人才。优秀的人往往通过阅读建立足够强大的抽象思维能力，获得异于众人的思考和整合能力。未来，将属于终身学习者！而阅读必定和终身学习形影不离。

很多人读书，追求的是干货，寻求的是立刻行之有效的解决方案。其实这是一种留在舒适区的阅读方法。在这个充满不确定性的年代，答案不会简单地出现在书里，因为生活根本就没有标准确切的答案，你也不能期望过去的经验能解决未来的问题。

湛庐阅读APP：与最聪明的人共同进化

有人常常把成本支出的焦点放在书价上，把读完一本书当作阅读的终结。其实不然。

时间是读者付出的最大阅读成本
怎么读是读者面临的最大阅读障碍
"读书破万卷"不仅仅在"万"，更重要的是在"破"！

现在，我们构建了全新的"湛庐阅读"APP。它将成为你"破万卷"的新居所。在这里：

- 不用考虑读什么，你可以便捷找到纸书、有声书和各种声音产品；
- 你可以学会怎么读，你将发现集泛读、通读、精读于一体的阅读解决方案；
- 你会与作者、译者、专家、推荐人和阅读教练相遇，他们是优质思想的发源地；
- 你会与优秀的读者和终身学习者为伍，他们对阅读和学习有着持久的热情和源源不绝的内驱力。

从单一到复合，从知道到精通，从理解到创造，湛庐希望建立一个"与最聪明的人共同进化"的社区，成为人类先进思想交汇的聚集地，与你共同迎接未来。

与此同时，我们希望能够重新定义你的学习场景，让你随时随地收获有内容、有价值的思想，通过阅读实现终身学习。这是我们的使命和价值。

湛庐阅读APP玩转指南

湛庐阅读APP结构图：

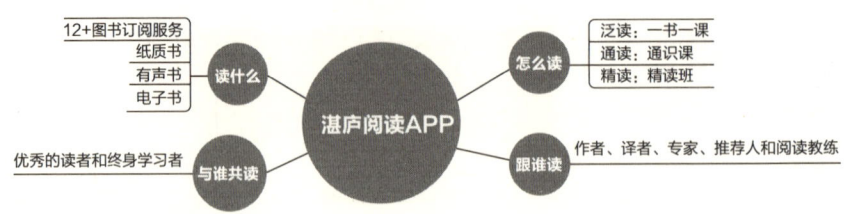

12+图书订阅服务
纸质书
有声书
电子书

读什么

湛庐阅读APP

怎么读

泛读：一书一课
通读：通识课
精读：精读班

优秀的读者和终身学习者

与谁共读

跟谁读

作者、译者、专家、推荐人和阅读教练

三步玩转湛庐阅读APP：

读一读 ▾
湛庐纸书一站买，
全年好书打包订

书城

听一听 ▾
泛读、通读、精读，
选取适合你的阅读方式

扫一扫 ▾
买书、听书、讲书、
拆书服务，一键获取

扫一扫

APP获取方式：
安卓用户前往各大应用市场、苹果用户前往APP Store
直接下载"湛庐阅读"APP，与最聪明的人共同进化！

使用APP扫一扫功能，
遇见书里书外更大的世界！

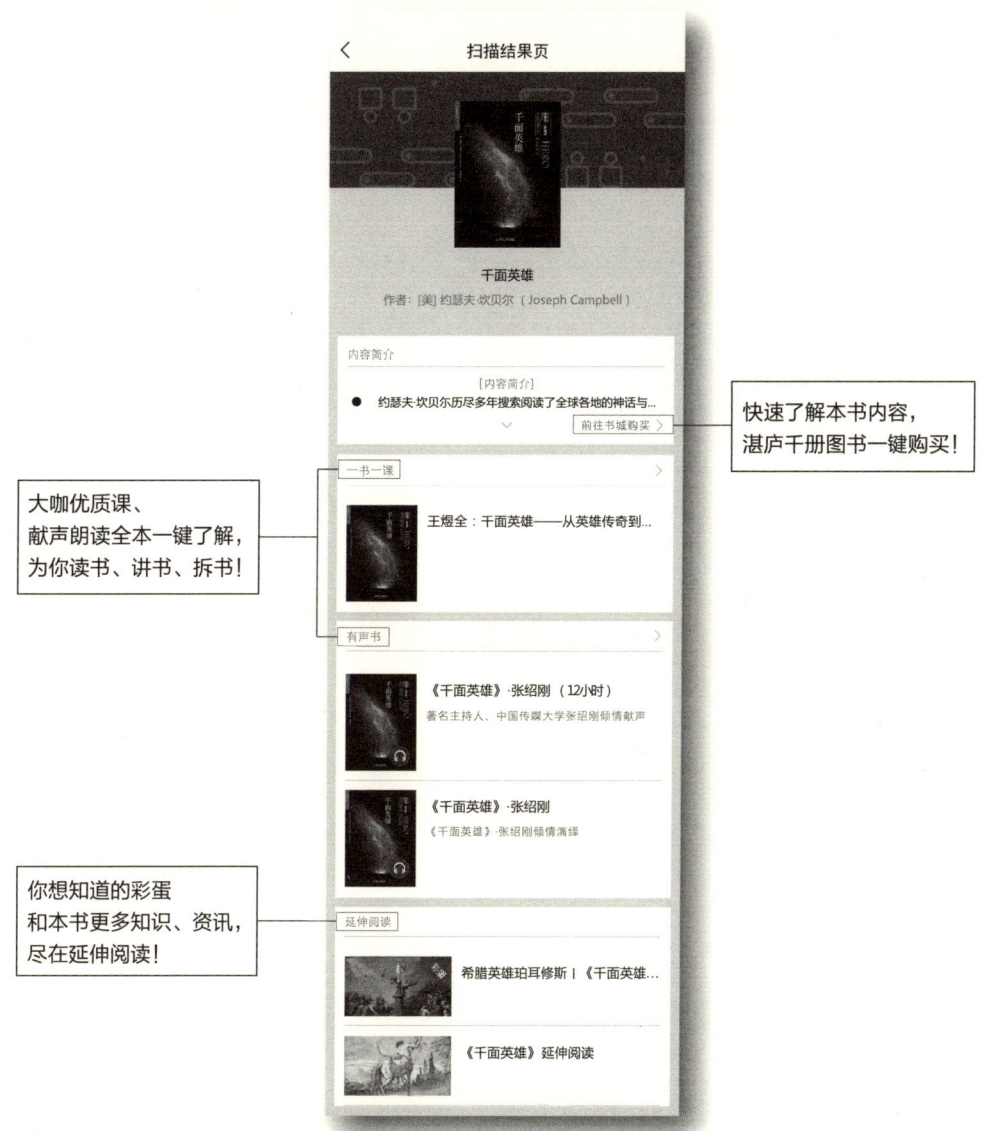

快速了解本书内容，
湛庐千册图书一键购买！

大咖优质课、
献声朗读全本一键了解，
为你读书、讲书、拆书！

你想知道的彩蛋
和本书更多知识、资讯，
尽在延伸阅读！

《社群的进化》

◎ 进化人类学家罗宾·邓巴用7大板块拼出一幅社群进化的完整图像。

◎ 北京大学国家发展研究院教授汪丁丁作序推荐,清华大学社会科学学院院长、心理学系主任彭凯平,华大基因CEO尹烨联袂推荐!

◎ 本书为读者揭开了邓巴数与人类关系构建中的秘密,带你深度理解社群,理解人类,更好地面对未来社会。

《大局观从何而来》

◎ 邓巴教授联合另外两位著名考古学教授,共同揭示了社交是如何改造我们的生活和大脑的。

◎ 一本书让你读懂人类的大局观思维是如何产生的,如何利用小群体经验解决大社会问题。

◎ 北京大学国家发展研究院教授汪丁丁作序推荐,清华大学社会科学学院院长、心理学系主任彭凯平,华大基因CEO尹烨联袂推荐!

《爆发》

◎ 复杂性科学国际领军人物艾伯特-拉斯洛·巴拉巴西力作。

◎ 这本书向大家传递了一整套理解人类行为时空模式的观念和理论,提出人类行为93%是可以预测的。

◎ 北京大学新闻与传播学院教授胡泳,中国社科院信息化研究中心秘书长、《互联网周刊》主编姜奇平,电子科技大学教授、互联网科学中心主任周涛作序,"得到"App创始人罗振宇,海银资本合伙人、互联网研究者王煜全,物理学家、中山大学教授李淼联袂推荐。

《链接》

◎ 此书是巴拉巴西自《爆发》之后的又一部经典力作。

◎ 此书带给了我们一种整体的、关联的、系统论的审视世界的方式,使我们不仅仅将视野局限于孤立的单元。

◎ 中科院计算所所长助理、中国科学院网络数据科学与技术重点实验室主任程学旗,电子科技大学教授、互联网科学中心主任周涛专文推荐。

使用"湛庐阅读"APP,"扫一扫"获取本书更多精彩内容
ISBN 978-7-220-11348-2

使用"湛庐阅读"APP,"扫一扫"获取本书更多精彩内容
ISBN 978-7-220-11339-0

使用"湛庐阅读"APP,"扫一扫"获取本书更多精彩内容
ISBN 978-7-5596-0346-3

使用"湛庐阅读"APP,"扫一扫"获取本书更多精彩内容
ISBN 978-7-213-05655-0

图书在版编目（CIP）数据

反常识 /（澳）邓肯·J. 瓦茨（Duncan J. Watts）著；吕琳媛，徐舒琪译 . — 成都：四川科学技术出版社，2019.9

书名原文：Everything is obvious

ISBN 978-7-5364-9541-8

Ⅰ. ①反… Ⅱ. ①邓… ②吕… ③徐… Ⅲ. ①社会学—通俗读物 Ⅳ. ①C91-49

中国版本图书馆CIP数据核字（2019）第173566号

著作权合同登记图进字21-2019-391号

反常识
FAN CHANGSHI

出 品 人　钱丹凝
著　　者　[澳大利亚] 邓肯·J. 瓦茨
译　　者　吕琳媛　徐舒琪
责任编辑　陈　欣　郑　尧
封面设计　ablackcover.com
责任出版　欧晓春
出版发行　四川科学技术出版社
　　　　　成都市槐树街2号 邮政编码：610031
　　　　　官方微博：http://e.weibo.com/sckjcbs
　　　　　官方微信公众号：sckjcbs
　　　　　传真：028-87734035
成品尺寸　170mm×230mm
印　　张　20.25
字　　数　280千
印　　刷　天津中印联印务有限公司
版　　次　2019年9月第1版
印　　次　2019年9月第1次印刷
定　　价　69.90元

ISBN 978-7-5364-9541-8